JOURNEYS
THROUGH HISTORY:
from Northeast Asia
to Southeast Asia

异域寻史琐记
从东北亚到东南亚

华立 著

生活·讀書·新知 三联书店

Copyright © 2024 by SDX Joint Publishing Company.
All Rights Reserved.

本作品版权由生活·读书·新知三联书店所有。
未经许可,不得翻印。

图书在版编目(CIP)数据

异域寻史琐记:从东北亚到东南亚/华立著.—北京:
生活·读书·新知三联书店,2024.7
ISBN 978-7-108-07807-0

Ⅰ.①异… Ⅱ.①华… Ⅲ.①游记-东亚②游记-东南亚 Ⅳ.① K931.09 ② K933.09

中国国家版本馆 CIP 数据核字 (2024) 第 055039 号

责任编辑	林紫秋
装帧设计	赵 欣 康 健
责任校对	陈 明
责任印制	卢 岳
出版发行	生活·讀書·新知 三联书店
	(北京市东城区美术馆东街 22 号 100010)
网 址	www.sdxjpc.com
经 销	新华书店
制 作	北京金舵手世纪图文设计有限公司
印 刷	河北品睿印刷有限公司
版 次	2024 年 7 月北京第 1 版
	2024 年 7 月北京第 1 次印刷
开 本	880 毫米 × 1230 毫米 1/32 印张 15
字 数	293 千字 图 517 幅
印 数	0,001-4,000 册
定 价	98.00 元

(印装查询:01064002715;邮购查询:01084010542)

目录

作者自序 *1*

远东篇 *1*

四访符拉迪沃斯托克（海参崴） *2*

乌兰乌德掠影 *39*

小停哈巴罗夫斯克（伯力） *64*

船过特林想永宁 *88*

尼古拉耶夫斯克（庙街）的北方原住民文化中心 *113*

布裕尔：一个名载《皇舆全览图》的天涯渔村 *132*

登上库页岛 *148*

漫步南萨哈林斯克 *167*

漠北篇 *189*

草原之都乌兰巴托的前世今生 *190*

寻找买卖城 *206*

探访庆宁寺 *219*

双城恰克图今昔 *238*

日本篇 *261*

长崎寻史 *262*

马关纪行 *287*

神户异闻：奇特的"旧中国领事馆" *310*

隐元大师与宇治万福寺 *322*

长眠在大阪真田山旧陆军墓地的清朝将士 *340*

伊万里遐思 *354*

追寻"定远"遗踪 *373*

东南亚篇 *401*

清迈偶遇 *402*

胡志明市一瞥 *414*

走进马六甲 *432*

吴哥印象三题 *446*

后记 *471*

作者自序

时光如白驹过隙,自20世纪90年代寓居东瀛日本,转眼已是30个年头。这些年里,我在大阪的一所大学任教并从事清史和亚洲史的研究,因而有机会在日本国内游历,也常与日本同行一起赴海外进行学术考察。

作为来自中国的研究者,我对于行走过程中的所见所闻,特别是与中国有关的文物、史迹和人文现象,每每更加敏感和留意,也常有不同于日本同行的观察角度和感受。又因为我是在域外——出发地和考察地都在中国以外——进行寻访,也有了一些不同于国内学者的,有时甚至是相当宝贵而独特的经历和见闻。对于这些见闻和感受,开始我多以手记形式随走随记,只想到留给日后备考,然而拾缀渐多以后,便萌生了将这些尚少为人知的见闻,以及有别于一般游记作者的、带有治史者视角的观察和思考汇集成册,再配以当时当地的图片,与更多读者分享的愿望。这个愿望构成我写作本书的动力,或者说本书的写作缘起。

本书的纪行文字跨越的时间较长,自1997年到最近不等,但就地域而言,除了日本国内,集中在俄罗斯远东、蒙古国和东南亚几地。因此我将全书分为远东篇、漠北篇、日本篇、东南亚篇四部分,共计收入21题，各篇内按到访时间排序，个别地方多次到访，则取初访时间。

远东篇7题和漠北篇4题，除符拉迪沃斯托克（海参崴）一文系回忆四次到访该地的见闻，其他内容均基于2008年和2011年的两次学术考察活动。这两次考察都由日本大学加藤直人教授发起、组织，而我有幸两次成为该团队的成员，也是唯一一名中国籍队员。2008年的漠北之行，以蒙古国首都乌兰巴托为起点，跨蒙古高原北上，穿越俄蒙边境的恰克图旧地，进抵贝加尔湖畔的布里亚特共和国首府乌兰乌德，之后折回乌兰巴托。此路线恰与清代旅蒙商开拓的中俄万里茶道相重叠，亦随处可见清代蒙古历史刻留的印痕，访庆宁寺，寻买卖城，时而怀古，时而踏查，收获甚丰。2011年的俄罗斯远东之行，从哈巴罗夫斯克（伯力）向北、向东，一半陆行，一半水路，直到黑龙江入海口处的尼古拉耶夫斯克（庙街），又跨越鞑靼海峡登上我国曾经的北方第一大岛——萨哈林岛（库页岛），再自北而南到达南萨哈林斯克。途中所有见闻，都深刻而难忘。其中最无法忘怀的震撼是在两处：一是顺黑龙江下游行船至特林巨崖，亲眼仰望陡壁之上的明奴儿干永宁寺遗址；另一是乘俄罗斯渔民的摩托艇渡海，双脚踏上库页岛北端的海滩之际，那情，那景，那份感慨，令胸中澎湃，无以言表。

日本篇收入的旅日见闻计7题，主要撷取了两个方面的内容，一与来日华侨华人活动及中日文化交流有关，如长崎寻史、隐元大师与宇治万福寺、伊万里遐思3题；一与中日甲午战争乃至近现代的中日关系有关，如马关纪行、长眠在大阪真田山墓地的清军将士、追寻"定远"遗踪、神户异闻4题。前一类见闻让我温暖，后一类见闻让我愤懑，更让我时时想到，和平还是战争？这个问题并未远去，不仅存在于中日既往的历史之中，也存在于今天的现实，既拷问如今日本当局的良知，也警示着两国人民，要以史为鉴，把准方向，走对道路。

东南亚篇收入4题。其中对清迈、胡志明市、马六甲三地的访问系与研究东南亚经济的大阪商业大学几位教授同行，时间在1998年和2002年。那时东南亚各国的发展还没有今天的势头，被我国大众带动的东南亚旅游热潮也尚未兴起，这三地都保留了较为自然的本真面貌，我的见闻可以看作对当时当地的一种记录。吴哥之行则晚至2019年。令人庆幸的是，赶在新冠疫情来袭之前完成了多年的心愿。吴哥文明是如此伟大而不朽，我只有一支拙笔，不足以表达感受于万一，但还是愿意记录于此，以表达我对创造吴哥文明的柬埔寨人民最真诚的敬意。

兹为序。

华 立

2022年12月22日于大阪

远东篇

Russian Far East

四访符拉迪沃斯托克（海参崴）

友人游俄归来，兴致勃勃地谈起在莫斯科、圣彼得堡的见闻，又问我，去过俄罗斯了吗？我不假思索地答，去过。话一出口，忽而又有些犹豫。她去的是欧洲的俄罗斯，那是正宗，而我去过的所有城市——符拉迪沃斯托克（海参崴）、哈巴罗夫斯克（伯力）、尼古拉耶夫斯克（庙街），无一不在远东。倒退回一百多年，那是咱自家的地界儿，该怎么论？总觉得算不上真正去过俄罗斯，恐怕该说"故土新游"，才更贴切。

这几座远东城市中，我去得最多的，是符拉迪沃斯托克（海参崴），前后共4次。第一次是1998年，出席俄罗斯科学院远东分院一个学术会议，隔了10年，又有第二、第三次（皆在2009年）和第四次（2010年）。这几次是奉我在日本供职的大学之命出差，商谈与国立远东大学的校际交流，以及联合举办东亚论坛等事宜。4次到访，时间上跨越了十多年，又因为公务在身，不能从容，虽然有所见闻，却多零星片段。尽管如此，我还是珍惜这4次到访的缘分，想把见闻拼缀起来，作为对"故土新游"的纪念。

卢布危机下的符拉迪沃斯托克（海参崴）

海参崴之名是清代闯关东的内地移民叫起来的。移民里老家山东的人多，山东话把水湾叫"崴子"，加上盛产海参，遂有了"海参崴"

这个地名。就在那时，从西伯利亚一路东进的俄罗斯人也盯上了海参崴，不是为了海参，而是看中了它扼守太平洋的出口，又是优良不冻港的特性。1860年的《中俄北京条约》让俄罗斯人如愿以偿拿到海参崴，立即更名符拉迪沃斯托克，意为"控制东方"。占领者毫不掩饰地将自己的野心写进了城市的名字。

苏联时代的符拉迪沃斯托克（海参崴）是军港重地，别说外国人，就是本国公民，没有特殊理由也很难进入。直到苏联解体，1992年此地解除封锁，才迎来作为当代城市的发展机遇，也开始接纳外国访客。然而，正常化起步没几年，1998年，卢布危机掀起的狂飙从莫斯科刮到了远东。恰好此时，我受邀出席俄罗斯科学院远东分院的一个学术会议，第一次来到符拉迪沃斯托克（海参崴），亲身感受了卢布危机给这座城市带来的震荡。

9月20日下午从大阪的关西国际机场出发，先乘国内线到新潟，再换乘国际线。国际线由符拉迪沃斯托克航空公司执飞。人们都说俄罗斯飞行员是好样的，就是飞机太老旧，还是图-154一类，安全性不无忧虑。机内很窄小，大个头的伸不开脚，小桌板放下来就抵住了胸口。好在只有1个半小时，飞行也比较平稳。当地和日本有2个小时的时差，到时已经黄昏。机场远在市外，开车近1小时才到国立远东大学的外宾宿舍。宿舍的房间很宽敞，但设施陈旧，多年的军港历史制约了这座城市基础建设的发展。浴缸泛黄且没有热水，洗脸池摇摇欲坠，稍一碰，下面的水管就会错位，这一切都使我想起20世纪80年代初在国内出差时住过的某些招待所。好处是有灶具、冰箱，可以做饭，这一点为国内的外宾招待所和留学生宿舍所不及。第二天在宿舍食堂用早餐，黑面包片上放一点香肠，一小盘洋白菜、土豆、胡萝卜丝拌成的沙拉,一盘罗宋汤,没什么味道。食堂管理员说,这是大学供应外宾的伙食,算不错了,卢布暴跌后哪个单位都欠发工资,连大学教授都拿不到钱了。

她口中的卢布暴跌,开始于1个月前的8月17日。由于亚洲金融

远东大学校区一角（2009年9月摄）

远东大学外宾宿舍的餐厅,摄于2009年9月再访时,景象完全改观,整洁干净,菜品颇丰,找不到旧日的痕迹了

危机持续发酵和俄罗斯国内经济形势恶化（恶化的原因很复杂，在此不谈），叶利钦政府宣布出台3项政策：1）将卢布贬值；2）延迟清偿国内发行的国债；3）暂停向外国债权人支付还款，也就是债务违约。政策一出，卢布应声狂跌。官方原来打算将6.2卢布：1美元的汇率下调至6.5—9卢布：1美元的区间浮动，却未料市场恐慌情绪迅速蔓延，外资纷纷出走，10天内汇率跌到20—21∶1，黑市上甚至有100卢布换1美元的。俄罗斯央行无法控制，只好任由卢布浮动，老百姓挤提卢布换进美元，股市更是一泻千里。

我是应邀参会，食宿虽不佳，也算有保障，但作为零用钱的卢布还是需要的。行前隐约听说卢布危机，想着日元未必好用，而美元是硬通货，就换了美元带在身上。哪知道，手持美元却换不到卢布。酒店的前台早已停止了兑换业务，银行则压低汇率。官价应为1美元∶15或者16卢布，银行只换1美元∶12卢布，还不保证换得到。每天开门半日，配额售罄即止。我请会务人员陪我去银行，还不到营业时间，门前已经排起几百人的长蛇阵，是普通俄罗斯人在等待提取自己账户上的钱款，看得出人人神色惶恐而急切。11点再去，兑换窗口已挂起"免战牌"。改天再去仍是如此。无奈，只好请人帮我和一位在博物馆里开小卖部的妇人换了50美元。说好按1∶15算，拿到手里时，竟有好几张100000的大面值卢布。从未见过"1"后面跟着5个"0"的纸钞，吓了一跳。本地朋友却冷嘲说："你这是旧卢布，根本不算个钱，现在就是手里捏着几张10万的钞票出门，也买不回什么，几公斤菜、一点食品而已。物价飞涨，面包、食用油都脱销，经济实在太糟了！不信，你买个东西试试。"果然，只不过选了两张心仪的明信片和一点小纪念品，几张"10万大钞"就离我而去。人

1995年版"10万大钞"卢布,正面的建筑为莫斯科大剧院。1998年离开参崴时留作纪念了

们都说"金卢布"变成了"木卢布",一点儿不假!

后来查了一下,才知道官方现在的牌价,都是指新卢布与美元的比价。1998年1月,叶利钦政府强制实行卢布以旧换新(我去时还在新旧并用期),1000旧卢布换1新卢布,所以现在的15新卢布,相当于之前的15000旧卢布。而新旧卢布与美元的比价,在此前后并没有明显的升降。也就是说,早在8月卢布暴跌之前,旧换新的做法已经让它贬值1000倍,俄罗斯老百姓辛辛苦苦积攒的血汗钱,就这样被国家强取豪夺了。

既然大学开不出工资,教员们靠什么生活呢?我很好奇。问了一位与会的女老师,她说,东方不亮西方亮,对于原本与外面世界联系不多的本地人来说,基本生活可以设法维持。大学欠发工资,还不至于不能度日。教授和研究人员在郊外有"达恰",中文译"别墅",其

2009年5月造访远东大学卓娅教授夫妇的达恰。一栋两层的简易小楼,饮用水和米面从城里带来,周边都是树林,烧柴取之不尽,周围有菜地,蔬菜也自给

卓娅教授(右一)做了拿手菜招待我们,右三为作者,左一为藤本校长

实远没那么高档,就是园地和小房子。脱下西装,挽起袖子,学者就变成农民,洋白菜、土豆之类的蔬菜,以及少量水果和谷物可以自给。但是,如果在这里经商,那就损失惨重,所以商人们出逃,企业倒闭。"我们可以忍耐一时,但是如果国家救不了经济,就没有未来了",她说这话时,神情凝重而阴郁,我心里也一阵怅然。

四访符拉迪沃斯托克(海参崴)

危机越是严重，官方的货币管制越是严格。返程时在机场过边检，又亲见了惊险一幕：我前面的一位旅客，是与我搭乘同一航班回日本的，被机场官员气势汹汹地拦下，似乎说他带进（带出？）的外币数额有问题，要单独问话，那场面十分吓人。旅客不会俄语，工作人员将他带走后竟然通过全场广播来寻找会日语翻译的人，如此奇葩的做法可能也只会出在俄罗斯远东这样的地方。盘问持续了很长时间，我们的航班无法起飞，一直在停机坪上等候。当他最终走进机舱时，脸色苍白，满头大汗（后来得知他被罚了款，也许这才是真实意图所在），乘客们鸦雀无声，都向他投去同情的目光。

新卢布在1998年的危机里究竟贬值几何？专家的说法不太一致，多数认为超过200%，如果属实，从旧卢布算起，这个数字则恐应再放大1000倍。一个让人民深陷水火的政府，无疑早已失格。一年后，叶利钦下野，普京继任，但经济复苏之路十分缓慢，又过了数年，俄罗斯才迎来经济的全面好转。

Mayday游行、"北京大街"和"百万庄"

2009年4月的最后一天，我第二次到访符拉迪沃斯托克（海参崴）。这次是以亚洲研究所所长的身份，陪同校长藤本和贵夫先生与远东大学洽商校际交流事宜。

第二天就是"五一"国际劳动节。在符拉迪沃斯托克（海参崴），打着苏维埃印记的"Mayday"依然鲜活，例行的庆祝游行也保留至今。

"五一"当日，晨起万里无云，阳光灿烂，我们10点多就来到中

游行队伍集合后沿斯维特兰娜大街由东向西行进,到阿列乌茨克大街附近解散

走在队伍前列的击鼓方阵

手持气球和国旗的游行队伍正通过中央广场

(以上图片均为2009年5月1日摄)

央广场附近等候。广场的正式名称为"革命战士广场",正中矗立的塑像为一名高擎红旗的苏维埃士兵,十分伟岸,他的身后还有左右两组将士群像。扩音喇叭里播放雄壮激昂的进行曲,大道两侧人头攒动,熙熙攘攘。人们手拿与俄罗斯国旗颜色相同的红白蓝三色气球或鲜花,三五成群地赶往游行队伍集合地,一派节日气象。

11点左右,游行开始。走在队伍之首的是击鼓方阵,由身着蓝衣白裙制服的女孩子组成,接下来6对小伙子神情庄重地撑起一面巨幅俄罗斯国旗,随后便是游行队伍的洪流。游行人群不讲究列队整齐,似乎按单位或公司区分,有的只着便装,有的则穿工作服,大多举着各色气球。我们的几位熟人教授朋友也参加了游行,他们视此为自己的义务。因为该城已被确定为2012年亚太经合组织会议的举办地,罗斯基岛上的会议设施正在为此赶工建设,绘有醒目的APEC标志的彩车也开进了游行队列。作为有百年以上历史的军港所在地,队伍里也有军人的身影,十来个年轻水兵手持伞形彩条,边行进边换位,让彩条如陀螺旋转。这时有人在扩音器里喊口号,每一组口号完毕,就领呼"乌拉——",游行人群也齐声呼应,一同高喊"乌拉——乌拉——"。在宣告与社会主义诀别的俄罗斯,Mayday游行却作为社会生活的一部分如此完好地定格下来,这一事实给人很多感想和回味。

游行结束后,人群如退潮般散去,出城道路立刻被私家车堵得水泄不通。休假是不能留在城里的,一定要赶往郊外享受自然,这是当地的传统。而对于我们这些访客来说,变得空旷的城里多了几分悠闲,正好可以信步游览,可谓两得其宜。

符拉迪沃斯托克(海参崴)的城区坐落在紧靠金角湾的丘陵地带上,城市不大但地势起伏,坡道很多。东西向延伸的斯维特兰娜大街是城市的主轴线,南北走向的阿列乌茨克大街与其相交,以这个十字路口为中心,方圆1公里的范围是中心闹市区,涵盖海军元帅福金街、谢苗诺夫街等多条街道。纵横的街道两侧,俄罗斯风格的建筑鳞次栉比,虽然已显沧桑,仍不失厚重和典雅。但是你能否想到,这座美丽城市的早期建设者竟是华人。华人不仅建造了这座城市,也曾是城市经济生活的主要支柱,这里曾有"北京大街""中国大街",以及因为华人聚居而得名的"百万庄"!

历史回到一个半世纪前。1872年,沙俄将阿穆尔太平洋舰队总部从尼古拉耶夫斯克(庙街)迁到符拉迪沃斯托克(海参崴)。但是远在圣彼得堡的中央政府没有能力向远东输送劳动力,要在当地搞建设,除了接受华工别无选择。1897年,当地的华工数量达到万人。他们修港口、修铁路、修西伯利亚大铁路的终点站——符拉迪沃斯托克火车站,还修建所有重要的市政设施,甚至1891年为迎接当时还是王储的尼古拉二世(Nikolai Ⅱ)而建造的凯旋门,也是中国承包商带领华工所修。华人工匠的技艺折服了当地的媒体,有报刊盛赞这座拜占庭-俄罗斯风格的建筑显得"轻盈和空灵",格外美丽而优雅。俄罗斯学者聂丽·米兹(Nelly Mitz)这样写道:"自1880年起,在符拉迪沃斯托克的中国人就不少于居民的三分之一,中国人参与了城市生活的许多领域,包括建筑、贸易、服务业、手工生产、农业、交通运输业以及其他行业","中国建筑工人对城市发展所做的贡献难以估量,事实上,整个革命前的符拉迪沃斯托克是他们的双手和他们的劳动建设起来的。"①

---

① 参见聂丽·米兹/德米特里·安洽《中国人在海参崴:符拉迪沃斯托克的历史篇章(1870—1938)》,胡昊等译,社会科学文献出版社,2016年,第1、5页。

华工修建的符拉迪沃斯托克火车站

华人移民用坚忍和智慧在这片失去的故土上扎下了根。除了华工,还涌现出许多知名华商和企业家,不仅经营店铺、茶馆和酒肆,还经营房地产,投资金矿和煤矿,没有哪一行哪一业能离开华人。久居此地的华人,通晓俄语,改信东正教,成为俄籍华人。20世纪初符拉迪沃斯托克(海参崴)市的1316个商家中,华商占了706家。据1916年的人口统计,全市近10万的人口中,华人有近4万,此外还有朝、日两国移民,共占总人口的48%。而且,这个数字里不包括季节性移动的华工,每逢建设季到来,华工会猛增至10万人以上。

但在今天的符拉迪沃斯托克(海参崴),很少能听到有关华人移民的讲述。从白色政权到红色政权,历经风云激荡顽强地生存下来并做出巨大贡献的当地华人,在1937—1938年的"大清洗"运动中遭遇灭顶之灾。苏联当局给华人扣上"日满间谍""潜伏特工"的罪名,对他们进行大规模驱逐和逮捕,整个远东地区的入狱人数超过万人,很多人只经过草率审判就被处决,财产尽数充公。血雨腥风之后,华人从符拉迪沃斯托克(海参崴)消失,这段历史从此被尘封。

感谢远东大学的卓娅教授,没有她放弃休假来引导和为我们讲解,我不可能看到这么多与华人有关的历史性地点。

卓娅教授主攻远东日俄关系史,着重研究符拉迪沃斯托克(海参崴)的日本移民,对华人史事也很留意,说起往事来如数家珍。我们随她来到斯维特兰娜大街北侧与之平行的海军元帅福金街,原来这里就是曾经的"北京大街"。这个街名使用了上百年,直到1964年,为纪念苏联太平洋舰队司令福金(V. A. Fokin)而改为今称。不过当初冠以"北京"二字并非因为俄罗斯人对中国的什么好感,而是为了纪念他们"引以为傲"的1860年《中俄北京条约》——从清朝手中一举夺得乌苏里江以东约40万平方公里的中国领土,这个条约给沙俄带来的利益实在无可估量!

斯维特兰娜大街、阿列乌茨克街和北京大街之间,曾是海参崴人口最密集的区域,也是华人拥有房地产最多的黄金地段。19世纪80年代,一位蔡姓商人买下了这里的两大块地皮建房出租,开创华人经营房地产的先河。他修建了两栋以石或砖为建材的大楼,及十多栋一到两层的木头建筑,可供上百人租住,也使这一带有了很中国的名字——"蔡街"。不过他本人除了姓氏没有留下更多信息,俄方文件称其为:"中国人蔡"或"满洲人蔡"。继蔡之后,又来了一位女富豪部彩铃,虽然目不识丁,却经营有道,出手大方,也在此筑屋,其中

1933年时的百万庄①

建在百万庄遗址上的当代饭店（藤本和贵夫摄于2017年）

---

① 参见聂丽·米兹/德米特里·安治《中国人在海参崴：符拉迪沃斯托克的历史篇章（1870—1938）》，第94、96页。

一栋加了绿色瓷砖的楼房得名"绿砖楼",至今仍在使用中。中国人兴建的早期电影院、剧院也都集中于这个区域。今天的福金街(旧北京大街)是市中心最漂亮的步行街,花坛里鲜花盛开,喷水池中水花飞溅,走到尽头就是度假海岸。而两侧房屋的历史变迁,依然有线索可循。近些年有俄罗斯学者打开尘封的旧市政档案,发现里面的内容惊人地丰富且详尽,记载了大批华人的信息,不仅有名有姓,还有籍贯、家庭以及从业经历,如果进一步深入整理,一定能为我们还原更多的历史原貌。

1995年斯维特兰娜大街鸟瞰[①]

斯维特兰娜大街与阿列乌茨克大街相交的十字路口(藤本和贵夫摄)

---

① 参见聂丽·米兹/德米特里·安洽《中国人在海参崴:符拉迪沃斯托克的历史篇章(1870—1938)》,第70页。

阿列乌茨克大街街角

2009年阿列乌茨克大街（纵）与谢苗诺夫大街（横）相交的路口，卓娅教授介绍，早年这一带也曾有华人市场

海军元帅福金街（旧北京大街）为步行街，尽头是度假海岸

福金街7号，传说此建筑与早期华商有关

不过，能够跻身上流社会的华商毕竟是少数，更多的华人劳动者生活在社会的底层，他们住在哪里呢？卓娅教授带领我们穿过一条巷子，来到与北京大街一路之隔的谢苗诺夫大街。这条街的第18街区曾是下层移民最集中的栖身之地，因为人口高度密集，多时有几千居民，被当地人叫作"米林奥尔"，即"百万庄"。有人说它是城市中的另一个城市，有人称它为符拉迪沃斯托克（海参崴）的唐人街，也有人这样描述它："挨得紧密的建筑体，大部分属于中国人。有许多入口和出口，是容易迷路的迷宫；有秘密的通道和坐落在死胡同中的小院子。那里有住宅、大车店、理发馆、小酒馆、货铺、鸦片馆等，那里掩藏了许多犯罪分子和非法移民，经常发生杀人和抢劫案。"[①]沙俄和后来的苏联当局以整顿市容为名，多次试图清除百万庄，将他们逐往郊外，而移民们始终顽强坚守，直到大清洗的灾难降临，才四散而去。

百万庄不复存在。从巷口向里探望，可以看到旧址的一角，仍然显得阴暗窄仄且粗陋，与另一侧闲适优雅的福金街恰成鲜明对照。站在这里，你可以想象穷苦华人当年窘迫的生活状况。对于一些藏污纳垢的现象在这里发生的情况，也不会感到难以理解。如果不是迫于生计，谁会愿意千里迢迢背井离乡来忍受这种煎熬？比起那些负面描写，我们更应该记住百万庄人对符拉迪沃斯托克（海参崴）做出的巨大贡献。没有他们超乎常人的忍耐与辛劳，便没有这座城市近百年的正常运转。对于这一点，沙俄时代的作家倒还肯说些实话，如1897年施罗德在其题为《我们的远东》一书中写道："我就听到当地居民

[①] 参见聂丽·米兹/德米特里·安洽《中国人在海参崴：符拉迪沃斯托克的历史篇章（1870—1938）》，第146—147页。

描述中国人对于这个年轻的刚开始移民的城市的重要角色和意义的一句话：没有满洲人，我们就会饿死。"这里的"满洲人"指的是中国人。早期的苏联当局也承认："中国人在这里能为我们做的最大的恶事，莫过于他们一下子全都离开了符拉迪沃斯托克。"①

同年秋天再来时，我又旧地重游，重温了一遍这段历史。阴雨天气里，在街角偶然看到一个中餐广告牌，应该是新来这里的中国人开办的餐馆，写着"东方口味，中餐快送"，照片里都是熟悉的菜品，品相不错，至少我看了挺有食欲的。他们知道百万庄的故事吗？也许听说过一二。时代不同了，他们不会重蹈百万庄人的遭遇，但是如果知道前辈们的故事，也许会更珍惜今天的环境，更多几分在此打拼的勇气吧。我还听说沿金角湾向东到郊外，那里有一个颇为热闹、聚集人气的"中国市场"，是新移民开办的，规模不小，还上了近年日本的旅游指南《地球の歩き方》。新移民将演绎新的华人故事，祝愿他们好运，成功！

界碑史话

2009年秋，我第三次到访符拉迪沃斯托克（海参崴），公务之余，走进了滨海边疆区边境管理局博物馆。

这次参观不在事先预定的日程之内，因为根本不知道当地还有这样一座博物馆。从远东大学办完事走回宾馆的路上，很巧合地从它

---

① 参见聂丽·米兹/德米特里·安治《中国人在海参崴：符拉迪沃斯托克的历史篇章（1870—1938）》，第111页。

旁边经过。博物馆门脸很小,不起眼,但院子里石碑状的东西吸引了我,莫非是历史遗物么?那可不能错过。这也是学历史之人的"职业本能",看到有年头的物件就想刨根究底。来都来了,得进去看看。

博物馆门口有两块牌子,右边是俄文,左边是英文,看后得知,这里是俄罗斯联邦安全局的下属单位,属国安系统,怪不得旅游指南上查不到。但是门扉上有开馆时间,门楣上方的红色横幅,赫然大书"欢迎",既然公开对外,我等外国游客自然也可以登堂入室了。

不出所料,这里展示的图片和文物,就是一部俄罗斯人眼里的近代俄中边界史。

踏进门来看到的第一组图片是1860年《中俄北京条约》的复印

边境管理局博物馆入口,门脸很小,不引人注意,上方的红色横幅大书"欢迎"

馆内陈列的1860年《中俄北京条约》俄文本(复印件)

件。每当事涉远东地区的边界和疆土，俄罗斯必祭出这个条约作为法宝，这在远东各地的博物馆已是屡见不鲜了。

《中俄北京条约》也称《中俄续增条约》。何谓续增？说穿了，就是在全面承认《瑷珲条约》的基础上进一步扩大对中国的领土要求。

1858年穆拉维约夫（Nikolay Nikolayevich Muravyov）用武力恫吓逼迫黑龙江将军奕山签订《瑷珲条约》，割让外兴安岭以南、黑龙江以北60万平方公里土地，又将乌苏里江以东地区列为中俄共管。但是这份条约并未得到清廷的正式批准。咸丰帝斥责奕山办事不力，将其革职查办以示惩戒。此后，俄国一面加紧对乌苏里江以东地区的军事占领，一面寻机签订新条约以给自己的侵略行径"正名"。1860年，英法联军攻入北京并火烧圆明园，咸丰帝仓皇出逃承德避暑山庄，沙俄认为机会来了。俄国驻华公使伊格那提耶夫（N. P. Ignatyev）假意"居间调停"，实则图谋渔翁之利。他穿梭于双方之间，声称是自己说服英法同意与清廷订立和约并从京师撤兵，居功至伟，因而提出新的领土要求，逼迫清廷以此作为酬谢。又威胁说

四访符拉迪沃斯托克（海参崴）

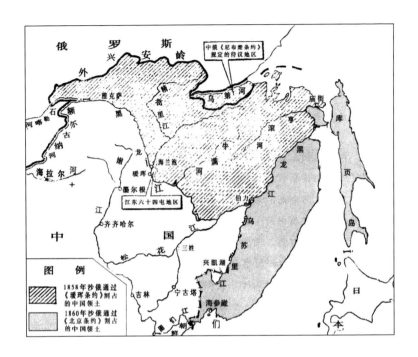

沙俄割占中国黑龙江以北、乌苏里江以东领土示意图①

清廷如不答应他的要求，"只要致函两国特使说他们和中国所签订条约靠不住，需要修改"，联军就会卷土重来。其实英法答应撤兵与俄使调停并无直接关联，但是已经吓破胆的清朝君臣顾不得细察，几天后便匆匆与俄国签订《中俄北京条约》，不但承认《瑷珲条约》对黑龙江以北土地的割占，还接受了将《瑷珲条约》规定中俄共管的乌苏里江以东约40万平方公里土地划归俄国的无理要求。当议和大臣恭亲王奕䜣将此结果上奏，咸丰帝竟批复："事势至此，不得不委曲将就，免致狼狈为奸。"

---

① 参见吕一燃《中国近代边界史》上卷，人民出版社，2013年，第186页。

从《瑷珲条约》到《中俄北京条约》，短短两年，沙俄得寸进尺，清朝一退再退，远东100多万平方公里的疆土就此沦入俄手。

《中俄北京条约》第一条便规定乌苏里江以东地区的划界问题：自乌苏里河口而南，上至兴凯湖，两国以乌苏里及松阿察二河作为交界，其二河东之地，属俄罗斯国，二河西属中国。自松阿察河之源，两国交界逾兴凯湖直至白棱河，自白棱河口顺山岭至瑚布图河口，再由瑚布图河口，顺珲春河及海中间之岭，至图们江口，其东皆属俄罗斯国；其西皆属中国。两国交界与图们江之会处及该江口，相距不过二十里。且遵天津和约第九条议定绘画地图，内以红色分为交界之地，上写俄罗斯国阿、巴、瓦、噶、达、耶、热、皆、伊、亦、喀、拉、玛、那、倭、帕、啦、萨、土、乌等字头，以便易详阅。其地图上必须两国钦差大臣画押钤印为据。①

从纸面到实际疆土，勘界是签订条约后的又一个战场，谁来勘界，关系重大。任事者一要了解地理形势，二要具备测绘知识，面对狡诈多端的对手，还要具有足够的机智和相应的俄文能力，才能洞察对方意图，避免掉入陷阱。而更为基本的，是不畏艰难、为国尽责的忠勇之心。可惜，所有这些资质在奉派勘界的清朝官员身上，都不具备。

俄国人却是有备而来。几年间，俄方通过地理考察测绘，摸清了乌苏里江、兴凯湖、绥芬河的走向，也摸清了日本海附近海湾的地形特点，手里握有远东地区大比例尺地图，锁定了自己的目标。勘界还

---

① 参见故宫博物院明清档案部《清代中俄关系档案史料选编》第3编下册，中华书局，1979年，第1004—1005页。

未开场，清朝落败已成定局。

这间博物馆里有两块界碑，一块"玛"字牌在室内，另一块"倭"字牌就是我最先在院子里看到的那块，都是勘界的产物，也是沙俄在勘界过程中继续玩弄伎俩，多占我国领土的历史见证。为什么不叫某字碑而叫某字牌呢？因为最初用的是木制界牌，而现在看到的灰色花岗岩质长方碑是1886年改换的。1991年中俄重新就两国东界签署协定，竖立新界桩后俄方拆除了一些旧界碑，石质的"玛"字牌和"倭"字牌，应该就是那时"退役"进入博物馆的。多年前我与人合撰过一本名为《国耻备忘录——中国近代史上的不平等条约》（北京教育出版社，1995年）的历史读物，曾历数这些界牌（碑）所承载的辛酸愤懑，也提到爱国官员极其难得的敌忾豪情，却没有机会看到实物。现在面对实物，那些往事被又一次"激活"，不由得想再来一吐为快！

勘界第一阶段，划定自乌苏里江口至兴凯湖的边界。双方代表就条约中"白棱河口"的地理概念争执不下。清方主张白棱河即湖西南的白珍河，俄方则硬指湖西北已被其占领的土尔河口为条约中的白棱河口，并以动武和退出谈判相威胁，于是清廷屈服，将边界线由松阿察河口划向西北，让俄国占据了兴凯湖三分之二的水域。

勘界第二阶段，划定从兴凯湖至图们江口的边界。俄方代表卡札凯维奇借口兴凯湖以南道路荒僻难行，别有用心地提出不必实地履勘，双方大臣只需照依条约在地图上将未分之界标明，划定边界，"绘图钤印"，竖立界牌的事情，交给属员去做即可。他所说的地图，就是俄国单方面绘制的大比例尺地图，可以直接在图上划出让俄国满意的边界线。清方代表成琦不知其诈，又畏惧履勘艰险，点头同意，使得俄方的阴谋轻易得逞。整个勘界谈判从1861年6月18日开始，仅

展室内的"玛"字牌,汉字一侧可见"光绪十二年六月立"字样

院子里的"倭"字牌,汉字一侧可见"光绪十二年四月立"字样
(以上均为作者2009年9月摄)

10天就草草收场。6月28日,双方订立《勘分东界约记》及附件《中俄东界交界道路记文》作为《中俄北京条约》的补充条款,所有俄、满、汉文本都由俄方一手拟定,清方代表只是照依誊写,连同附图一起钤印画押。

《中俄北京条约》规定的界牌多达20个,而根据上述《记文》,从乌苏里江口至图们江口,仅需设立"耶"(E)"亦"(И)"喀"(К)"拉"(Л)"那"(Н)"倭"(О)"帕"(П)"土"(Т)8个木制界牌,一面写俄文,一面写汉字。数量之锐减,正意味划界之粗率,给俄人上下其手留足了余地,其中缺设应立于图们江入海口东岸的"乌"字牌,遗患尤为深远。8个界牌中,除了土尔河口(即俄强指的白棱河)的"喀"字牌有成琦参与监立,乌苏里江口的"耶"字牌由三姓副都统富尼扬阿与俄国官员同立,其余均交杜尔宾大尉和成琦委派的佐领吉勒图堪等人办理。而实际上,吉勒图堪在勘界途中鸦片烟瘾大发,丢下公务赶往宁古塔抽鸦片,所有行动均为俄方独家包办。

清朝人员缺席下的勘界立牌,结果可想而知。由于这些界牌都是标注在地图上的,具体位置并不确定,俄方借机大动手脚,这当中最为包藏祸心的,是最后一处"土"字牌的位置。俄国对连通日本海的图们江口垂涎已久,为了霸占此地,非但有意遗漏"乌"字牌,还将本应位于"图们江左边距海不过二十里"处的"土"字牌,擅自向内移到距图们江口22俄里(约46.64华里)的朝鲜城镇对岸的沙草峰上设立。不仅多占中国地界近27华里,还有意拉开了中国陆地边界与图们江口的距离,造成中国领土不能直达日本海,失去图们江口出海权的严重后果,面对日本海,虽近在咫尺,却只能望洋兴叹。

成琦等人草率勘界贻误国家，25年后，一位官员挺身站了出来，他，就是吴大澂。

吴大澂，江苏吴县人，同治七年进士，著名金石学家和书法家。这样一位满腹经纶的儒雅学者，在外敌面前，却有着一副抗御外侮、保家卫国的铮铮铁骨。1886年（光绪十二年），吴大澂以都察院左副都御史的身份奉命会勘吉林边界事务，发现自珲春河源至图们江口500余里，竟没有一个界牌。最关紧要的"土"字牌"不知何年毁失，遍询土人，无从查究"，图们江下游的黑顶子山要隘被俄兵越界侵占，其他界牌也出现不胫而走的怪相，被俄人偷偷挪移至中方境内以蚕食中国领土，当地百姓讥称"马驮界牌"。边界的混乱与危急，令吴大澂忧心如焚。对俄交涉时，他把重立"土"字界碑作为第一要务，其次是收复黑顶子要隘之地，力争收回图们江的行船权利问题。

这是一场历时数月的艰苦谈判。吴大澂不但敢于谈判，也善于谈判，交锋时能有理有据，占据主动；当俄方试图"秀肌肉"，他也不失时机地邀请北洋舰队前来"客串"，展示先进装备，震慑对方。在他有勇有谋的力争之下，"土"字牌从沙草峰南越岭而下，前移至距江口30华里即不到15俄里的平滩处，大大缩短了到海的距离。今天，那里是中国最前沿的防川村，可以一眼看三国（中、朝、俄）的地方。俄方虽未完全接受吴大澂要求的图们江出海权，但承诺中国船只可以出入图们江口，俄国不加阻挠，此举为中国恢复图们江出海权做出了重要贡献。为了收回黑顶子山，他不惜与俄方激烈辩驳而寸步不让，迫使入侵俄军撤走，今天，那里是珲春市敬信镇之所在。

收藏于这个边境管理局博物馆的"倭"字牌和"玛"字牌，也是当年吴大澂对俄维权的成果。为了防止俄国继续蚕食中国领土，他

从防川村可以"一眼看三国"(姜鸣供图,文字为作者加)。近处为中国,铁桥左端为俄罗斯,右端为朝鲜,远方是日本海。海口近在咫尺,但领土已非我有

坚决要求纠正错立和被俄方私移的界牌,并补立和增设界牌。"倭"字牌的正确位置是大绥芬河北岸高岗上,对准瑚布图河口,却被俄方向西偷移了2公里多,另一个"那"字牌更是偏差了10余里,这次都移回原位。成琦勘界时未设的"玛"字牌及"萨"、"啦"字牌,这次补立,并增设26座小界牌(也叫封堆记号)。木制界牌容易毁损,也容易被人擅自挪动,这次改为更加坚固的石碑,在汉字一侧的碑面刻下"光绪十二年某月立"的字样,以昭久远。

自从1840年鸦片战争以来,积贫积弱的中国处处受制于列强,清廷与列强的每次谈判,无一不以割地赔款的结果告终。土地越失越多,赔款越赔越巨,而沙俄,是夺我国土最多的头号凶敌。国难当头,吴大澂虎口取食,竟逼迫沙俄将到嘴里的肥肉吐出来,前所未有地收回部分权益,这是何等了不起,值得在我国近代史上特书一笔!

事竣后，吴大澂以诗纪事："词锋敢骋笔如杠，圣德怀柔逮远邦。牛耳当年盟未久，犬牙何事气难降。分流溯到松阿察，尺地争回豆满江。我欲题名铜柱表，问谁来遣五丁扛。"诗中的"铜柱"，就竖立在珲春长岭子，柱上镌刻"疆域有表国有维，此柱可立不可移"十二字，充分表达吴大澂的敌忾豪情，掷地有声，令后世长久景仰。

寻见永宁寺碑

每次来符拉迪沃斯托克（海参崴），有两个必去的"打卡地"，一是阿尔谢尼耶夫远东历史博物馆（以下简称阿尔谢尼耶夫博物馆），二是国际展览中心［现为符拉迪沃斯托克（海参崴）城市博物馆］。

阿尔谢尼耶夫博物馆位于斯维特兰娜大街20号，为了纪念俄罗斯远东地区著名的探险家、作家弗拉基米尔·阿尔谢尼耶夫（Vladimir Arsenyev），博物馆以他的名字命名。阿尔谢尼耶夫1902—1907年率队在乌苏里江流域探险，与那乃（赫哲）人向导德尔苏·乌扎拉（Dersu Uzala）结下友谊，以此为题材写成小说。1975年日本著名导演黑泽明（Kurozawa Akira）将其拍成电影，广为流传，小说在我国也翻译出版。此博物馆是远东第一家历史博物馆，也是滨海边疆区最大的综合博物馆，因馆藏丰富，素有好评。顺便多说一句，该建筑物在1918—1924年曾被日本横滨正金银行使用，经卓娅教授和日本民间团体推动，现在挂上了纪念说明的标牌。日侨最盛时有6000多人，而同期旅居此地的华人超过10万，相形之下，我们自己对当地华人历史的关注显然太少了。

从阿尔谢尼耶夫博物馆出来，沿斯维特兰娜大街下行（向东）近

阿尔谢尼耶夫远东历史博物馆(来源该馆官网)

千米右拐至彼得大帝街6号,便是国际展览中心(与阿尔谢尼耶夫博物馆同属一个管理系统,曾几度改名,据2022年消息,目前是城市博物馆)。尼古拉二世凯旋门与其相邻,是最好认的标志,我第一次来时不熟悉路径,曾向人打听,以后再来就轻车熟路,直奔目的地。

我承认自己是个博物馆迷,不论走到哪里,都不肯错过当地的博物馆,哪怕只是一间小小的文物陈列所,只要开着,必定进去。但对这两个地方情有独钟的原因,却不在博物馆本身。牵肠挂肚地跑来,只为在这里寻见思念的两位"故人":明代奴儿干都司的永宁寺碑和重建永宁寺碑。

奴儿干都司的名字,国人大多熟悉。它的全称是奴儿干都指挥使司,代表明王朝对黑龙江流域、乌苏里江流域乃至隔海库页岛的广大地域进行管辖,中心任务是羁縻安抚当地部族以保障疆域安定,治所设在距黑龙江下游入海口约150公里（航路）处的特林。这一带也是女真人故地，所以雄图大略的明成祖朱棣挑选亲信宦官女真人亦失哈来实施自己的这项构想。亦失哈不负重托，于永乐九年（1411）率领大舰队第一次前往特林，宣读诏谕，创设奴儿干都司，送都指挥同知康旺等人上任。一年后再来，抚恤当地部族，广行赏赉，"赐男妇以衣服器用，给以谷米，宴以酒馔"，做得有声有色。他又大兴土木建造佛寺。永乐十一年（1413）秋，寺庙落成，他命人撰写《敕修奴儿干永宁寺记》，详述设立奴儿干都司，建造永宁寺及安抚当地民众的原委，勒石立碑，这就是今天的永宁寺碑。亦失哈一生多次来到特林，有明确记录的最后一次是宣德七年（1432）。他发现永宁寺被当地人破坏，遂下令重建，直到次年春竣工。再建的寺庙比前一次规模更大，也更壮观，落成后再立一碑，即重建永宁寺碑。根据寺碑所立年代，也通称前者为永乐碑，后者为宣德碑。

奴儿干都司的"高光时刻"持续并不长久。成祖、仁宗相继去世后，宣宗朱瞻基继位。后来的皇帝选择内敛的国家政策，优先休养生息、发展经济，最终决定将奴儿干都司"内撤"。宣德十年（1435）以后奴儿干都司不见记述，算来只存续了20多年。奴儿干都司撤废后，两度修建的永宁寺也坍塌不存，但是，两通寺碑留了下来，之后仍屹立于特林临江的高崖之上数百年。两碑的铭文，成为了解明朝治理这一地区以及15世纪黑龙江下游、库页岛的民族人文最珍贵的第一手文字资料。

至今记得第一次来寻二碑的情形。那是1998年9月，来符拉迪沃斯托克（海参崴）开学术会议。一日下午，趁着会议间隙，我来到阿尔谢尼耶夫博物馆。当时俄国正值卢布危机，经济萧条，人心浮动，

明朝奴儿干都司地域范围[1]

而我国大众的海外游时代尚未到来，博物馆里没什么人。走进一楼展厅，在一个不起眼的角落里，我看到了期待已久的永宁寺碑的身影。快步上前，欣喜过后却是惊愕。之前已耳闻碑体风化严重，而实际看到的毁损程度，更远超出了我预先的想象。风雨的侵蚀如此深刻，致使整个碑身斑痕累累，坑洼不平，体无完肤。据载，完好时正面（碑阳）铭文为汉文，30行×64字，背面（碑阴）为蒙古文、女真文，概述汉文内容，左右两侧（碑侧）皆以汉、藏、蒙、女真四体字刻"唵嘛呢叭咪吽"六字真言。而现在，

---

[1] 参见谭其骧《中国历史地图集》（第七册），中国地图出版社，1987年，第82—83页。

除了碑额的"永宁寺记"四个汉字勉强可辨，再也看不出一个完整的字，惋惜、心痛……无以言表。

告别永乐碑来到国际展览中心，宣德碑的现状也不忍睹。碑额的"重建永宁寺记"相对清晰，但以下碑身的字迹模糊一片，无法认读（正面应有汉文30行×44字，背面无字）。更不堪的是，它一直被露天置放在大门外而无人问津，时至今日仍不得不继续忍受风吹雨淋。2009年9月，我第三次去看望时正赶上下雨，阴霾的天空，淅淅沥沥的秋雨，泥泞的路面，因为雨水浸湿而显得黝黑的碑体……这是我们的国宝啊，谁来拯救你？束手无策的我站在它面前，只有歉意和难言的压抑。

庆幸的是，宝贵的碑文没有就此消失。自19世纪后期至今，几代学者包括日本学者锲而不舍地努力，为我们保存了碑文拓本并做出释读，使其得以流传。第一个亲临特林并取得拓本的人是清末地理学者曹廷杰。1885年（光绪十一年），曹廷杰奉吉林将军之命考察边防。这时黑龙江下游已入俄手，他冒着危险深入实地，周历129天，在特林发现了永宁寺基址和"巍然立于庙西南百步许"处的两通石碑，拓下碑文带回。1891年出版的《吉林通志》"金石志"中，第一次披露了这两通寺碑的全文，奠定了当代中国学者研究永宁寺碑文的基础。据杨旸《明代奴儿干永宁寺碑记再考释》[①]：永乐碑释文达1032字，缺35字，宣德碑释文873字，缺15字。

此外有日本学者内藤湖南（Naitō Konan）所藏永宁寺碑拓本，现存京都大学人文科学研究所。2023年承朋友帮助，得见拓本原件，才

---

① 载《社会科学战线》1983年第1期。

永宁寺碑正面及侧面,很遗憾未能保存下1998年参观时的照片,此为2009年5月拍摄,仅碑额"永宁寺记"四字可辨,碑侧(右)依稀可见字的刻痕

日本学者内藤湖南所藏永宁寺碑(即永乐碑)拓本,依次为碑阳、碑阴、碑侧,现存京都大学人文科学研究所

知道内藤湖南在拓本收集上下了大功夫，永乐碑拓本竟有3种之多！可惜其中两种制作欠佳，较好的一种系他1930年请自己的京大同事、考古学者梅原末治（Umehara Sueji）从符拉迪沃斯托克（海参崴）拓回，时间上晚于曹廷杰拓本近半个世纪，通过该研究所网站可以检索，画面相当清晰。2000—2007年日本方面还传出过新发现：北海道函馆市博物馆和函馆市中央图书馆的库房内，先后发现了1924—1925年某佚名者赠予的宣德碑和永乐碑拓本。如此一来，就出现了介于曹廷杰拓本和内藤湖南拓本之间的第三种拓本。[①]如长年研究奴儿干永宁寺与东北亚历史的中村和之教授所说，由于几种拓本都存在因字迹残损而难以辨认的问题，应提倡中日学者携手，将存世的这几种拓本结合研究，将有助于更准确完整地认读碑文，对历史做出更精准的解读。

　　寻见永宁寺二碑后，我心里还存有一个疑问——它们是何时离开原地来到符拉迪沃斯托克（海参崴）的？中国方面的大小文章众口一词，称1904年两碑被沙俄拆运至符拉迪沃斯托克（海参崴）博物馆，后又移至哈巴罗夫斯克（伯力）的博物馆。此说所据为何？查后得知，来自《辞海》"永宁寺碑"条[②]。但该条目并没有提供史料出处。事实的确如此吗？俄国方面另有说法。据主持了特林永宁寺遗址考古发掘的核心人物、考古学者阿尔杰米耶夫（A. R. Artemiev）博士说，二碑离开特林之事发生在1891年，系出于文化上的考虑，由乌苏里地区考古及历史学者布塞（F. F. Busse）提议，地方史和中国研究的"大家"谢维廖夫（M. G. Shevelev）给予财力帮助，用轮船贝加尔号

[①] 参见函馆日俄交流史研究会《会报》第23号，及2007年10月28日函馆新闻社报道。
[②] 参见《辞海》(1989年版)，上海辞书出版社，1989年，第106页。

露天放置在国际展览中心门前的重建永宁寺碑（左侧）碑额的"重建永宁寺碑"较清晰，但碑身铭文已难以识读

内藤湖南所藏重建永宁寺碑拓本（即宣德碑，仅碑阳有字），现存京都大学人文科学研究所

国际展览中心门外右侧的光绪残碑，碑首有"万古流芳"四字，应是某人的纪念碑

（34—36页图片除特别注明外，均为2009年9月摄）

2015年刘小萌教授与二碑合影，右为永乐碑，左为宣德碑，可知二碑此时已在阿尔谢尼耶夫博物馆内"团聚"

运至符拉迪沃斯托克（海参崴），收藏于阿尔谢尼耶夫博物馆前身的"阿穆尔地区研究会"的资料馆里。① 要问谢氏的财力何来？原来他的第一身份并非学者而是实业家、大商人，曾创立俄国最早的海运公司，甚至还参与了恰克图的茶叶贸易。阿尔杰米耶夫的说法值得关注。至少目前可以肯定，两碑并未被辗转运至哈巴罗夫斯克（伯力）的博物馆，中国方面的信息有误。既然说法存在抵牾，就要进一步还原历史真相，不能轻易地人云亦云。别人的说

---

① 参见阿尔杰米耶夫《ヌルガン永寧寺遺跡と碑文——15世紀の北東アジアとアイヌ民族》，菊池俊彦、中村和之监修，垣内あと译，北海道大学出版会，2008年，第10页。

法拿来用时，还是慎重些好。

　　距最后一次去符拉迪沃斯托克（海参崴）已经过去十余年，没有机会重游，但心中对"故人"的惦念依旧。前不久浏览阿尔谢尼耶夫博物馆的官方网页，惊喜地发现宣德碑终于结束了风餐露宿的苦难，和永乐碑团聚在该馆一楼的展厅。不确知这个变化始于何时，但应在2010到2015年之间，因为好友刘小萌教授2015年来参观时宣德碑已经移来。展厅经过重新装修，双碑的位置更加醒目。莫非博物馆终于想通了双碑的文物价值，主动修正了以前的冷漠态度？对比该馆网站多语种的介绍，我看出一个奥妙：这张双碑团聚的图片及说明，只见于中文页面而不见于其他英、日、韩三种文字，也就是说，它是专为中国游客设计，换句话说，是为迎合中国游客的关切而推出的。这个细节很耐人寻味！由此猜想，博物馆给双碑升级待遇，与其说是领悟了它们的文物价值，不如说是明白了它们对源源到来的中国游客的巨大吸引力。不过这还不是我想说的重点。我想说的是，吾之国宝，吾人珍惜。如果国人大众的海外游，竟能以这种方式帮助到流落异邦的国宝级文物，这难道不是大好美事一件，值得我们庆幸和欣慰吗？

乌兰乌德掠影

布里亚特历史风云

贝加尔湖东南侧的乌兰乌德是俄罗斯联邦布里亚特共和国的首府，森林环抱，风光优美。它又是西伯利亚大铁路中段的重要枢纽，东经赤塔连接远东，西经伊尔库茨克远达圣彼得堡，南经乌兰巴托连接中国的满洲里，地理上的战略地位不言而喻。2008年8月在此停留两天，时间虽短，睹物读史，真切感受到了这片土地上曾一再上演的激荡风云，以及它与中国的历史情缘。

乌兰巴托到乌兰乌德600多公里，清晨5时即从乌兰巴托出发北上，希望能给当天在乌兰乌德活动留出时间。然而路程长，道路状况一般，又要在蒙俄边境办理过境手续，总计用去11个小时有余，直到下午4时半才抵达。

此前看惯了蒙古国绵延的高山和草甸，一入俄境，地理景观顿生变化，变成了大片茂密苍郁的森林，多是红松和冷杉，林间还不时可见用圆木搭建的俄式房屋。车过一道山梁，随即跨越大桥，但见河面开阔，波涛奔涌，这条浩荡的大河，就是被蒙古人赞誉为"母亲河"的色楞格河。我的脑海里顿时响起了熟悉的旋律："美丽的色楞格，河水宽又长，穿越大森林，歌唱向远方，金色的麦田，掀起千重浪，迷人的原野，伴随在你身旁……"色楞格河是蒙古高原最重要的水系之一，发源于蒙古中部的杭爱山麓，由伊德尔河和德力格尔河汇合而成，流向东北，与蒙古高原的另一条大河鄂尔浑河汇合于苏赫巴托尔，以下统称为色楞格河。水量丰沛的色楞格河北流至乌兰乌德后向西弯转，流经一片三角洲，从东南侧注入欧亚大陆第一大淡水湖贝加尔湖，全长992公里（一说1000余公里），构成叶尼塞河—安加拉河的源头之一。在此后两天的考察中，我们多次与色楞格河交会而过，充分领略了它的大河风采。

来过乌兰乌德的中国人不多，而来过的人，常有同样的感叹："想不到这里有那么多亚洲面孔，不像是俄罗斯！"有此感叹，说到底，是未能了解布里亚特共和国的历史。

布里亚特是一个古老的族群，《蒙古秘史》里称作"不里牙惕"。其先人很早就活动于贝加尔湖一带的森林草原地区，从事牧畜和狩猎生产，因此也被称作"林木中百姓"。据民族学家考证，古匈奴、古丁零、古鲜卑、古突厥等部族都与布里亚特人的远祖存在血缘上的关联。这种错综复杂的族源成分，恰好证明贝加尔湖沿岸在历史上是游牧民族兴亡演替的大舞台，几千年来不断地经历了不同民族间的交融与重组。1207年，成吉思汗派遣长子术赤率大军征服贝加尔湖地区的"林木中百姓"，布里亚特由此成为蒙古帝国的一部分，逐渐蒙古化，使用蒙古语。布里亚特蒙古与喀尔喀蒙古不同支，在族群上属于漠西蒙古即卫拉特（也称厄鲁特）蒙古的近支（卫拉特蒙古中最有名的是准噶尔部），语言差别也比较大。我在新疆接触到卫拉特方言，几乎听不懂，但喀尔喀蒙古和内蒙古基本上都是成吉思汗黄金家族的后裔，语言较通。布里亚特人在我国呼伦贝尔地区也有分布，其中康熙时期内迁的称巴尔虎，编入八旗组织，今天的新巴尔虎左、右旗和陈巴尔虎旗是他们的后人。还有一支于俄国十月革命后迁入，仍以布里亚特自称，人数较少，仅几千人，也主要分布在呼伦贝尔。

看似遥远的贝加尔湖很早就出现在中国的史籍中，汉代著名的"苏武牧羊"的故事就发生在这里，《汉书》中的"北海"即贝加尔湖（此为一说，有不同意见）。公元前100年，苏武奉汉武帝之命出使匈奴，不料因匈奴内乱而遭到扣押。他拒绝匈奴单于要其归顺的要求，在冰天雪地的北海牧羊19年，所持使节上挂的牦牛尾装饰全都掉光，仍坚贞不屈，终得回归汉廷，留下了宁死不辱使命的千古佳话。在乌兰乌德期间，我们抓紧时间前往贝加尔湖东岸。这一带不同于西岸的伊尔库茨克，未做大规模旅游开发，多是当地人来此游泳、晒日光浴。贝加尔湖特产一种白鱼，旅行社在午餐时特意安排了熏制白鱼给我们品尝。湖畔中午的气温超过20℃，但风颇强劲，凉意十足。当我背对浩渺湖面，伴着涛声拍下这张留影时，思绪忍不住飞向了古老的"北海"。

布里亚特蒙古的命运转折发生在17世纪中后期。在沙皇的东进号令下，大批哥萨克闯进东西伯利亚的原野，在贝加尔湖周边强行建立起一系列军事堡垒。其中1666年哥萨克骑兵在乌德河口建立的上乌丁斯克（也叫上乌金斯克），就是今日乌兰乌德的前身。布里亚特人不甘忍受哥萨克的奴役，奋起抵抗达25年之久，哥萨克在其东进路上第一次领教了如此坚韧不屈的对手。布里亚特人还曾向近邻喀尔喀蒙古寻求帮助，但所获有限，终因势弱力薄而渐落下风。

布里亚特蒙古的命运走向也受到中俄尼布楚谈判的影响。其时，清朝正与沙皇俄国进行艰难的边界谈判。自17世纪50年代起，哥萨克匪帮不断攻扰黑龙江上游的雅克萨，甚至筑城盘踞，作为沙俄入侵黑龙江流域的重要据点。为此康熙皇帝两度派大军驱逐雅克萨之敌，将沙俄政府逼到了谈判桌上。但是谈判并不顺利。面对俄方特使戈洛

离开乌兰巴托不久遇到货物列车，应是开往乌兰乌德的

从湖东眺望无垠的贝加尔湖（杉山清彦摄）

背靠湖面留影，思绪飞向古老的"北海"（摄于2008年8月）

文的阴谋伎俩，缺乏国际谈判经验和近代领土意识的清朝特使索额图显得疲于应付，屡屡落入后手。因此，1689年签订的《尼布楚议界条约》（即中俄《尼布楚条约》）作为我国与欧洲国家签订的第一份正式边界条约，从总体看，以大体平等的方式确定了中俄东段边界，换来了东北边疆一个半世纪的安定，这一成果应该肯定。但另一方面，不能不说，此条约是以重大代价换取的，并留下隐患。最广为人知的隐患，便是将中俄边界最东端的"乌第河以南、兴安岭以北"之间地带定为"待议地区"，模糊了我方对固有领土的主权，为后日沙俄割占我国黑龙江以北、乌苏里江以东领土留下了口实。除此之外，为了换取沙俄尽快签约，索额图等人轻易地应允沿额尔古纳河划界，不要求收回尼布楚及周围的贝加尔湖以东地区。这一表态超出了沙俄的预期，戈洛文之辈喜出望外，从此加紧了征服东西伯利亚的脚步，也让布里亚特蒙古人的抗争蒙上了浓重的悲剧色彩。

布里亚特蒙古成为俄领后两百多年，十月革命爆发。随着苏维埃时代开幕，上乌丁斯克于1934年改称乌兰乌德。乌兰意为红色，乌德取自乌德河之名，合起来便是"红色乌德河"，蒙语的"乌德"也有"门户"之意，故有人译为"红色门户"。乌兰乌德市人口约40万（2008），主要居民中布里亚特人占30%、俄罗斯人占60%，还有少数乌克兰人和鞑靼人。由于长年的俄罗斯化，虽然仍能看到不少蒙古面孔，但如在路上遇到的一位在政府部门上班的布里亚特女士所言（我们用英语简单交谈），绝大多数布里亚特人现在只会说俄语，通晓母族语言的人少之又少，传统的生活方式也离现实日常越来越远了。

我们原本计划参观布里亚特历史博物馆。在东西伯利亚地区，该博物馆以宗教及民族文化藏品丰富而著称。到达当天，把行李放到酒店就匆匆赶往,谁知紧赶慢赶,还是晚了一步。门口的工作人员说入场时间已过(其实按公告的规定时间还不到),坚决不放我们进馆,再三交涉无效,只能失望地离开。这个挫折打乱了我们的计划,因为第二天是周一,是所有博物馆法定的闭馆日,而因为行程的关系,我们等不到周二开馆。在外考察,常会遇到人算不如天算的事情,虽然悻悻,也只有接受。

不能参观,便来街头漫步。南北走向的列宁大街笔直宽阔,市中心的苏维埃广场上,巨大的列宁头像雕塑高达7.7米,连基座高14米,重42吨,既是乌兰乌德最具代表性的地标,也是苏联最大的列宁头像。来乌兰乌德的人,决不能错过这个景观。市内的主要建筑群,特别是政府机构,都围绕在广场四周。撇开政治意味,单从艺术创作的角度看,这尊列宁头像称得上是上乘之作。基座上的老人家神态自然而生动,无论从哪个角度瞻仰,都能感受到那炯炯目光中传递出来的威严与睿智。

列宁大街向南延伸的路段,是行人熙攘的阿尔巴特商业步行街。周日下午,人流颇密。走到步行街中心部的革命广场,一座高耸的纪念碑吸引了我的目光。当地人称此碑为国际主义纪念碑,又称烈士纪念碑。碑身由红褐色砖石砌成,下部方柱形,上部梯形,方尖顶上竖立着镰刀锤子标志,已有80多年历史。碑座正面的俄文译过来是:"全世界无产者联合起来,为实现共产主义而倒下的战士纪念碑,布里亚特工会1920年11月7日(立)"。两侧的碑文,一侧刻蒙、中、朝、日四种文字,中文为"为共产主义的战亡诸君",日文是片假名,大意是"为共产主义战死的诸君",蒙文大意"(纪念)为共产主义倒下的战士",意思都与俄文相同。至于朝文,虽看不懂,想来也同此内容。另一侧的碑文则引用了《国际歌》里最脍炙人口的那段歌词："旧世界打个落花流水,奴隶们起来,起来!不要说我们一无所有,我们要做天下的主人!"这些带有鲜明革命烙印的文字和歌词,向我们展示了一段可歌可泣的苏维埃早期史:在硝烟弥漫的东西伯利亚,不同国籍的红军战士并肩作战,旅俄华工在其中做出了重要贡献。这段历史曾经被尘封,被淡忘,但是经过近年的挖掘搜集,现在已经能

苏维埃广场的巨大列宁头部塑像,尺寸为苏联第一

市中心的列宁大街宽阔笔直,绿荫夹道

乌兰乌德掠影

列宁大街的南半段是阿尔巴特商业步行街,正值周日,行人熙攘

够完整地呈现于世了。

十月革命后,白俄势力猛烈反扑,帝国主义列强也发动了武装干涉,企图将新生苏维埃扼杀于襁褓中。1920年3月,苏维埃根据列宁的提议,决定成立以乌兰乌德为首都(后迁至赤塔)的、独立的远东共和国(简称ДВР)作为缓冲地带,以避免与日本干涉军直接对抗。由红军和游击队组编的共和国人民革命军经过近两年作战,迫使日军撤离远东大陆,完成了预定的历史使命,这支队伍里就包括了大量的华工。最高峰时,远东地区正规红军15万人,华工部队占3万人,并以作战勇猛著称。这些华工多数原本是沙俄时代受雇修建西伯利亚铁路的工人,十月革命后认同苏维埃政权,加上中国布尔什维克在他们中间宣传鼓

矗立在革命广场的国际主义纪念碑

纪念碑一侧的四体碑文（自左至右：蒙、汉、朝、日）

纪念碑另一侧的国际歌歌词
（以上均为2008年8月摄）

乌兰乌德掠影

动,便参与到红军中来。除了东西伯利亚—远东地区,曾招募大量华人矿工的西部乌拉尔地区也在十月革命中组织起人数可观的华工部队。我们熟悉的苏联名著《静静的顿河》《钢铁是怎样炼成的》等,都有描写当地红军队伍里中国战士的段落。乌兰乌德的纪念碑没有留下为远东共和国奉献出生命的华工战士的具体姓名,但他们和所有华工战士一样,拥有一个共同的响亮名号——"苏俄红军中的中国军团",这个名号已经载入史册,并将被后世长久铭记。

茶叶贸易是乌兰乌德的又一张名片,它体现了这里与中国的另一种历史联系。我们由蒙入俄时,恰遇一支写着"中国丝绸之路探险"字样的白色车队从乌兰乌德方向迎面而来,应是刚结束在那里的行程。在远东,连接欧亚的万里商贸之路首先意味着茶路。从18世纪到20世纪初,凭借地理交通的优越位置,乌兰乌德成为中俄茶叶之路上的重要枢纽。在陆路为主的时代,中国茶从汉口经张家口、库伦、恰克图贩至乌兰乌德(当时称上乌丁斯克),由此转向西行,远贩圣彼得堡,甚至欧洲市场。1904年横贯俄国东西的西伯利亚大铁路开通后,走海路的茶道日渐兴起,从汉口出发的中国茶,在天津装船运至海参崴,再由铁路运抵圣彼得堡。但是,无论陆路或海路,乌兰乌德都是必经之地。那时的阿尔巴特大街是一条茶叶街,茶庄、茶铺林立,茶叶贸易带来了乌兰乌德19世纪后期至20世纪初叶的兴盛。今天的商业步行街上,仍有两处引人注目的建筑,向人们讲述茶商旧事。一处俗称"红房子"的两层小楼,拥有红色墙体、白色廊柱,据传是著名茶商纳·列·卡佩尔曼(Нафтолий Леонтьевич Капельман)的茶庄。廊柱上的白色希腊神像雕塑,显示出这栋建筑曾经的高贵与华美,刻在门上的数字则告诉我们,它建于1907年,只可惜有关它

茶商卡佩尔曼的"红房子",上为20世纪初俄国邮政明信片,俄罗斯国立图书馆藏;下为当代图片,出自维基百科共享资源,摄影者SAKRI(均为聂金星提供)

的更多故事已经无从查起。① 另一处建筑占地面积更大，黄墙白柱，多个拱门相连，这里曾是中国茶交易的大货场，十月革命后先用作儿童乐园，再改为百货商场。虽然时过境迁，门前不再有车水马龙的喧嚣，但从建筑外观的宏大气势上，仍能想象当年茶货如山、商人争竞的交易盛况。

从苏维埃广场到阿尔巴特商业街要穿过一座高大的门，这就是为尼古拉二世建造的"凯旋门"，也让人联想起当年的茶叶贸易。虽然比符拉迪沃斯托克（海参崴）的那座朴素得多，但上刻纪年"1891.6.20—21"，可知也是皇太子尼古拉二世那次东游留下的纪念物。尼古拉二世的东游路程很长，先行经埃及、印度、锡兰、爪哇、暹罗等地，而后由中国香港入广州开始访华。他事先将拟访的一串中国城市名单开报给清政府，而临到成行，那些城市或删减或匆匆路过，只在汉口留出了较充分的时间。何以如此呢？因为汉口是关乎俄国经济命脉的"东方茶港"，而且已有一众俄商在此开厂兴业，站稳了脚跟。尼古拉二世4月20日抵汉，第二天就赶去参加这里的俄商砖茶厂的建厂25周年庆典，在俄商齐聚的会场，他连说了三个"伟大"："万里茶路是伟大的中俄茶叶之路，汉口的俄国茶商是伟大的商人，汉口是伟大的东方茶港。"②

这话听起来言及中俄双方，肯定了大汉口的地位，实际上句句的重点都在于褒扬和鼓励俄国商人的奋斗。汉口俄商的机器制茶成本低

---

① 后来查到一些资料，得知卡佩尔曼是犹太裔，其父曾在西伯利亚军团服役，后获准居留上乌丁斯克（乌兰乌德）。西伯利亚大铁路给其一家带来发财致富的好机会，卡佩尔曼兄弟在当地经商、开厂，成为富商。
② 参见2014年8月18日人民网：《1891年俄皇太子访问汉口 称赞其为东方茶港》。

廉，发展迅速，采用传统手工制茶的华商受其冲击，生存空间日益窘迫，落败已成定式。尼古拉二世结束访华后去了日本，从那里乘船到海参崴，为西伯利亚铁路的开工仪式剪彩，然后西行返回莫斯科，在途中经过了乌兰乌德。又过了十来年，西伯利亚铁路全线竣工。这之后，从汉口装船出发的茶叶到海参崴再用铁路转运，进一步降低了运输成本，也由此打败了往返于张库大道的驼队茶商。茶叶贸易的版图彻底改写，乌兰乌德依然是重要枢纽，但它是俄商的天下，晋商和恰克图的辉煌则一去不返了。

从步行街走回酒店的路上，看到悬挂在某座楼房上的巨幅海报。我看不懂正中的俄文，只见左侧有汉字"万里长城"，右侧是"展览会，到中国一张票"。这是鼓励人们去中国旅行吗？还是连机票都代售呢？当下上海正在办世博会，莫不是为它做的文宣吧？胡乱猜测没弄明白，后来请教熟悉布里亚特情况的阿拉腾奥其尔教授，才知道这座建筑是布里亚特共和国文化部所属的布里亚特自然博物馆，正在办万里长城展，推介中国文化。进入21世纪以来，乌兰乌德与多个中国城市，如呼和浩特、长春、兰州、满洲里等相继结为友好城市，双方的互访往来十分频繁，正在协商多个经贸和文化交流项目。随着"一带一路"倡议在沿线国家得到积极和广泛响应，位于丝绸之路经济带的乌兰乌德与中国的情缘不但在延续，还将有更深层次的发展。

伊沃尔金斯克扎仓与活佛的故事

到达乌兰乌德的第二天，我们前往布里亚特最重要的藏传佛寺伊沃尔金斯克扎仓（Ivolginsky Datsan）参观。

入住的酒店在市中心，距离有巨大列宁头像的苏维埃广场仅几百米，地点极佳，但服务水平则不敢恭维。早餐时，落座10分钟才见到女服务员，一到桌前就用俄语连连发问，我猜大概是套餐里有可选项目。然而没有菜单，懂俄语的青木博士不在，说英语则是鸡同鸭讲。女服务员见状也不再问，返身回到厨房，接连端来4份完全一样的饮料、面包和红茶。红茶显然是这里早餐的标配。想想也对，乌兰乌德曾是中俄万里茶道的重要枢纽，饮茶风气应是那时养成，延续至今。不过茶袋上分明写着产地是"斯里兰卡"。看来随着物换星移，虽然饮茶的传统依旧，但茶叶所自方向已不再是中国。我们中有两位酷爱咖啡，经过连比带画、锲而不舍地交涉，终于也如愿以偿。

旅行社的导游是一位布里亚特族小伙，上午9点，在他的引导下出发。车子驶过西伯利亚铁路枢纽站乌兰乌德火车站后离开市区，一路向西，约40分钟后到达目的地。伊沃尔金斯克扎仓位于乌兰乌德市区西南郊，建在一片开阔的原野上，远处可见高山。正当夏日，寺院的白色木栅外是一望无际的绿野，木栅边野花正在怒放，景色十分怡人。挨着木栅的树上系满了五颜六色的经幡，在藏传佛教寺院和象征神圣的敖包旁，迎风猎猎舞动的五彩经幡和风马旗是最常见、最醒目的佛教装饰，寄托了广大信众渴求吉祥幸福的美好愿望。

众所周知，俄罗斯的国教是东正教，佛教徒只占人口的1%，比例很低。但因为他们绝大多数集中在布里亚特、图瓦、卡尔梅克等几个蒙古系自治共和国，在这些地区，藏传佛教是主要宗教，信众的比例相当高。21世纪初，图瓦共和国和卡尔梅克共和国的蒙古系人口分别为20万及16万人不等，布里亚特共和国则有将近30万人，再加上分布在后贝加尔边疆区和伊尔库茨克州的布里亚特人7万—8万人，

伊沃尔金斯克扎仓外的原野

总人数是前两国之和。也因此，在蒙古系人口数和信徒数上都具有"人多势众"之优势的布里亚特，在俄罗斯的佛教历史上发挥了更为突出的作用。

布里亚特共和国现有十多座扎仓，伊沃尔金斯克扎仓居其首位，不仅在本国佛教界地位重要，也被看作全俄罗斯传统佛教的中心。"扎仓"（也译为"达仓"或"达桑"）一词来自藏语，原指大学的系，但在西伯利亚地区，习惯于把整个佛学院叫作"扎仓"。我国内蒙古地区也有类似现象，如建于清代的多伦县善因寺就被叫作达仓，只不过那里的老百姓把它叫白了，称"大仓"或"西大仓"，至今当地还留有"大仓乡"这样的行政区划名称。所以千万别误会，此"大仓"非彼大仓，多伦的"大仓"和屯粮的仓库，完全风马牛不相及。

藏传佛教传入布里亚特经历了一个漫长过程。17—18世纪，藏传佛教先由喀尔喀蒙古传入，继而有来自西藏的喇嘛僧人直接传教。在这之前，萨满教是布里亚特的原始宗教信仰。当外来的藏传佛教进入这一地区，无可避免地遇到了萨满教势力的顽强抵抗。萨满巫师动用狼牙、鹿角、鸟羽等护符来打击喇嘛教，因为他们相信，在宗教的精神世界里，这些手段能够对异教产生强大的"杀伤力"。然而斗争的结果是，萨满教的势力后退，退缩到西布里亚特的少数地区，藏传佛教的势力则大步前进，并最终全面取胜。

以征服者身份进入西伯利亚的俄国哥萨克也将藏传佛教视为"异端"，曾要求沙皇政府加以取缔。到了1741年，两者之间的较量也有了结果：女皇伊丽莎白一世（Elizabeth Ⅰ Petrovna）承认喇嘛教信仰为合法，接受其为俄罗斯帝国的官方宗教之一。稍后，叶卡捷琳娜二世（Catherine Ⅱ）允许布里亚特蒙古僧人拥有自己的班智达堪布喇嘛（Pandido Khambo Lama）活佛转世系统。就在此时，布里亚特史上第一座扎仓在措果尔（Tsongol）建成，至1846年，扎仓增加到34座之多。长期以来，布里亚特僧人以极大的宗教热忱从中国西藏、内地和蒙古引进了大量密宗文献，并从格鲁派和其他佛教流派中吸收了许多鲜活的传统。1991年，为纪念藏传佛教在俄罗斯取得合法地位250周年，布里亚特佛教界还特意举办了盛大的庆典活动。

沙皇时期冲破重重阻力扎下根来的藏传佛教，却在苏联时代遭遇劫难，一场真正的浩劫！20世纪30年代，在斯大林发起的"大清洗"运动中，所有的宗教，包括国教东正教，都遭到残酷无情的迫害，而藏传佛教受害尤甚。扎仓悉数被毁，僧人被当作反革命清算，或入狱，或遭处死。有这样一组令人触目惊心的数字：1917年十月革命前，布里亚特的在册登记喇嘛人数达到11276人，而1935年只剩下1271人，锐减了1万人；1938年为止，计有1864名高级僧侣被逮捕入狱，得以生还的仅寥寥几人。①

1945年卫国战争结束后，苏联的宗教政策终于有所调整。今天我们参观的伊沃尔金斯克扎仓，就是那以后经斯大林批准于1946年修建的，它成为藏传佛教在布里亚特再度复兴的一个象征。扎仓最初只是一座木屋，后来逐渐扩大，形成拥有10座建筑的大型综合建筑群。主殿堪布喇嘛庙，又称伊特格勒夫庙，更是华丽非凡，闻名遐迩。近年，几乎所有慕名而来的参拜者，都是为了瞻仰供奉在这里的达西·多尔济·伊特格勒夫（Dashi-Dorzho Itigelov，也译作达沙·多乔·伊谛吉洛夫）活佛的肉身。

由于到达时间较早，寺院里除了我们几乎没有其他游客，一名身着布里亚特传统长袍的女讲解员已在等候。她和导游小伙交谈，像是很熟识的朋友，但我听着两人说的也是俄语而不是布里亚特语。随着观光之风兴起，通往主要经堂的路边开了一些摊位，做起售卖旅游纪念品的生意。纪念品大多用皮革、毡片等手工制作，带有浓郁的布里亚特文化色彩，既可爱又别致，我也挑选了两样。

寺院巡礼要遵循顺时针方向（自左手边起）前进，路边不时可见转经筒。转经筒也称"嘛呢经筒"，经文置于筒中，转动一周即等于诵经一遍，接连转动等于反复念诵，念诵越多，则积累功德越多。一路走过，我也按照信众习俗，依次转动经筒，以示诚心与尊重。

堪布喇嘛庙就在眼前了。绿顶红柱，重檐起翘，梁枋上布满彩饰，正面门窗为朱红色，两侧白墙镶嵌藏式盲窗，整座建筑庄重宏

---

① 旺其高娃《ブリヤートの仏教・その歴史と現状について》，载日本《佛教文化会纪要》2004年第13期，第172—191页。

扎仓大门和白色栅栏

扎仓院内的纪念品摊位

堪布喇嘛庙庄重华美,但未开放

伟,既融入了中国内地寺庙的建筑风格,又具有明显的蒙藏特色,分外引人注目。然而,我们与它擦肩而过,并未入内。询问缘故,被告知该殿正在修缮,无法参观(其实从外部看不出修缮中的迹象),与它毗邻的另一座白墙黄顶的楼阁式经堂也不开放。有时候不走运会接二连三,昨天错过了布里亚特历史博物馆,今天又与活佛的肉身失之交臂!

绕过堪布喇嘛殿,我们参观了一处较为简易的经堂,接着走向旁边的二层红砖楼房。这里是以第一代班智达堪布喇嘛丹巴·达尔扎·咱雅耶夫的名字命名的佛学院,布里亚特语作"达什·群科尔林",是伊沃尔金斯克扎仓引以为傲的又一特色。据介绍,"达什·群科尔林"的教学体系十分完备,有严格的习经制度,设4个系,分科

在讲解员引导下进入简易的木构经堂

讲解员后方黄顶三层楼阁式的主要经堂未开放

研究经典，面向全俄罗斯招生，也接受来自世界各地的求学者，约有150人在校。年轻僧人能够在此受到有关佛教哲学、密宗理论、星相学、医学以及佛教艺术等方面的良好教育。自从1991年创始以来，已经培养了大批佛学人才。

佛学院共有3栋楼，也许因为正值暑期，学员们放假了，校舍里很安静。我们来到一间教室，光线明亮，讲台上的黑板可以三折，形成不同的朝向，板面光滑易于书写，还可以随意移动，在当时的西伯利亚应是很先进的。学员的课桌则如同连体箱柜，下面掏空，不放椅凳，而是铺着毡毯，听课时席地而坐。征得女讲解员同意，我走到第一排的学员座位旁蹲下来，试着从学员的视线看讲台，不由得想象年轻僧人们一心向学时的热切表情，又仿佛听到他们在辩经时激烈争论的声音。

"达什·群科尔林"之所以名气远播，在俄罗斯的佛教界享有殊荣，与班智达堪布喇嘛的崇高地位分不开，其中，第十二世班智达堪布喇嘛伊特格勒夫活佛的奇特故事对信众影响甚大。

据以中文发行的俄罗斯电子报刊《透视俄罗斯》(tsrus. cn) 介绍，伊特格勒夫出生在布里亚特境内，自幼失去双亲，成为孤儿的他很早就显露出与众不同的神奇特质——他对墓碑和供奉物品情有独钟，总将牛群赶到墓地并在那里与死人相处（当时布里亚特人尚未开始使用棺材，通常也不将死者埋葬于地下，而是将遗体置于树木之间的台架上或山间）。他15岁出家，在后贝加尔地区的扎仓研习佛经，逐渐升任至堪布喇嘛。"堪布"原为藏传佛教中主持授戒者的称号，相当于汉传寺院的方丈，同时也是对佛学知识渊博之高僧的尊称，故佛学院的"格西"（院长）大都拥有这一头衔。伊特格勒夫以其深厚

朴素的红砖楼房为扎仓附设的佛学院

佛学院以第一代班智达堪布喇嘛丹巴·达尔扎·咱雅耶夫活佛的名字命名

教室内景

的佛学造诣当之无愧地享有了这一称号,并于1911年成为第十二世班智达堪布喇嘛。他精通医理,曾创编了一套药理学百科全书。第一次世界大战之前,他作为东西伯利亚地区的佛教领袖受到沙皇尼古拉二世的接见。苏维埃政权建立后,他劝告喇嘛们及早逃离,而他本人在风暴到来之前的1927年圆寂,享年75岁。[①]

伊特格勒夫活佛的故事到此并未结束,不可思议的事情发生在他身后。据说活佛在圆寂前给弟子们留下遗言:"30年后你们开棺看一看我的尸身,75年后将我的尸身从地里挖出来。"1955年和1973年,僧众两次打开石棺(第一次间隔近30年,第二次更短一些),两次都发现以打坐姿态圆寂的活佛肉身完好,并无腐败。

2002年第三次开棺后,活佛的肉身没有再次下葬,而被永久地供奉在伊沃尔金斯克扎仓的堪布喇嘛庙内。如果不是遇到闭门修缮,我们也有机会亲见。我们来访的前一年,正在乌兰乌德做社会学调研的一位东京大学的教员赶上了机会。当时寺里举行盛大的瞻仰活动,她描述自己的见闻说:"队列里的人们都两手合十,慢慢挪步到活佛的肉身前。他的身上披着蓝色的哈达,执事的喇嘛用它轻抚我的额头(祈福),大概只有一秒钟,人们就是为此而争先恐后。……我切实体会到当地宗教'复兴'的热度。"[②]

2008年以后伊沃尔金斯克扎仓的寺院区一直在扩建中,现在的面貌与13年前我们到访时已迥然不同。从网上看到新近的图片,不论

[①] 参见《透视俄罗斯》,2017年8月24日、2017年11月3日。
[②] 参见渡边日日《ブリヤート:宗教「復興」と青年組織》,载日本《民族学》第124期,2008年,第38—39页。

堪布喇嘛庙和佛学院近照,来自《透视俄罗斯》2019.12.10"视听"专栏

是堪布喇嘛庙还是其他经堂，都修葺一新，富丽堂皇，还增加了许多新建筑。当年红砖小楼朴素的佛学院，现在如宫殿般巍峨壮观，简直令我瞠目结舌。寺院墙外建起了大型体育场，"那达慕"盛会就在扎仓边上举行。

这样的大兴土木，需要巨大的财力投入，不太可能是政府所为。如果来自民间，也需要大手笔的捐助才行。有消息说，尽管俄罗斯人在布里亚特总人口中的比例超过60%，但20世纪90年代至今，由于与莫斯科的经贸联系减弱，俄罗斯人在当地的处境大不如前，而布里亚特人在政府机构中的比例上升，对民族文化的意识不断增强。伊沃尔金斯克扎仓的兴盛，也可以看作是宗教回归对人心的影响吧。

小停哈巴罗夫斯克（伯力）

出发，初识下游黑龙江

2011年8月22日，本次俄罗斯远东考察的第一天。早晨，从大阪伊丹国际机场出发先飞东京成田国际机场，在那里与其他成员会齐，下午，搭乘符拉迪沃斯克航空公司的伊尔客机飞往哈巴罗夫斯克（伯力）。

整个行程共计9天，安排如下：

8月22日	从东京至哈巴罗夫斯克（伯力）
8月23日	在哈巴罗夫斯克（伯力）考察
8月24日	乘江轮考察黑龙江下游
8月25日	在尼古拉耶夫斯克（庙街）考察
8月26日	至渔村布裕尔，准备次日渡过鞑靼海峡
8月27日	渡鞑靼海峡登陆萨哈林岛（库页岛），至奥哈
8月28日	在奥哈考察后至南萨哈林斯克
8月29日	在南萨哈林斯克考察
8月30日	从南萨哈林斯克返回东京

考察队由在日本各大学教授东亚史的教员组成，队长加藤直人（日本大学），其余8人为江夏由树（一桥大学）、楠木贤道（筑波大

学)、柳泽明(早稻田大学)、村上胜彦(东京经济大学)、松重充浩(日本大学)、杉山清彦(东京大学)、广川佐保(新潟大学)、作者(大阪经济法科大学)。这当中,中国籍教员仅我一人,女性两人,是我和广川女士,我们一路相互关照,她对我也帮助颇多。考察队中各人的主攻方向不尽相同,但都涉及东北亚地区边疆民族的课题。

我不止一次到过俄罗斯远东,但这次考察,计划沿黑龙江下游实地察看重要的历史地点,并跨越鞑靼海峡登上萨哈林岛(日本称桦太,karafuto),也就是当年的库页岛,这样的机会实属难得,让我无比期待。出发前不断接到承办这次活动的日本旅行社的通知,说此行将深入"荒蛮"之地,湿地森林蚊虻丛生,海角渔村鄙陋难挨,荒原无路要披荆斩棘,加上海峡惊涛,总之是海、陆、空全方位的艰难历程,而绝不是一次快乐旅行,告诫所有人做足心理准备和物质准备。对于我来说,有年轻时的草原游牧经历垫底,这些"恐吓"其实都不算什么。不过年纪不饶人,毕竟过了"六张",做好准备,保障身体健康还是必要的,也免得给同伴造成额外的负担。因此遵照建议,逐一置备了防蚊头罩、各种驱除蚊蝇的药剂、雨具、长衣、手套、餐具以及各种常备药品,丈夫为此嘲笑我说:"真是武装到了牙齿"!(笑)

日本飞俄罗斯远东的航线大多每周两班。登机后发现航班满座,而且有很多组团的老年日本乘客,他们显然都在七八十岁上下,有些还是夫妇模样。"二战"后,大量曾在中国东北的日本人成为苏联红军的俘虏(多数是从军后被俘,也有并未从军的),被押解到俄罗斯远东地区服苦役,日本近现代史称他们为"西伯利亚抑留者",其人数之多,远超一般人的想象。据日本厚生劳动省公布的数字,总计逾

57万人。多数人在若干年后侥幸生还,却也有不少人客死异乡,将生命永远留在了遥远的西伯利亚,其中有姓名可查的死者就有41000多人。这些年来,无论走到贝加尔湖畔的布里亚特共和国,还是曾经属于苏维埃联邦的中亚国家如哈萨克斯坦,以及俄罗斯远东的各个城市,我都看到了埋葬这些死者遗骸的日本人墓地。我猜想航班上这些白发苍苍、行动蹒跚的老人之所以结伴前往,也是为了那段不堪却无法忘却的记忆(稍年轻些的人也有可能是为了对父辈的记忆)。这其实不难理解,他们也是那场疯狂的嗜血的战争的牺牲品。

飞机正点起飞,机上配发了一顿午餐,是典型的俄式便餐。在飞行2个多小时后,机翼下方出现了大片的绿野,绿野上河网密布,主河道宽阔但逶迤曲折,形成一个又一个S形弯道,从主河道上分析出无数支流,在支流的尽处又汇为大大小小数不清的湖泊和沼泽。高空俯瞰,夕阳照射下的水面如同一片片明镜,熠熠生辉。这就是黑龙江的下游河段,蕴含无尽资源宝藏,我们曾经拥有但已失去,我第一次有幸识得它的壮美风采!

黑龙江,在俄罗斯被称为阿穆尔河,为此行最重要的主题词,此后几乎所有行程都围绕它展开。据资料介绍,黑龙江有南北两个源头,北源是石勒喀河,南源是额尔古纳河。习惯上将黑龙江分成上、中、下游3段——上游始于石勒喀河与额尔古纳河汇流处,终于结雅河口[即精奇里江,河口在布拉戈维申斯克(海兰泡)],长约880公里;中游从结雅河延伸至哈巴罗夫斯克(伯力),长约960公里;从哈巴罗夫斯克(伯力)至黑龙江入海口为下游,长亦约为960公里。全程相加,黑龙江干流约2800公里,加上南北源等水域,总长达到4444公里,是世界十大河流之一。在同江附近,黑龙江最大的支流松

在成田机场办理登机手续,右一为广川女士

这位老人家大概是去哈罗夫斯克(伯力)怀旧的吧,像她这个年纪的人,同机还有不少(除特别说明外均为作者2011年8月摄,下同)

机翼下方出现了无垠的绿野,远处是蜿蜒的黑龙江河道(图片上方浅色部分),可惜逆光,舷窗的玻璃又脏,拍了几张效果都很差,勉强选了这张

江边的瞭望台

站在瞭望台上背靠我们的黑龙江留个影,身后是祖国

花江将其黄色的、充满泥沙的水流泻入，在哈巴罗夫斯克（伯力）附近，乌苏里江与之合流。随着这些水流的汇合，黑龙江漫然泛滥于河谷平坦的沼地上，巨大的河道成了由支流、港汊、新旧河床、岛屿、沙洲和岬角组成的迷宫。在哈巴罗夫斯克（伯力），黑龙江距日本海海岸的直线距离为370公里，但因其被锡霍特山脉阻隔而改变流向，北流960公里后才注入连接鄂霍次克海的鞑靼海峡。

如大家熟知，滔滔奔流的黑龙江原是中国的内河。远者不论，元代的辽阳行省和明代奴儿干都司的辖地都包括了黑龙江下游流域乃至隔海的库页岛。清代则完善管辖体制，先后将这一带归隶于三姓副都统衙门及吉林将军之下，对当地土著居民实行"边民姓长制"，每年贡貂赏乌林，在江岸开市交易，由清朝官员亲临视事。这些情形，甚至在江户末期日本人间宫林藏的探险纪行里都有明确详尽的记述。然而到了1858—1860年，腐败无能的清政府屈从于沙俄，相继签订屈辱的《中俄瑷珲条约》和《中俄北京条约》，导致黑龙江下游以北、乌苏里江以东，包括库页岛在内的一百多万平方公里土地被割让，黑龙江成为中俄大部分地区的边界，也使得中国从此丧失了在东北亚的出海口。在"海洋立国"日益重要的今天，回顾那段历史，除了感叹沙俄的老辣凶狠，更为自己国家的海陆利益一百多年来遭受如此致命的损失而痛心疾首！

哈巴罗夫斯克（伯力）位于黑龙江与乌苏里江会合口的东岸，原名伯力，是俄罗斯远东仅次于符拉迪沃斯托克（海参崴）的重要城市，也是哈巴罗夫斯克州（今称边疆区）首府。从东岸向西南眺望，黑瞎子岛的轮廓清晰可见。此岛扼乌苏里江出口，又称抚远三角洲，地理位置极其重要，一直由中方控制，却在1929年的中东铁路事件中被苏

小停哈巴罗夫斯克（伯力）

联乘机出兵强占,这一占就是80年。从苏联时代到今天的俄罗斯,我国曾就岛的归属与其长期交涉,直到2004年,俄方终于同意就将洲渚的一半归还中国签署协议,也就是《中俄国界东段补充协定》。因为黑瞎子岛的位置恰如中国版图上那只雄鸡的鸡冠,人们也用"雄鸡一唱天下白"来形容这次成功。随着纷争尘埃落定,距黑瞎子岛最近的抚远县获得了对俄贸易的巨大商机,黑瞎子岛设乌苏镇,吸引国人旅游,城市也在急速发展(但听说尚未完善下水道,生活污秽一概排入乌苏里江,污染堪虞)。驻足江边,看江水蜿蜒,江船过往,心潮也随之起伏。岁月形势的变迁,既要战略大智慧,也要实力为其后盾,黑瞎子岛的归属,不就是一个明证吗?

乌苏里江和黑龙江在这片海域汇合。尽管两国都强调和平共处双赢,但戒备从未放松。那艘白色炮艇日夜停泊江中,炮口正指中国方向

从阿穆尔公路大桥上回望哈巴罗夫斯克（伯力）和黑龙江，江边有大片的湿地，郁郁葱葱

下游方向，江天一色，蔚为壮观

小停哈巴罗夫斯克（伯力）

哈巴罗夫斯克（伯力）一日：江边、博物馆

在哈巴罗夫斯克（伯力）总共只停留一天。头天晚上住进，第二天傍晚离开，坐夜行火车到共青城，再从那里搭江轮，去黑龙江下游河口的尼古拉耶夫斯克（庙街）。

哈巴罗夫，全名叶罗费·帕夫洛维奇·哈巴罗夫（Yerofey Pavlovich Khabarov），17世纪中叶入侵我国黑龙江流域的俄国殖民军重要头目，这个城市就是以他的名字命名。面相凶狠的哈巴罗夫是个另类人物，他来自农村，没有体面的身世，曾暴发致富，却因服刑而破产，出狱后向雅库茨克总督请求自筹军队远征黑龙江。他于1650年闯入雅克萨，之后沿江而下劫掠杀害当地的达斡尔、索伦、费雅喀居民，1653年到达乌苏里江与黑龙江的汇合点，将此地绘入其勘测地图，也即俄国最早的《阿穆尔河图》。这些充满血与火，杀伐不断的所谓"探险发现"，大大刺激了沙俄东来的野心。因为侵华有功，他得到沙皇的褒奖，获封下级贵族称号，但他后来未再能到黑龙江流域，死亡地亦不明。1689年《尼布楚条约》签订后，沙俄在黑龙江流域的入侵步伐暂时被阻遏，而1858年的《瑷珲条约》和1860年的《中俄北京条约》让这一地区彻底失守。伯力的建城纪念日是1858年5月31日，仅在《瑷珲条约》签订的3天之后。步哈巴罗夫后尘的穆拉维约夫宣布将设在伯力的哥萨克哨所更名哈巴罗夫卡以示纪念。随着居民点的扩大，哈巴罗夫卡从城镇提级为市，1893年正式改称哈巴罗夫斯克。1958年，标榜哈巴罗夫之"俄罗斯英雄"身份的塑像在火车站广场落成。请注意一个细节，塑像的哈巴罗夫手握纸卷，应该就是成就了其功名的那幅《阿穆尔河图》。

哈巴罗夫火车站前的哈巴罗夫塑像

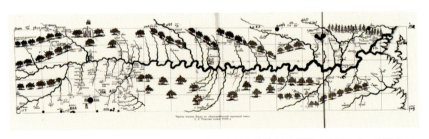

《阿穆尔河图》(ЧертёжрекиАмур),引自《谁绘制了阿穆尔河图?》,链接地址:https://dzen.ru/media/id/5d9e54c932335400b18efeef/kto-sostavil-chertej-reki-amur-5eb540a9d86ce72cb4b18ebc;图片链接:https://avatars.dzeninfra.ru/get-zen_doc/1887828/pub_5eb540a9d86ce72cb4b18ebc_5eb540d036ac7c36ca76833b/scale_2400

小停哈巴罗夫斯克(伯力)

因为不是观光客，我们通常不会去市内外的热门旅游点，相反，无论到哪个城市甚或小镇，只要时间允许，当地的博物馆是必进的，哪怕只有一两间陈列室的小馆，也绝不会错过，因为这是集中获得有关当地文化、历史、民族信息的捷径。还有一个必不可少的项目，就是进当地的书店。考察队的成员都是"书虫"，出外考察时，进书店的首要目标是地图，有关远东城市和黑龙江流域的详细地图，不在本地书店搜罗就休想搞到，其次才是俄文图书。我只买地图，理由说来简单也惭愧，因为我对俄文一窍不通，勉强能念出俄文字母的发音而已。幸亏同队有专家，这次还赶上一位极其尽责，精通日语，又极风趣的俄罗斯小伙子担任导游全程陪伴，而且不厌其烦，才多少缓解了语言不通的苦恼。说实话，我挺佩服自己的日本同行，他们的敬业专注，在考察过程中发挥得淋漓尽致。我不知道当今吾国多如牛毛的大小出国考察团，有多少能像他们一样用心做事。因为在外面听他国之人讲了太多有关国人考察的故事，深知假公济私、挥霍公款，假考察之名行出国观光之实早已"蔚然成风"，不是什么秘密了。

8月23日早上，天气晴好。远东与日本的时差（夏季时间）为2小时，与中国时差1小时。穿过江边的列宁公园（现已不叫此名，但园中的列宁剧场犹存），步行到江岸。导游说，列宁公园这座白色大门通往的江边曾是鱼市场，早年中苏友好时期曾有很多中方渔民打了鱼随时来这里卖，并不需要签证之类的手续。

江边有一座白色瞭望台。瞭望台边的这尊雕像，就是人称"侵华急先锋"的东西伯利亚总督尼古拉·穆拉维约夫。但他也不是从来都立在这里。十月革命后的1929年，他一度被推倒，此处换了伟大的列宁塑像，列宁同志矗立了半个多世纪，随着苏联解体，穆拉维约夫也趁机"复辟",又占据了这个基座。一尊铜像的去留,浓缩一个时代的变迁,天下事大同小异啊。

离开江边,前往哈巴罗夫斯克州立博物馆。这里分新老两个馆,老馆建于1896年,由俄罗斯帝国地理学会阿穆尔流域分会开办,主要展示地方历史、自然环境和民族风俗,新馆则以当代相关内容为主。入场门票只要20卢布,不贵,但若要拍照就需另外收费,两者相加共收了110卢布/人。对于俄罗斯人来说,哥萨克的东进征服是他们的"光荣史",但即便如此,谁也无法忽视原住民世世代代在这个地区生息活动的历史。客观地说,一个多世纪来俄罗斯的民族学者和文化人类学者在这方面有不少积累,展品也相当丰富。

渔猎为生的那乃人、尼夫赫人是黑龙江下游地区和库页岛的主要土著居民。那乃人被认为与我国的赫哲族一脉相通,尼夫赫人的族源不明确,清代文献称他们为"费雅喀"族。这些原住民接受清朝的"边民姓长制"管理,向清朝定期贡貂,获赏绸缎布匹等物,纳贡后还可以进行交易,村长和头人们也获赐穿戴类似清朝官服的服装,宗教上信仰萨满教。

这些渔猎民族在原始阶段主要用鱼皮制成衣服和各种用具。在清代,通过和内地的经济交流,布匹及绸缎开始进入他们的生活,出现了缝制精美的服装。库页岛上的一些居民和南边的日本北海道地区也有商业交换关系。

还有一部分原住民驾驯鹿、住帐篷,狩猎为生,他们是黑龙江下游的林中之民,和我国鄂温克族、鄂伦春族等同出一源,清代文献中出现的"使鹿部",即指他们。

该馆所藏的这张标注着"Mio"的图要特别介绍一下。根据陈

哈巴罗夫斯克州立博物馆老馆

那乃人的鱼皮舟

土著居民的服饰

叼着烟袋驾船的那乃人女性

织物图案展现了饲养驯鹿的土著民族（以上图片均摄于哈巴罗夫斯克州立博物馆老馆内）

哈巴罗夫斯克州立博物馆藏
供奉关帝的"Mio"图

列说明,这是19世纪从那乃人手中收集来的藏品,那乃人将这种带有中国诸神的图画称为"Mio"。从发音推想,应当是汉字"庙"(miao)的谐音。图上方中央的应是关帝,关帝周围的,有些像城隍庙里的阎罗小鬼,有些则颇显文静儒雅,道教色彩浓郁。不清楚这样的"Mio"图自何时起在当地出现,被怎样供奉,可以判明的是,它体现了汉文化对居于远东的那乃人的宗教文化生活的影响。后来从细谷良夫(Hosoya Yoshio)先生的考察记录得知,"Mio"图在黑龙江下游地区并不鲜见,除了这里,阿穆尔共青城博物馆、阿穆尔斯克地区博物馆等处也收集了类似藏品。更有趣的是,阿穆尔斯克地区博物馆收藏的3幅图都叫作Mio,所描绘的信仰对象却大相径庭,一幅为关帝,另一幅则画着几位梳着盘头的女性,还有一幅更奇特,明显是

阿穆尔斯克地区博物馆藏"Mio"图，左为盘头女性，右为那乃人偶形象（见细谷良夫书）

那乃人偶形象，站在两条似龙又似鱼的动物中间。① 这其中的文化蕴含与传播途径，实在值得有关专业的学者深入研究。

对于黑龙江流域来说，1858年《中俄瑷珲条约》是一连串噩梦的开始。一纸条约割走了黑龙江以北的大好山河，还埋下了沙俄进而割占乌苏里江以东地区的伏笔，黑龙江哭了，江水里流淌着的是中国人的血泪。

以胜利者自居的俄罗斯，在展厅里给东西伯利亚总督尼古拉·穆拉维约夫以突出的位置。一张巨幅远东地图的下方是穆氏的肖像，像下写着："穆拉维约夫-阿穆尔斯基（1809.8.11—1881.11.18），杰出的俄罗斯国务活动家、外交家、东西伯利亚省总督（1847—1861），创建阿穆尔及滨海地区及移民的组织者，因签署《瑷珲条约》（1858.5.16）而被封为俄罗斯帝国伯爵，并被加封姓氏'阿穆尔

---

① 参见细谷良夫《清朝の史跡をめぐって—アムール流域篇—》第2册，东洋文库，2022年，第91、101、102页。

斯基'。"远东地图的深色部分便是在穆氏主导下被强占的我国东北领土,作为其功勋被醒目地标出。挨着地图是一幅描绘《瑷珲条约》签订场景的巨幅油画。穆拉维约夫居画面中央,气势咄咄逼人,对面的清方代表黑龙江将军奕山居画面右下角,龙钟老态,骨弱气虚,一副唯唯诺诺的样子。

历史事实也是如此,《瑷珲条约》是真正的"城下之盟"。对于一心图霸黑龙江的沙俄来说,1689年的《尼布楚条约》始终是他们的头号障碍。对黑龙江下游实行军事占领后,沙俄便指示穆拉维约夫通过外交谈判推翻《尼布楚条约》,以使其占领"合法化"。1858年5月20日,就在英法联军进攻大沽口,天津告急的同一天,穆氏亲自出马,率领俄军数百名,在炮舰护送下来到瑷珲城。6天后,他以通牒形式提出条约文本,扬言"(无论)同意与否,我只能等到明天"。当晚俄军鸣枪放炮,武力示威,江岸上火光通明,枪炮声彻夜不断。懦弱的奕山吓破了胆,没等清廷正式表态,就在条约上匆匆签了字。

《瑷珲条约》是对《尼布楚条约》的彻底背叛。条约正文共计3款,涉及划界仅200多字,条文虽短,却是导致中国丧失领土最多的一个条约。据此,沙俄得以割占黑龙江以北多达60多万平方公里的土地,还把乌苏里江以东约40万平方公里的土地强行划为"共管"。两年后,沙俄借签订1860年《中俄北京条约》(也叫《中俄北京续增条约》之机,继续扩大"战果",将"共管"名义下的乌苏里江以东地区也彻底割占。这个换文条约上恭亲王奕䜣的签名笔走龙蛇,清晰可辨,却须知,此一笔落下,先失黑龙江,再失乌苏里,我大东北一去不返!站在这组陈列前,我心痛、无语、窒息……

瑷珲条约谈判会场（油画），面对咄咄逼人的穆氏，黑龙江将军奕山唯唯诺诺，毫无招架之力

恭亲王奕䜣在《中俄北京条约》上的签名，一笔下去，我大东北一去不返！

小停哈巴罗夫斯克（伯力）

哈巴罗夫斯克（伯力）一日：第三医院、书店及列宁广场

离开博物馆，来到哈巴罗夫斯克（伯力）市内的第三医院，这是一处与末代皇帝溥仪有关的旧迹。

1945年苏联红军将伪满洲国皇帝溥仪等一行人俘获后带往西伯利亚，先羁押在赤塔，随后转至哈巴罗夫斯克（伯力），先后关押于市郊的红河子及市内，直到1950年7月移交给中方。与溥仪同行的万嘉熙（溥仪五妹韫馨之夫）回忆，他们一行在红河子住了7个多月，然后迁到市内的第四十五收容所。同行的毓嶦（溥仪堂侄，末代恭亲王）也说，第四十五收容所位于市内唯一的公园兼运动场旁，是高级俘房营。①其位置就是今天第三医院的所在地。当时为两层楼，后加盖了第三层，故医院现为三层建筑。我们跟着导游果萨走进楼内，不少人在候诊或缴费，看到"不速之客"进来，他们第一反应是略有惊诧，但很快就不再理会我们了。

溥仪在哈巴罗夫斯克（伯力）生活了5年。如他在《我的前半生》中所言，因为害怕被引渡回国受到惩罚，遂以支援苏联战后建设为名，积极捐献随带的珠宝首饰来讨好苏方人员，千方百计谋求留在苏联，却未能达到目的。在此期间他所做的唯一有意义的事情，是1946年8月到东京的远东国际军事法庭作证，一连出庭8天，成为在这个法庭中作证时间最长的人。他对日本侵略者心有怨恨，揭发了其罪行的一部分，但同时对于自己犯下的卖国罪行避重就轻，竭力辩

---

① 参见爱新觉罗·溥仪等《文史资料百部经典文库·回忆溥仪》，吕长赋、纪红民、俞兴茂编，中国文史出版社，2017年，第135页。

护。他真正认罪是在回到祖国，在抚顺战犯管理所接受改造之后。红河子现为度假村，不在这次的行程之内，未去探访。而巧合的是，随后走进的一家书店里，一本新刊图书继续了末代皇帝溥仪这个主题。

同行们一进书店就争先恐后地抢着买书，我只要地图，从容地走在后面，买好地图就东张西望看热闹。这时，一本红色封面的俄文书进入我的视线。虽然读不懂文字，但封面照片似曾相识，那个穿西服戴眼镜的人物和右下角的紫禁城，已经让我猜出大概。再看书店中央的新书推荐广告——穿龙袍的清朝小皇帝满脸愁苦地站在太和殿前，上方醒目的红字写着：书在这里！下面是英文"Last Emperor"，再下方的俄文大意是"中国皇帝在哈巴罗夫斯克的生活"。再一问，这本书的名字是《中国末代皇帝在苏联》，作者康斯坦丁诺夫。

康斯坦丁诺夫是位作家，曾用心搜集溥仪在远东的各种资料，与溥仪可能有过面识。书里配有大量插图，图文并茂，站在店头随手翻看，勾起了我的极大兴趣，于是"愿者上钩"地买下一册。插图分为几类，有人物的黑白老照片，有溥仪赠给苏方人员物件的照片，比如送给翻译别儿（尔）面阔夫的题诗扇面，更多的则是描写清代民俗风物的画页，除了天坛、牌楼、陵寝、长城等类建造物，还有大量生活场面，从私塾师生、文人书房、京剧戏服到抬轿、驾船、舞龙、货卖、拉锯、打铁、理发……不一而足。不但画工细致，还配了详尽的结构、部位名称，更像是一种教科书。绘图人似乎是与溥仪一同被囚的郭布罗·润麒（末代皇后婉容之弟，一直跟随在溥仪身边，侍从左右），却不知此画究竟应何方要求而为，欲供何处使用，但是能够安下心来作画，将故国景象一一付诸笔墨，这也许说明溥仪一行在远东的囚禁生活过得还算宽松和安定。几年后从日本某电视台的一个节目

第三医院外景,曾经的第四十五收容所,看得出第三层是后来加盖的

第三医院内景,溥仪等人当年住在一楼,就是现在挂号缴费的这一层

中偶然得知,润麒作画乃缘于溥仪的提议,理由是为帮助莫斯科东方大学的学生了解中国文化而编制教材,这也是溥仪积极表现以求留苏不归的努力之一。总之有人说溥仪在苏联的5年,与其说是关押,不如说是软禁,受到了特别优待,看来所言不虚。

从书店出来就是列宁广场。已听说在莫斯科那样的大城市,老人家除了真身还睡在红场,其他铜像早被请下神位,不知去向了。大概哈巴罗夫斯克(伯力)和几年前去过的乌兰乌德一样,属于边疆地带,风暴来了,但不猛烈,虽然江边的位置不能不让给要"复辟"的穆拉维约夫,但在广场上,老人家还可以和新时代共处。这里的列宁同志头戴帽子,是很少有的形象,基座上依然刻着他的名言:

村上教授与尼夫赫人姐弟合影,身后可见大楼前的列宁像

小停哈巴罗夫斯克(伯力)

康斯坦丁诺夫著《中国末代皇帝在苏联》封面

书中插图之一：溥仪送给翻译别儿阔夫的题诗扇面

以上各幅彩色插图均为润麒所绘清代民俗风物的画页，对专门用语的说明极其详尽

"共产主义是社会主义的高级阶段"。广场中央是成群的鸽子,恶作剧的孩子们骑车从中穿过,扑啦啦惊起一大片。惹不起躲得起,魂飞天外的鸽子们在街灯和电线上找到了一席之地。一对尼夫赫人姐弟看到广场上的我们,也许是亚裔面孔让他们感到亲切吧(其实可以感到两人有一定的混血成分,尤其是弟弟),主动过来搭话,要求合影,同队的村上教授当即答应了两人的要求。姐弟俩说自己是从黑龙江河口的尼古拉耶夫斯克(庙街)来的,多巧,那是我们的下一个目的地,明天晚上我们将到达那里。

船过特林想永宁

从共青城登船

离开哈巴罗夫斯克（伯力）后的下一个目的地，是黑龙江下游河口处的尼古拉耶夫斯克，也就是我们中国人曾熟知的庙街。我们要乘坐江轮顺流而下，以便沿途考察黑龙江下游的情形。但是两个城市相距近1000公里，如果从哈巴罗夫斯克（伯力）便登船，船行缓慢，无法于当日到达尼古拉耶夫斯克（庙街），而途中多用一天，就会打乱我们7天后从南萨哈林斯克飞返东京的全盘计划。为此，考察队决定先乘夜搭乘列车到共青城，次日清早从共青城乘江轮至尼古拉耶夫斯克（庙街）。如此，船程缩短三分之一以上，保证一日内可至，考察计划也能顺利实施。

这是我第一次在俄罗斯远东乘火车。哈巴罗夫斯克（伯力）站是东西伯利亚重要的铁路枢纽，运务繁忙，有多列客、货列车同时停靠在站内。晚8点上车，卧铺车厢的包间可容4人，为相对的上下铺，从日本同来的考察队成员被安排在一起。铺很窄，我们还好，不知道大块头的俄罗斯壮汉和妇人们怎么能在这榻上安眠。掀起下铺的铺板，里面有一空间，可以塞进较小的箱子。这个设计心思巧妙，但是我们一行中带大箱子的居多，放不进去，只好交给导游果萨保管。这位以导游身份出现的俄罗斯小伙子，不但日语出色，而且精明过人，应对有度，绝非等闲之辈。他坦言自己是被旅行社特意借来的，专门

哈巴罗夫斯克（伯力）火车站

站内多条线路停满客、货列车，显得繁忙异常

船过特林想永宁

考察队准备登车

四人一间的卧铺包厢,掀起下铺铺板,可以塞入小件行李箱。小桌上是旅行社为我们准备的次日早餐,右为作者,左为江夏教授

服务于这次旅行,而我们猜测他是国安背景,对这些日本的大学教授们负有监视之责。毕竟日俄在东北亚的利益争夺已经上演了近两个世纪,俄国人不仅戒备中国人,也戒备日本人的一举一动。

8点45分发车,列车驶过阿穆尔大桥,江面平静,落日余晖渐被暮霭遮盖。睡眠好历来是我的强项,这次也不例外,伴着哐当哐当的车轮声入睡,夜里只比平时多醒了一次。次日清晨7点,太阳刚刚升起,列车正点到达共青城站。因为已是8月下旬,远东的晨风颇为清冽，下车后被风一吹，我赶快多加了一件外套。

共青城的全称是阿穆尔共青城，名字告诉我们，这座城市的兴建依靠了苏维埃时代青年人的力量。但也有朋友提醒我，当地的开发始于1860年，早期的建设者多为被强行发配的流放犯。那段阴暗的历史被"共青城"的响亮名号所掩盖，故少为人知。至今生活在那里的年轻一代，不少人就出身于这样的祖辈或父辈有流放史的家庭。数千名共青团员的到来是20世纪30年代以后的事情。

共青城是俄罗斯远东的第三大城市，仅次于哈巴罗夫斯克（伯力）和符拉迪沃斯托克（海参崴），从1932年起便是这一地区的军事工业重镇。苏联解体后，共青城辉煌不再，但仍然以造船和飞机制造为主要产业。现在人口约26万（2011年），据说近年社会秩序较差，黑恶势力横行。

共青城建在一处平川上，四周没有高山，视野开阔，城内道路通达，街区由一栋栋火柴盒式的方形楼房组成，给我似曾相识的感觉。你想，20世纪五六十年代北京的建筑，不就是照着这个模板来的吗？80年代改革开放后，苏式模板被摈弃，却又一边倒地转向欧化，唯"欧风"之马首是瞻，毫不吝惜地拆除传统的街区和建筑，千城一面地改造兴建，在城市建设上同样没有自己的特色。我们在市内没有多停，仅到一家定点酒店的餐厅取了预先订好的餐包，这是要带到江轮上当午餐的。

早晨的江轮码头已经聚集了不少候船的人，还带着大包小包的行李，他们都是沿江的居民，每天对开一趟的江轮是他们无可替代的交通工具。我们的食宿行都由旅行社包办了，自己不掏钱，对当地物价难免缺少概念，只听加藤教授感叹一张船票需2600卢布，够贵！江

第二次过阿穆尔大桥,下午行车走公路,现在乘火车过铁路桥段,江面只留少许余晖,暮霭渐重

共青城江轮码头,等候乘船的沿江居民,人人大包小包

面有晨雾，太阳升高后渐渐散去，江水显得有些浑浊，成群的白色海鸥在水面上方低飞。柳泽教授是日本野鸟研究会的成员，他告诉我海鸥不会潜水，所以无法入水捕鱼，它们聚集在水面上意味着漂浮的垃圾多，可供海鸥们饱腹。

寻找《东鞑纪行》中的德楞和奇集湖

8点20分，开船了。黑龙江下游段的航道与海岸线是平行的，中间只隔着一片不算高的山地，山地南北伸展，航道顺着山的内侧蜿蜒而北。据说因为部分河段的水深有限，吃水较深的尖底轮船行驶不便，我们乘坐的是平底江轮，只一层，分前中后三舱，可容纳150来人，几乎是满员状态，我们的座位在中舱。国内有人称此类船为"流星船"，日语则作"水中翼船"或"水翼船"。其名来自船的构造，即船身底部装有水翼，当船速增加，水翼提供的升力会把船身抬离水面，从而大为减少水的阻力和增加航行速度，故为高速船的一种。船舱里，女人们安静地在座位上闭目养神，而嗜酒的俄罗斯男人们有不少聚在后部喝起酒来，才一两个钟点，就有人醉意醺然了。去洗手间回来，在甲板上看到鹰在空中飞翔。一个喝得满脸通红的俄罗斯男人拦住我搭讪，比画着好像说，这一带岸边湿地里水鸟很多，可以打鸟，等等。我无心与他纠缠，应付两句，赶快离开。

我们并非普通的观光客，考察是登船的目的。沿途最重要的观察地点有三，依次是：一、德楞；二、奇集湖；三、特林。团队成员的研究角度不尽相同，于我，这三个地点的意义是串联起了黑龙江下游地区与中原王朝的历史关联，前两个地名关乎清朝，第三个则远溯元

清早的江面，晨雾渐渐散去

明。做此等考察最理想的方式是单独租用一条船，在江上且行且停，随时靠岸。但需要更多的时间和经费，并非轻易能够实现。这次限于条件，没有下船时间，只能拿着地图等资料和望远镜，一边比对，一边从船上观望。

德楞之地曾有清朝设置的临时机构，被称为"德楞行署"。此名不见于清代官方文献，但在北海道大学收藏的库页岛文书中有载。在德楞成为行署所在地之前，下江流域的奇集、普禄等地也担负过此项功能。清朝为了管理黑龙江下游流域的各族边民，从清初即实行贡貂赏乌林的制度：一方面让边民向清廷进贡貂皮以示归顺，另一方面回赏财物以为怀柔笼络之策。乌林是满语，也作"乌绫"，直译为

嗜酒的俄罗斯男人一上船就开喝

从定点酒店带到船上的午餐,还算丰盛

财帛,从绫罗绸布到针线梳篦,无所不包,而最为边民首领即"哈喇达"(姓长)、"噶珊达"(乡长)们看重的,是显示身份地位的朝衣。这套衣物服饰也叫"穿官"。按规定,赏乌林每年夏季进行一次,通常是7月,有关事务早期归宁古塔副都统衙门,后来归三姓副都统衙门管辖。

首次将德楞行署的存在披露于世的是日本人间宫林藏(Mamiya Rinzō)。他奉命为幕府勘察库页岛,曾于1809年(日本文化五年,清嘉庆十四年)7月跟随库页岛的费雅喀人乡长考尼渡海来到德楞,停留了7天。间宫林藏的本意是为幕府搜集满洲腹地的情报,却为我们留下了宝贵的历史记录。他将自己的亲见亲闻写成《东鞑纪行》(也作《东鞑地方纪行》),并手绘多幅插图,形象地描述了八旗官员托精阿、伏勒恒阿、拨勒浑阿等人如何在此地接受边民纳贡,以及下游各地边民在此进行交易的热闹场景,参与交易的还有托精阿等人的随行人员,间宫书中称之为"满洲人"。

比如关于德楞行署,间宫写道:"行署约有十四、五间(日本长度单位,1间=6尺)大之方形地方,用圆木围成双重栅栏,其中左、右、后三处为交易所。中央又设一重栅栏,行署设于此处,此为接受贡物,与授予赏赐品之处。每栅只设一门,别无其他出入口。"这也是行署又被称为"赏乌林木城"的由来。又说"此地无土著夷人,行署外到处皆是外来夷人搭造之窝棚,为数之多几十上百,均用桦树皮苫盖……林藏至此地时,犹有五、六百人逗留"①。

"夷人"来自四面八方,不仅黑龙江下游、库页岛,据说还有远自朝鲜等地的,交易方式也很有特点:"其交易形式,夷人将各种兽皮挟于腋下来交易所,换取自己所需之物品,如酒、烟、布匹、铁器等。剩余皮张,为追求价钱,不随意换掉。满洲人如看重某物,则肯出各种物品交换。如换不到,甚至脱下自己衣服进行交易……各地夷人,每日几百人集聚于行署中进行交易,其喧哗景象,无法形容。"②这些文字配上插图,场面生动,宛如亲见。

国内前些年整理出版的《三姓副都统衙门满文档案》里,保留了一些关于托精阿等八旗官员被派往黑龙江下游收贡的记录,亦为嘉庆

---

① 参见间宫林藏《东鞑纪行》,黑龙江日报(朝鲜文报)编辑部/黑龙江省哲学社会科学研究所译,商务印书馆,1974年,第12页。
② 同上书,第14页。

时期，虽然不是同一个年份，却足以证明托精阿确有其人，可与间宫林藏的记述互为印证。不过，两百多年过去了，当今天我们到来时，这一带还会有什么痕迹吗？回答是：有的。大约11点左右，通过比对新老地图，发现江轮正在经过德楞岛（Дыринский остров），它紧挨着右岸叫作"诺沃伊利诺夫卡"（Новоильиновка）的村子。20世纪90年代末以来，不断有日本的学者、探险人士尝试重走间宫林藏的路线，都认为诺沃伊利诺夫卡一带最有可能是德楞遗址所在地，因为位置及江岸周边的地理环境与间宫林藏绘制的地图和所记的行程大体吻合。①2006年一位叫高桥大辅（Takahashi Daisukei）的探险家在诺沃伊利诺夫卡附近登岸考察，找到了一些中国陶器的残片，以及类似竖穴住居建筑留下的痕迹，带木柱坑的建筑遗迹的范围有25米见方，联想到间宫林藏描述岛上的住居极其简陋，百姓搭窝棚而居，连行署和交易所也是圆木为栅，用树皮覆盖棚顶，墙壁亦用树皮连缀等，他推测这一带是德楞行署的遗址所在，不为无据。②

江轮继续下行，下午1点15分至45分，先后经过索菲斯克村（Софийск）和马林斯科村（Мариинское）。这一带河道的右（东）侧方向便是奇集湖的位置。

奇集湖也作奇吉湖，位于黑龙江下游中段东侧，是一片东西展开

---

① 根据1894年俄国地图，也可认定间宫林藏所到的德楞就是今天的诺沃伊诺夫卡村。俄语文献对这个地名有多种拼写：Тэрэн、Дэрэн、Дырен、Дырэн、Дере、Дерень。1855年理查德·马克《黑龙江旅行记》中证实"德楞"（Дерень）这一地名存在，尼·德·斯维尔别耶夫《1854年东西伯利亚总督远征黑龙江航行纪》中也记载同一地名。1860年《中俄北京条约》附属地图上标记有村子"德楞"（Дырен）。以上资讯由聂金星先生提供，谨致谢忱。
② 参见高桥大辅《間宮林藏·探検家一代——海峡発見と北方民族》，中公新书，2008年，第143—149页。

的广阔水域。从地图上看得很清楚,它的东端几乎达于海岸而未连通,止步于岸西的山岭前,它的西端汇入黑龙江主干道,但汇合点不止一处。两三百年前要从库页岛渡海前往大陆一侧的黑龙江下游地区,这里是必经的要道。1809年间宫林藏跟随贡貂的乡长考尼前往德楞时所走的路线便是:从库页岛的拉喀岬登船渡海,在奇集湖岭外的海滩抵岸后,一路拖船翻山到达奇集湖,再由奇集湖乘舟,转入黑龙江主河道,溯江而上到达德楞。就我们这次行船而言,因为是从共青城下行,所以先过德楞再过奇集湖,而间宫当时则相反,先经奇集湖再至德楞。

奇集有村落,也曾是清代实施赏乌林的重要场所,作为行署的历史早于德楞。乾隆八年(1743)这里曾发生边民因交易纠纷而伤人致死的恶性事件,受害方的库页岛民从此积怨,对纳贡也持消极态度。奇集行署约在乾嘉之交废止,转设德楞。然而这里靠近海岸,便于往来,拥有地利之便,纵然不设行署,仍有各方商人在此自发交易。间宫林藏一行途经奇集时,见山路"犹如街道一般,每逢夏日,往返山路之夷,络绎不绝"①"各处酒宴喧哗,锣鼓震天"②。与德楞之名缺载史籍不同,奇集行署则是屡登清代满文档案。兹举一例:乾隆十九年(1754)九月二十一日三姓副都统傅尔松阿的咨文报称:派正黄旗下佐领董萨那、委笔帖式常保前往"约定之奇集噶珊,对贡貂之耨德、都瓦哈、雅丹、绰敏、舒隆武噜、陶六姓等额定一百四十八户颁赏乌林并纳其貂皮",还详细汇报了赏乌林的实施情况。③

---

① 参见间宫林藏《东鞑纪行》,第8页。
② 同上书,第9页。
③ 参见辽宁省档案馆等《三姓副都统衙门满文档案译编》,辽沈书社,1984年,第10页。

1

2

3

4

5

6

以上六图均为间宫林藏手绘的《东鞑纪行》插图,由日本国立公文书馆数码档案库提供利用。图的标题依次为:1.德楞哩名假府;2.同前河岸北望;3.进贡;4.群夷骚扰;5.诸夷杂居;6.脱衣易皮

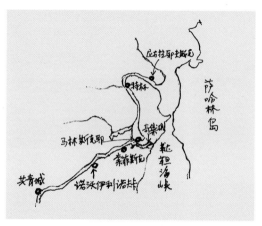

作者草绘江轮航程图,皆为现在俄罗斯地名

高桥大辅在诺沃伊利诺夫卡附近找到的中国陶器残片[1]

我在甲板上眺望,航道在这一带分成新旧两支,江轮驶入新航道。东面江岸的景色分了层次,近处低而平,草丛上方呈黄色,猛一看好像麦地快成熟时的景象,再看又仿佛刚刚被刈过草的草甸,出奇地平整。稍远处有略高的坡梁,长着柳树、桦树之类,只在很远处才可见山,但山势也不算高。青空白云下,水面平静如镜,远方的山棱线徐缓地起伏,云天之间,甚至带给我如在草原的错觉。听船上的人解释,低而平的地带是淤积出来的浅滩,类似沼泽草甸,人无法进入作业,所以仍是自然状态。淤积过多必然导致河道变窄变浅,不仅改变着岸边的景观,也使得河道航线发生变化。

同行的加藤教授10年前来过此地,顺着他指的方向,我看到浅

---

[1] 参见高桥大辅《間宮林蔵·探検家一代——海峡発見と北方民族》,第144页。

奇集湖与黑龙江主干道交汇处的马林斯科村（杉山清彦摄）。沙俄曾在此设立马林斯克哨所，现为普通村庄

滩之间的湖泽地带，正是奇集湖与主河道汇合之处。不过因为船身较低，只能平视，无法获得俯瞰的视觉效果。加藤教授说，那年为便于活动特意租了船，而行至奇集湖时，因湖水较浅，未能进入湖中实地考察，十分遗憾。奇集湖水位时而较浅的现象由来已久。间宫林藏就历数从海岸到奇集湖，再由湖区进入黑龙江主河的种种困难：第一，为了翻山，必须卸下行装，先拖拽空船翻山越岭，到达支流小河后拴好船，再返回原地搬运物品；第二，由小河进入湖区后，各处多为岩石浅滩，有时无法航行，又不得不跳进冰冷的水里拖船，还要忍受蚊虫的无情攻击；第三，水面虽宽，但"湖水有时干涸，有时半干，甚而有时干到奇吉。如不幸于此时至此，则于泥上拖船，历尽艰辛，始达满珲河（即黑龙

江）"①。以古人之言证之今日景象，可知自然的演变仍大体遵循这个轨迹。

啊，特林！

下午5点许，乘船近9个小时后，终于迎来了此行最重要的时刻——船过特林！明代奴儿干都司治所的所在地特林！

史载：奴儿干之名始见于元代，为当地语，可以译为"图画般的（景色）"。元廷曾置征东元帅府于此地，具体位置不详。明永乐七年（1409）设立奴儿干都指挥使司作为管辖黑龙江流域及库页岛的最高军政机构，以特林为治所，钦差首领太监亦失哈奉命前往当地视察，由于种种原因，在两年后成行，是为亦失哈第一次特林之行。永乐十一年（1413）亦失哈第二次来到特林时，在原有的观音堂基础上修建了供奉观世音菩萨的佛寺，这就是闻名后世的奴儿干永宁寺。为了纪念寺的修建，亦失哈特命立石碑一座，上刻《永宁寺记》，正面（碑阳）汉文，背面（碑阴）女真文、蒙古文，记述建立奴儿干都司的史实及亦失哈前两次巡视的过程，俗称"永乐碑"。明宣德七年（1432），亦失哈又一次巡视奴儿干都司，发现寺已被毁，于是下令重建，再立一碑，镌刻《重建永宁寺记》（宣德八年立），碑阳通篇汉文，背阴无字，俗称"宣德碑"。亦失哈之后，没有其他明朝官员再来此地巡视，奴儿干都司不久也遭撤废，永宁寺倾圮，但是矗立在临江石崖上的这两通石碑一直存留下来，成为我国对黑龙江下游流域及

---

① 参见间宫林藏《东鞑纪行》，第8页。

库页岛行使管辖权的历史明证。

历史的梗概如此，历史中的故事比梗概更多彩。亦失哈，海西女真人，年少时入宫。他被永乐帝选中担此重任，除了因其出众的才干，其女真族的身世和文化背景（奴儿干亦为广义的女真地域）也应是重要因素。第一次出巡时，他带领官军上千，乘坐巨船25艘，浩浩荡荡地顺流而下，所用船只由松花江畔的船厂（今吉林市）制造，从松花江驶入黑龙江，到达遥远下游处的特林，水程2500余里，为黑龙江下游行船史上的创举。亦失哈除了宣布设立奴儿干都司，还对边民赏赐财物，在当地部落组建卫所，授以"官爵印信"，安抚人心，为长期经营奠定基础，此举措也成为定例。后来几次，人数更众，舰船更多。宣德七年，也就是重建永宁寺的那次，亦失哈"率官军二千，巨船五十再至"，人和船都加了一倍。行驶在今天的江面，我忍不住去想象500多年前这江上"舳舻千里，旌旗蔽空"的景象，该是何等的壮观！

我读过清末人曹廷杰（1850—1916）的《特林碑说》。忧心国家，研读边疆史地的他于光绪十一年（1885）受命考察边防，当年五月底经松花江入俄国境，往返于黑龙江流域各地，历时129天。他曾亲至特林，看到永宁寺碑和重建永宁寺碑，并拓制了碑文拓片，又溯江而上至海兰泡，再沿江而下至伯力，堪称近代史上全面调查黑龙江流域历史地理和民族人文的第一人。他在文中写道："碑在今伯力下二千零二十里，混同江东岸特林地方，西南距三姓三千五百里，东北距混同江口三百余里。其处石岩如城阙，斗峙江边，高八、九丈。顶上北一小碑，刻永宁寺记，字在北面，南一大碑，刻重建永宁寺记，字在南面,皆述明太监亦失哈征服奴儿干及东海苦夷事。"①

船到特林之前,我反复默念曹廷杰的这段话,按捺着内心的激动,一遍又一遍在脑海里描摹即将面对的场景。然而,当形如城阙、斗峙江边的巨大石崖真的一朝赫然在目,我还是禁不住被眼前的景象猛烈地震撼了!但见石崖高耸陡立,逼人仰望,临江一面如被巨斧笔直地切削过一般,直上直下,宽大的岩壁上留下了无数饱经沧桑的粗犷刻痕,真乃鬼斧神工之笔!再看崖顶,平坦开展,与后方的山体连接,山坡缓降延伸到江岸,其对面则是亨衮河(又称恒滚河,发源于外兴安岭)与黑龙江的汇合处。崖体突入江中,如同海角巨岬(故亦有人称之为特林岬),迫使本来一路逶迤北行的黑龙江河道在此转了一个超过90度的大弯。这个大弯又叫"江拐",足足拐了上百公里。江流遇阻先偏向西北,再折向北和东北,最后朝向东南,奔流而入太平洋。从崖顶居高临下,可俯瞰四方,扼守海口,远眺洋面,占尽了地利形胜,所以也就不难理解明朝为何选择此处作为奴儿干都司治所之所在了。不仅如此,经过亦失哈等人的多年经营,永宁寺还成为当地边民宗教崇拜的对象。间宫林藏返回库页岛时也曾船经特林,书中记作"サンタン(山丹)卫"。据他观察,同船的"众夷"远远望见巨崖顶上的两座石碑,立即将所带之米粟、草籽等撒于江中,遥拜行礼,口中念念有词,敬畏之心显然。

巨崖脚下是今日特林村的江码头。江轮从崖脚缓缓驶过,靠上码头,不少乘客在此上下。我再次抬头仰望青空之下伟岸的巨崖,油然生出对先人的衷心敬意。又想到,自己也许是多年来为数不多的能够

---

① 参见丛佩远、赵鸣歧《曹廷杰集》上册,中华书局,1985年,第180页。

亲到此地瞻仰的中国人之一，心里又多了许多欣慰和幸运感。

特林今为尼古拉耶夫斯克（庙街）区辖下的一个行政村，保留了它的旧日名称Тыр，俄语发音为"蒂尔"。崖北侧的江岸边散布着不少建筑，有三层高的楼房，也有传统的木屋。不过在今日崖顶上，早已看不到往日的石碑了，取而代之的是一门用作纪念的俄国重炮。从江上望去，炮的身影很小，但可以辨认。据说1919年红军曾用此炮轰击过来犯的日军，1976年搬上崖顶供人观瞻。两通石碑于1891年[一说1904年，似误，参见前文"四访符拉迪沃斯托克（海参崴）"]被沙俄移走。目前（2010年），永宁寺碑陈列在符拉迪沃斯托克（海参崴）的阿尔谢涅夫远东历史博物馆内，重建永宁寺碑则被露天放置在属于同一博物馆系统的国际展览中心门前，我到符拉迪沃斯托克（海参崴）时曾一一前去确认过。

船开了，但思绪依然围绕着永宁寺，还想多讲几句与遗址有关的事情。将时间推回到100多年前的19世纪中叶，永宁寺虽已不存，但两通寺碑仍然屹立，那时的崖顶是何景象？俄国人佩尔米金（G. M. Permikin，也译作帕尔米金）的考察日志为我们提供了重要且直观的资料。他1854年参加俄罗斯帝国地理学会组织的东西伯利亚探险，同年5月17日开始黑龙江的航程，6月24日抵达特林，而后登上崖顶考察。其报告发表于1856年《俄罗斯帝国地理学会西伯利亚分会纪要》第2卷第1册，不仅记述文字颇详，还以绘图再现了自己所见的景象。报告中的4幅图，除了描摹永乐碑和宣德碑，还描摹了同在崖顶但年代不详的一座砖塔和只剩下半段、带有八角底座的石柱。佩氏本人不通汉文，对碑额和碑侧文字的描摹都有错讹，对寺碑年代也有误判（因碑刻有蒙古文，佩氏推测为元代）。但在缺少影像记录的

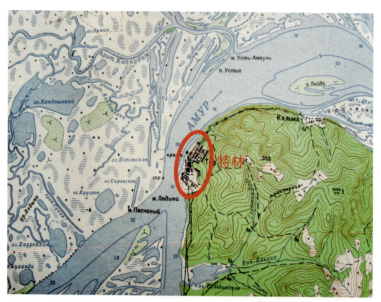

当代俄罗斯地图上的特林，见红圈标注处

间宫林藏绘《山丹卫地图》，可见特林崖顶的两座黄色石碑

特林巨崖（特林岬）近景，永宁寺遗址在崖顶，今无存，可见崖顶的大炮

船过特林想永宁

在特林靠岸,码头上方有 Тыр 地名

转过江拐,尼古拉耶夫斯克(庙街)在望

当时，他以绘图方式保留下特林崖上的永宁寺遗址景观，就此而言，弥足珍贵。佩尔米金来后不久，1857年7月，美国人柯林斯（Perry McDonough Collins）也登临特林崖并留下记述。他在自己书中借用了佩尔米金的上述绘图却未提到原创为谁，故而难免有掠美之嫌。比起佩尔米金的报告来，柯林斯所著《阿穆尔河纪行》流传较广，经查尔斯·佛维尔编辑后改题为《西伯利亚之行》，在我国亦有中译本出版（上海人民出版社，1974年），以至有人误以为这4幅画作都出自柯林斯之手。至于遗址上的石碑，柯林斯沿袭佩尔米金的元代之说且走得更远，甚至妄自给特林崖取名"成吉思汗岬"，想象成吉思汗本人也许"就曾经在这里站立过"，这些当然都是无稽之谈。不过他看到石碑后面有"大建筑物"留下的"断壁残垣"，倒可视为对永宁寺遗址的一种提示。此外，他说原住民用精心加工过的木片或树条做成花环，缠绕在石碑上或放在碑的周边，显示出某种宗教的虔诚，这点也与间宫林藏的见闻彼此呼应。

到了1885年，终于有人将上述西方人的曲解一扫而尽，这个人就是前已提到的，在吉林将军希元帐下办理文案的湖北人、地理学家曹廷杰。在奉命潜入敌后对黑龙江下游进行侦察期间，他专程登上特林崖实地勘察，又拓取了永宁寺两块石碑的碑文，第一次确认了这里就是明代奴儿干都司永宁寺的遗址之所在！曹廷杰是乔装侦察，在特林时由王姓商人兄弟二人陪同，隐瞒了真实身份，条件不允许他做更多停留和调查。而在他之后，随着外东北彻底沦陷和清朝的衰微覆灭，中国学者也再无机会亲至当地考察。这种局面直到今天都没有本质性的改观。

20世纪以来，先后有学者调查和试图发掘永宁寺遗址。年代较

俄国人佩尔米金1854年实地考察后绘制的4幅图。在缺少影像记录的当时,这些图对了解特林崖顶的永宁寺遗址景观具有重要帮助

早的有日本人鸟居龙藏（Torii Ryūzō）。他借日本出兵干涉西伯利亚之机，于1919年和1921年两次登岸调查，撰写了详尽的考察报告。不过真正的大规模且收获丰硕的考古发掘，则是1995—2000年由俄罗斯科学院远东分院的考古学家阿尔杰米耶夫博士领导的全面发掘。他们经过先后5次发掘，在崖顶现有重炮的位置及其周边，分别找到了1413年初建及1433年重建的两座永宁寺的遗址。现在已经判明，初建的永宁寺较小，构造简约，位置在崖顶平面偏北地势稍低处。而宣德七年（1432）重建的永宁寺位置更靠近巨崖突出的南端，以现置重炮的地点为中心，与被毁旧寺相距约90米，规模和气势都远胜过前者。两处遗址里出土了大量中国的残砖和瓦片，发现了多处柱础基石，还有佛像的残片，并采集到数量可观的宋代铜钱，历史信息可谓丰富。至于出现在佩尔米金绘图中的塔和石柱，19世纪末即去向不明，已无从详考。还要提到一个重要信息，阿尔杰米耶夫考古队发现遗址区域内存在早于明代的建筑遗存，初步推定为13世纪60年代，怀疑与元代东征元帅府有关。[1]虽然还需要更多确证，但毋庸赘言，这个发现对于进一步解读元明时期黑龙江下游流域的历史有重要意义。

因为行政地的归属关系，阿尔杰米耶夫发掘的文物有一部分保存在尼古拉耶夫斯克（庙街）。所以，虽然我没能在特林下船，但还是有机会于第二天加以补救，在尼古拉耶夫斯克地区博物馆里见到了这些远年的中国文物。令人痛惜的是，阿尔杰米耶夫博士在完成第五次

---

[1] 参见阿尔杰米耶夫《ヌルガン永宁寺遺跡と碑文——15世紀の北東アジアとアイヌ民族》，北海道大学出版会，2008年，第34—37页。

发掘后不久便突然去世。他倒在自家公寓门前，遗体上有枪伤，从现场看很可能是遇刺。风华正茂的学术之星就此陨落，年仅48岁。他领导的考古发掘也因此遭受重挫，戛然而止，留下大量未竟的工作和未解之谜。比如急务之一的整理和释读文物，就了无头绪，又如，奴儿干都司的官衙尚未发现，其址在何处？这些疑问目前均无眉目，解谜还要留待来日。

恋恋不舍地告别特林，在江拐上行船约2个小时，船头指向东方，江面变得更加开阔，距离黑龙江的入海口也更近了。黄昏时分7点半许，到达终点尼古拉耶夫斯克（庙街），从出发算起，航程共计11个小时。

尼古拉耶夫斯克（庙街）的
北方原住民文化中心

尼古拉耶夫斯克就是昔日的庙街。一般认为庙街之名与特林的奴儿干永宁寺有关，因为当地人习惯称永宁寺为"庙"，遂把位于特林下游靠近河口的右岸一带叫作了庙屯。其名见谭其骧主编《中国历史地图集》第八册（清时期），满文地图作 miyoo gašan，miyoo 即庙，gašan 即屯或村，与汉文同义。不知从何时起又叫作庙街，位置标在河口左岸。清末曹廷杰潜入俄境考察时，称这一带为庙尔。庙街虽然地处极边，战略地理位置却十分重要，是航行黑龙江的必争之地，也是俄国人在黑龙江下游流域建立的第一个殖民点，比符拉迪沃斯托克（海参崴）还早了10年。

将庙街之地命名为尼古拉耶夫斯克，俄国海军大尉涅维尔斯科伊（Gennady Ivanovich Nevelskoy）是始作俑者。他野心勃勃又桀骜不驯，曾担任运输舰贝加尔号的舰长，在向堪察加押运货物的过程中找到了黑龙江河口，也证实了库页岛与大陆并不相连。之后，他奉命率领小分队去鄂霍次克海西南岸建立冬营，却自作主张前往黑龙江河口，并在左岸擅立哨所，升起俄国国旗，用沙皇尼古拉一世的名字将哨所命名为尼古拉耶夫斯克，此事发生在1850年，即清道光三十年。迈出入侵黑龙江下游的第一步后，涅氏加紧动作，积极推动殖民计划。他深谙西方列强的扩张之道，奉行"谁占领谁拥有"的信条。1854—1857年，俄国不断在下游沿岸增建哨所，开辟居民点，尼古拉耶夫斯克（庙街）也由此成为俄国滨海省的首府。直到1880年滨海省一分为二，变成哈巴罗夫斯克州和滨海州（现称边疆区），其行政中心的地位才分别被两个州的首府，即符拉迪沃斯托克（海参崴）和哈巴罗夫斯克（伯力）所取代。尼古拉耶夫斯克（庙街）归入哈巴罗夫斯克边疆区，降级为辖下的一个市。

要了解这座港口城市的地形概貌，需要登高。到达次日早上，我们在酒店大堂集合，陪同我们去考察的不只是导游果萨，还有他请来的熟人朋友叶莲娜母女。叶莲娜是当地的老师，对乡土史志颇有研究，女儿艾丽娅做家庭教师，正在学习日语，有志去日本留学，所以今天也是她练手的好机会。

大家坐进一辆俄罗斯产的巴斯牌面包车，车向北面的山上驶去，在接近山顶的地方停下来。这一带是冬季滑雪场，现在是夏末，游人不多。从高处向下俯瞰，尼古拉耶夫斯克（庙街）市区和它面前的港湾尽入眼底。市区呈长方形，东西延伸，街道相当规整，被绿荫环抱，但很少有高楼。当地人口不多，兴盛时曾有数万，近年已经降至2万上下，还有进一步下降的趋势。港湾很开阔，白色的雾霭笼罩着水面，宁静又略显神秘。城市的西面是一道高岭，据说从那里可以清楚地看到黑龙江下游河道是如何蜿蜒流过来的，可惜我们没有去那里的计划。

远远望着港湾的江面，不知怎么我竟有些出神，思绪如时光倒流，一时间仿佛看到曾在那里停泊的中国舰队。

1919—1920年，为了扼杀新生苏维埃，美日英法等14国列强组成协约国远征军对苏俄发动武装干涉。日本对远东的觊觎由来已久，当即大举进犯西伯利亚，兵力多达7万人，远超第二位美国的1万多

从山顶远眺尼古拉耶夫斯克（庙街）港口（2011年8月摄）

画圈处为庙街事件时中国舰队在港湾停靠的位置[①]

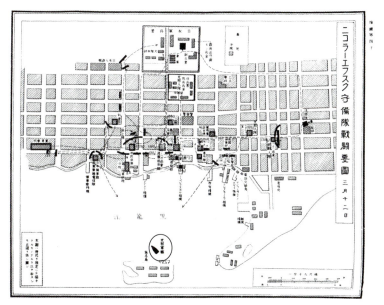

---

① 参见《西伯利出兵史：大正七年乃至十一年》下卷，卷三插图第四十。

人，足见它的野心之大。1919年秋，中国北洋政府也派出了由江亨号舰长陈世英任指挥，由4艘舰船组成的舰队，经日本海、鞑靼海峡进入黑龙江口，抵达尼古拉耶夫斯克（庙街）。与列强远征军的企图不同，这支舰队的使命是从俄方控制的黑龙江入海口溯流而上，驶抵松花江畔的哈尔滨，在那里组建一支江防舰队，以保护在黑龙江上航行的中国船只。1860年《中俄北京条约》虽然将乌苏里江以东的中国领土划给俄国，但中方仍保有在松花江、黑龙江、乌苏里江上与俄方共同航行的权利。所以陈世英等人率舰北上的这一行动，也兼有宣示我方航行权的意义。

然而，中国舰队的行动遭到了白俄势力和日军的阻拦。舰队在前往伯力途中遭到白俄军队炮击，又听说前方布了水雷，不得已只好退回庙街。由于耽搁了时日，江面封冻，无从进退，只能先泊靠此处过冬，等待开春解冻后的时机。正在此时，一场激变在当地发生。1920年初，一支4000多人组成的红军游击队攻入庙街，白军投降。游击队要求日军解除武装，日方拒绝并发动突袭，激战数日，日军溃败。游击队首领特里亚皮岑（Yakov Ivanovich Tryapitsyn）随即大开杀戒，不仅日侨和驻守日军700多人被杀（副领事石田虎松率全家自杀，日侨也有多人自杀），也累及无辜的本地百姓，总计数千人死难，游击队在撤出时又将街市付之一炬。特里亚皮岑后来因此被苏维埃法庭判处死刑，这就是所谓的"庙街事件"，或日本史所称的"尼港事件"。一张根据日军参谋本部资料绘制的地图显示，"庙街事件"时有不少中国人在此经商或当劳工，也许因为曾遭受日本和白俄势力的欺压，他们站队在红军一方，协助游击队攻打日军兵营，其人数竟多达900余人，

曾用作日军兵营的建筑物，侥幸未毁

另有数百名朝鲜人也加入了游击队的行列。[①]

这一事件将中国舰队也卷入其中。陈世英等人原本宣布严守中立，但日方指责中国舰队将舰炮拆借给红军游击队使用，才导致日军和日侨严重死伤，故兴师问罪，扬言要将中国舰队击沉。事情的真相有些扑朔迷离，各说不一，在这里不多展开。要言之，中方承认有借炮之事，但辩解说并非借给游击队而是白党，系对方强求，不得不为，况且白党与日军是同盟关系。至于大炮如何落入红军之手被其利用，非中方所知，故不应对此负有责任。日方不接受中方说法，纠缠近一年，经过再三交涉，中方的4艘舰船虽得以全身而退离开庙街，但中国政府向日方道歉并赔偿损失，陈世英被革

---

① 参见日本参谋本部编《西伯利出兵史：大正七年乃至十一年》下卷，新时代社，1972年，第833、836页。

尼古拉耶夫斯克（庙街）的北方原住民文化中心

列强出兵西伯利亚期间，为捍卫苏维埃政权而牺牲的战士纪念碑

尼古拉耶夫斯克地区博物馆，庙街事件前是当地的电影院，街市遭焚后幸存

职,近代史上中国舰队在黑龙江下游的航行就此成为绝响。

从山上下来,车子直接开到了市内的地区博物馆。博物馆为双层红砖小楼,上层的部分墙体涂成了青色,门前的大炮是苏联内战时期用过的文物。

馆内的陈列从自然环境和动植物的介绍开始,接下来进入人文历史部分。我的期待没有落空,在这里,我看到了从特林奴儿干永宁寺遗址发掘出土的文物!虽然数量不多,却是我第一次亲眼看见永宁寺留下的遗物。隔着展柜,可以清楚地看到卷草纹样的砖瓦残片、表情生动的兽面瓦当、坚实的地面方砖、造型独特的龟形灯,以及不同年代的古钱币等。

永宁寺没有留下可供直观的图片(有一张建筑物复原图,在远东几个博物馆都见到,在国内也有流传,请教了中村和之教授,认为只是临摹了渤海上京龙泉府的建筑而并非永宁寺图),这是极大的遗憾。但这不妨碍我们根据每一件遗物,抓住每一个细节去想象和复原它的模样。带有卷草纹样的砖瓦残片就是线索之一。吸收了西来文化元素的卷草纹兴盛于大唐,以后便经常出现于内地的宫殿庙宇建筑之上,几乎被考古学家看作"官样"(即官家建筑的通用纹样——北京大学考古学教授齐东方语)。但它是否会被运用于万里边荒之地的建筑物,专家们并无把握。永宁寺为明永乐帝所敕建,奉命前来的亦失哈特意在船队里安排了诸多能工巧匠,建寺所需的各类砖瓦等物,都是由内地工匠率人就地起窑烧成的。展柜里这些生动流畅的卷草纹就出自他们之手,让我们知道,就地烧制的砖瓦在保证质量的同时,也遵循了传统的"官样"规制。虽然偏僻遥远如黑龙江下游的特林,当时的永宁寺仍不失为一座华美壮观、名副其实的"官家寺庙"。两通寺碑也为我们留下部分工匠首领的姓名。永乐碑可见木匠作头、妆塑匠、漆匠、烧砖瓦窑匠、泥水匠姓名（还有一类匠人，因缺字无法读出）；宣德碑提到的工匠则有画匠、木匠、石匠、泥水匠、铁匠五种。勒碑以铭，充分肯定了工匠首领对寺院建造的贡献。另据阿尔杰米耶夫的考古发现，这些建材曾被重复利用，永乐废寺的一部分砖瓦就用在了重建的宣德寺上。

出土古钱币的意义也不容小视，计有北宋祥符、天禧、至和、熙宁、元丰各年号的通宝及金代的正隆元宝等多种，其年代自11世纪初至12世纪中叶，揭示了黑龙江下游地区与内地之间悠久的历史往来。只是我不明白既然永宁寺是明代所建，为何遗址未出土明代钱币？这个问题留待有机会时再请教专家。

这些珍贵的文物之所以出现在尼古拉耶夫斯克地区博物馆，是因为特林村归辖尼古拉耶夫斯克地区，该馆曾参与阿尔杰米耶夫博士领导的大规模发掘，因而有机会收藏。可叹灵魂人物阿尔杰米耶夫英年早逝，所有工作因此中断。尼古拉耶夫斯克地区博物馆的工作人员显然不具备研究中国文物的能力，尽管守着宝贝，也只能做到简单陈列而已。永宁寺及奴儿干都司遗址是黑龙江下游地区历史文化遗产的一部分，不应被国界或政治所阻隔。如果我国考古学者有机会与当地联手，共同从事文物整理及后续的发掘研究，对于了解和保存永宁寺所代表的历史与文化必将有重大推动，造福学林和社会，功德大焉。希望早日看到这一天。

在远东各地考察，走到哪里都能看到有关当地民族和人文历史的地区博物馆，因为这片土地原有自己的主人，他们就是世居黑龙江流域的各族原住民。俄国人东进西伯利亚，鸠占鹊巢，强行占有了这片

以上均为永宁寺考古出土文物，可见卷草纹残砖、兽面瓦当、龟形灯、地面砖等，因说明过简，无从了解文物的更多信息

尼古拉耶夫斯克（庙街）的北方原住民文化中心

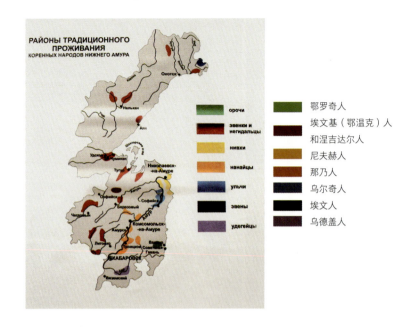

土地，历史却不能不从这些原住民讲起。黑龙江下游的原住民十分多样，被民族学家和文化人类学家视为调查研究的宝库，但我不是这个专业，又不通俄文，单是为了搞清土著民族的名称，就费了不少力气（笑）。好在馆内的这张"黑龙江下游土著民族传统居住区分布图"，以不同颜色标识七个主要的土著民族，明了醒目，帮了大忙。①

从图可知，黑龙江下游分布范围最广的是埃文基（鄂温克）人和涅吉达尔人混合的群落，但大多位于下江支流和稍远的山地中，鄂罗奇和乌德盖人较少，居住地偏南，在近海的山地，沿下江主河道居住的主要是那乃人、尼夫赫人以及乌尔奇人。那乃人在我国称赫哲

---

① 此图中的土著民族名称识别承蒙中国社会科学院中国边疆史地研究所阿拉腾奥其尔先生指教，谨致谢忱。

族，清代文献也称他们为"黑金"或"黑斤"，其实heijin就是"赫哲"本来的发音。赫哲人临水而居，捕鱼为业。年纪稍大些的人都会记得著名民歌演唱家郭颂唱的那首《乌苏里船歌》吧，他用一声高亢的"啊——朗赫——呢哪——"开头，满怀激情地唱出"赫哲人撒开千张网，船儿满江鱼满舱"的劳动场景，让听者如临其境，如醉如痴。乌尔奇人与那乃人同源，但居住地比那乃人更靠北，除了黑龙江下游，还分布于萨哈林岛，语言与那乃人有差别。清代也用发式来区分两者，称赫哲为"剃发黑斤"，乌尔奇则是"不剃发黑斤"。

不论埃文基人，那乃人或乌尔奇人，他们在语言上都可归入东北亚通古斯语族。埃文人虽被独立列出，但民族学上认为他们与埃文基人是同源。我国的满族和其前身女真族也是这个大家庭的成员。然而尼夫赫人是独立的一支。据资料介绍，尼夫赫人的历史可以追溯到新石器时代，是西伯利亚东部最古老的居民之一，属黄种人，但其语言是一种与其他民族毫无关联的古西伯利亚语。由于以此语为母语者已经少于200人（2010），联合国教科文组织将其列入濒临灭绝的高危语种。尼夫赫人在元明时期被称为"吉列迷"（或吉里迷），清代称"费雅喀"（费雅喀有时也用来泛指黑龙江下游的少数民族）。苏联时代，官方根据他们的自称将其民族定名为尼夫赫，一些俄国早期文献则记作"基里亚克"。尼夫赫人以捕鱼和捕海兽为生，也狩猎和养犬，在宗教上则受到邻近的通古斯民族的影响，信仰萨满教，熊灵祭是他们最重要的祭祀仪式（详见后述）。熊图腾的崇拜普遍存在于东北亚各民族之中，甚至包括朝鲜半岛，如朝鲜建国神话里的檀君就是熊女所生。

在尼古拉耶夫斯克（庙街），有关原住民我听到最多的介绍是关于尼夫赫人，其次是那乃人和乌尔奇人。也难怪，因为这里是尼夫

尼古拉耶夫斯克（庙街）的北方原住民文化中心

赫人最主要的聚居地之一。据统计，2002年时的尼夫赫人口约为5300人，其中约半数住在靠近河口的尼古拉耶夫斯克（庙街）及其周边，另外一半在萨哈林岛（库页岛），还有极少数从该岛迁入日本北海道，成为居住在日本的尼夫赫人。那么，21世纪的尼夫赫人如何生活，又如何保存和承继本民族的文化呢？带着关切和疑问，当天下午，我们参观了这里的北方原住民文化中心。

文化中心是一排平房，进门不远的接待处有一位年轻女老师值班，从容貌就知道是原住民，后来知道她是埃文人。房间里摆放着用鱼皮加工制作的各种物件，从传统的鱼皮长袍，到时尚的手包和挂轴。她告诉我们，这是为了展示原住民特有的文化，为此也开班教授孩子们学习鱼皮衣物的制作方法。其实除了尼夫赫人，那乃人也有制作鱼皮衣的传统，冬季为了御寒，会在鱼皮衣上加穿皮毛制成的衣服，这些都见于清代文献的记载。如《皇清职贡图》关于赫哲人即有"衣服多用鱼皮而缘以色布，边缀铜铃，亦与铠甲相似，以捕鱼射猎为生，夏航大舟，冬月冰坚，则乘冰床，用犬挽之"的记载。清人昭梿的《啸亭杂录》也写道："吉林东北有和真艾雅喀部，其人滨海而居，剪鱼皮为衣，以捕鱼为业。"这里的"和真"即赫哲。

鱼皮衣的原材料以鲑鱼皮为主，须刮净鱼肉，鞣制，再将鞣好的鱼皮剪裁拼接。根据尺寸大小，要用到10—15条鲑鱼不等。我对此工艺并不觉得生疏，在内蒙古下乡牧羊时，冬季要穿羊皮袍御寒，因此也曾自己动手缝制，其鞣皮和剪裁的原理完全相同，只是材料不同。女老师说，缝制时需将鱼鳔或鱼鳞用沸水煮到形成胶质，作为拼接鱼皮时的黏合剂，至于缝线，从前用鱼筋，现在已经改为普通的缝衣服的线了。在当代，鱼皮衣自然不再是生活的必需品，制作它是为

北方原住民文化中心

正在值班的埃文人女老师

尼古拉耶夫斯克(庙街)的北方原住民文化中心

了保存和传承本民族的文化。她又补充：鱼皮衣的所有材料都取自于鱼本身，只有下摆的铜缀装饰依靠贸易交换取得，早年间是与中国商人交易，现在从商店就能买到。透过她的短短数语，从鱼皮衣上又看到了历史上华人在庙街活动的痕迹。

在另一个房间里，我们遇到一位较年长的尼夫赫大婶，她为我们仔细介绍了本民族的生活习俗，如高脚木屋、用白桦树皮编制的各种器具，还有尼夫赫人最隆重的熊灵祭（也叫熊祭或熊节）。尼夫赫人将熊的幼崽抓回来养大，待长到二三岁时，举行特别的仪式后将熊杀死，借助这种方式将熊的灵魂送回神界灵山，众人则分食熊肉，再将熊骨和熊头处理好。尼夫赫人认为每一氏族有自己的熊，与自身的血缘有关，故极其重视。苏联时代一度禁止熊灵祭，近年作为一种文化又重新兴起。

来到文化中心，我最关心的还是对孩子们的教育。今天的原住民后代，自幼习俄语，住在城市，不同民族之间的通婚现象也在增加，原住民文化被斯拉夫文化掩盖甚至吞没，也许是难以避免的趋势和现实。但是，民族的根是不应该被忘记的，每一种民族文化都有它的传承价值，需要用心保护，这是一个世界性的课题，不仅是俄罗斯，世界各国都应该积极面对。

很遗憾没有赶上上课的时间，不能当场观摩孩子们的学习并和他们面对面地交谈。但是大教室的墙上贴满了孩子们的各种作品。一张大图，有宽阔湛蓝的河水和绿树丛中的许多小房子，是孩子们手工制作，意在表现尼夫赫人曾经的生活环境——大河、海边、森林和林中的高脚屋。有几组是幼儿园小朋友的作品，稚嫩的画笔涂抹出尼夫赫人最典型的服饰图案。年纪稍大的孩子还学习编制各种民族工艺品，

《皇清职贡图》中的赫哲人形象，左为加工鱼皮，右为冬季以犬拽冰橇

鱼皮挂轴

鱼皮手包

鱼皮袍

尼古拉耶夫斯克（庙街）的北方原住民文化中心

文化中心展示的尼夫赫人与他们的高脚屋

再现尼夫赫人熊灵祭场面的木雕

尼夫赫人用白桦皮编制的手工作品

此处3幅图片均为教室里展示的孩子们的绘画及手工作品

尼古拉耶夫斯克(庙街)的北方原住民文化中心

与当地摄影师座谈

与赠送照片的摄影师合影,作者手里就是那张阿穆尔狐狸

叶琳娜老师和导游果萨为我们介绍当地情况。多亏叶琳娜老师出面协调，参观诸事顺利

把教室点缀得琳琅满目。该中心还定期举办"民族美食日"，致力于民族味道的传承。感谢老师们的苦心教导，让日益远去的民族文化，借助这些充满稚气的图画和手工，通过各种有意义的活动再现出来，灌注到孩子们幼小的心中，帮助他们记住自己的根。

还有一个小插曲值得记录一下。在离开地区博物馆之前，我们遇到一群当地的摄影爱好者。承他们邀请，我们在一间会议室里进行了简短的座谈交流。摄影师们为我们解说当地的风光，拿出自己的得意之作展示，并热情地要送给我们作为纪念。于是我选了自己心仪的一张——西伯利亚冬季原野上的狐狸。看它那金黄透红的毛色，笔直竖起的双耳，炯炯有神的目光，仿佛与你对视，又仿佛会刹那间扭身而去，多么活灵活现、神采飞扬啊！这位摄影师在照片背面还写了一行字，大意是"狐狸的瞳孔里凝聚了阿穆尔的魂灵"。我完全同意，但是还想再补充一句，那瞳孔里凝聚的不是俄国征服者意念中的阿穆尔，而是世代生息在黑龙江（阿穆尔河）大地上的万物生灵的魂灵。

布裕尔：一个名载《皇舆全览图》的天涯渔村

8月26日，早起即雨。今天的行程是尼古拉耶夫斯克（庙街）至布裕尔。

布裕尔（俄语：Пуир，英语：Puir），一个位于黑龙江下游河口之北、北纬53.5度线附近的小渔村。去那里是为了借宿，以便实施第二天一早渡鞑靼海峡登昔日库页岛的计划。而选择在那里渡海，是因为对岸就是1809年间宫林藏踏查库页岛时到达的最北地点那尼欧。那次间宫只是站在岛岸向这边眺望，在他的测绘地图上写下布裕尔的名字就掉头南下了。明天，我们将从布裕尔出发，迎着他的视线，登上当年他站立过的海滩。

布裕尔村很小，且远在天涯。但你能想到吗？这样一个天涯渔村，它的名字竟然早在300多年前就已经出现在清朝舆图之上并延续至今，历史可谓悠久矣！这个舆图就是大名鼎鼎的康熙朝《皇舆全览图》。所以，虽然只是路过，能够亲眼一见这个名载舆图的天涯渔村，也称得上是机会难得。

康熙朝《皇舆全览图》是清代最早以实测方式绘制的中国地图，也是第一幅绘有经纬度的地图，具有划时代的意义。据介绍，清康熙四十七年（1708）康熙皇帝下令编绘后，以天文观测与星象三角测量方式进行，采用梯形投影法绘制，比例为四十万分之一，实测经纬度的地点超过600处。地图描绘范围东北至库页岛，东南至台湾，西至伊犁河，北至北海（贝加尔湖），南至崖州（今海南岛），历时10年完成。之所以能够完成如此工程浩大而又技术先进的测绘，是因为有西洋传教士的参与，他们带来了欧洲的实测技术。

西洋传教士进入中国始于16世纪后期的明朝万历年间，先驱者是天主教耶稣会传教士、意大利人利玛窦（Matteo Ricci）。他从澳门进入广东，最终成功地来到北京，得到万历皇帝的信任。利玛窦开创了在中国传教的方法，那就是用"汉语著述"的方式传播天主教教义，并广交中国官员和社会名流，传播西方的天文、数学、地理等科学技术知识，以此来接近朝廷和民众。他本人也取汉名（利玛窦就是他的汉名）、穿汉服，精通汉语，以"儒者"的姿态出现。这个传统被后来历次来华的耶稣会传教士所继承。到了清康熙时期，为数众多的传教士在清廷供职，特别是康熙皇帝自身对自然科学具有浓厚兴趣，加深了他对传教士的信任和倚重。当需要通过实测来绘制全国地图时，他毫不犹豫地起用了传教士雷孝

间宫林藏所绘"那尼欧"图中的对岸布裕尔，见《北夷分界余话》卷二

布裕尔：一个名载《皇舆全览图》的天涯渔村

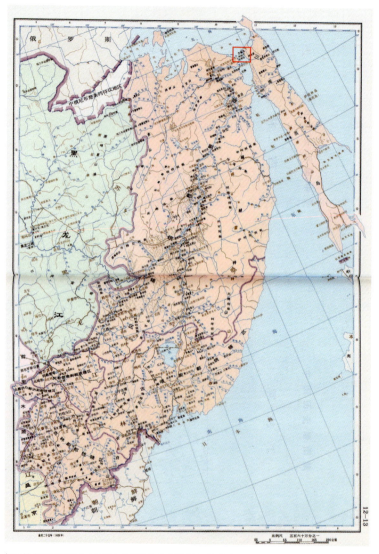

标记处为谭其骧编《中国历史地图集》第八册（清时期）"吉林"分图里的"布裕尔"

标记处为康熙朝《皇舆全览图》中的"布裕尔噶珊"（满文）[1]

思（Jean Baptiste Regis，法国）、白晋（Joachim Bouvet，法国）、杜德美（Pierre Jartoux，法国）、马国贤（Matteo Ripa，意大利）等人，与中国学者何国栋、索柱、明安图等一道来完成这项工作。

康熙朝《皇舆全览图》在标注地名时采取了关外用满文，内地用汉文的办法。所以，布裕尔在这个地图上以满文地名出现，写作 buyur gašan，也就是布裕尔村，噶珊即村。之后，以康熙朝《皇舆全览图》为基础，雍正、乾隆时期又两次全面修订，先后制成名为《雍正十排图》和《乾隆十三排图》的新版清代全国地图。在《雍正十排图》上，布裕尔仍以满文地名出现，而到了《乾隆十三排图》，它被标为汉字"布裕尔噶珊"，这应该就是现在我们最常用的谭其骧版

---

[1] 汪前进、刘若芳《清廷三大实测全图集：满汉对照》，满汉合璧内府一统舆地秘图第1排第1、2号，外文出版社，2007年。

《中国历史地图集》里"布裕尔"三字的由来了。不清楚康熙时的绘制人员有没有在布裕尔附近进行实测,但称它为噶珊,说明掌握了一定信息,知道这里不仅有人烟,而且已成聚落。从那时起又一百年,日本人间宫林藏把布裕尔写进了自己的测绘地图。不过他没有亲临,应该是参考了清朝方面的记录。

好了,学究式的讨论就到这里。下面还是来说说我们怎样前往布裕尔、在那个让我感觉神奇的小渔村里都有哪些见闻吧。

早8点半,分乘两台越野车出发。出尼古拉耶夫斯克(庙街)市区后,向北沿一条河行驶,渐渐地,道路靠近了海岸。连续过桥,河汊里拥挤着很多鱼,简直可以用密密麻麻来形容,好像在河里铺了一层厚厚的"鱼毯"!仔细看是鲑鱼——哦不,楠木教授订正说,虽然看起来很像,准确地说是鲑科桦太鳟鱼(考察队的日本同行都这么博学)——正奋力溯流而上,它们要赶回去产卵。也有不少死鱼漂浮到近岸的灌木丛里,大概是力尽而亡吧。每一种生命都有自己的宿命,为此无怨无悔,这么想着,既有点戚戚然,又有点起敬。

尼古拉耶夫斯克(庙街)到布裕尔村的陆上距离是50公里,路况不太好。我原以为会一直沿陆地开过去,谁知行至半路,车子离开公路转向海边。虽然还是8月末,海滩荒野上已是满目枯黄,穿过半个多村子,看到一个简易码头,原来,我们要在这里换乘摩托艇,从海上抄近路过去。

在栈桥上,雨停了但阴着天,海边刮风,有点冷。我把风衣扣紧,外面套上醒目的红色救生背心,这件救生衣明天还要用。两台摩托快艇,连驾驶员每台坐6人。马达发动,快艇如炮弹般射出,顿时劈开层层波浪。因为有风,每当浪涌起,撞击快艇底部,就发出震耳

快艇随着海浪上下颠簸

"前面就是布裕尔村了。"

布裕尔：一个名载《皇舆全览图》的天涯渔村

入住20世纪60年代建的渔村招待所

两张铁床,虽然简陋,可以容身

的声响，艇身被浪猛地托起又抛下来，剧烈地颠簸，浪花飞溅到身上、脸上。想不到在这个离岸不远，看似平静的海湾里航行，也会有如此惊心动魄的感受（讲这么多是因为第二天渡海峡的体验与此完全不同）。弯道取直，走海上节省了时间，只用了20多分钟，绕过海边的几道山崖，布裕尔渔村就在眼前了。

导游果萨把我们引导到一栋老旧的红砖楼房前。这是渔村招待所，也是村里仅有的几栋砖房之一。布裕尔渔村以前实行国营集体农庄制，每到捕鱼旺季，会招收季节工帮忙，这些工人就住在招待所里。这些年农庄改制，不再国营，季节工很少来了，房屋失修，门窗到处透风，好在不是冬天，过夜不成问题。也许是女士优先，给了我和广川较好的一间，加藤教授说他们的床铺摇摇晃晃，不堪一坐，无奈之下，只得把被褥搬到地板上对付了一夜。村里还开食堂给客人供餐。民以食为天，吃比住更重要，何况厨娘的手艺很不错，不仅吃得饱，而且吃得好，我们在此享受到了布裕尔美食。

美食是什么？卖个关子，最后再揭晓。

午饭后，大家一起外出散步。有客人来让村里的孩子们格外高兴，他们雀跃着围过来，自告奋勇给我们带路看风景。这些稚气可爱但特征各异的脸庞告诉我，村里的居民是不同民族组成的，有俄罗斯族，也有原住民，也许还有混血家庭。

渔村建在山前的坡地上，民居靠近海，稍高一点的坡上种着菜和其他作物。跟着孩子们先去了后山，那里可以看到我们来时经过的海岸线和近处的海湾。天已放晴，阳光明媚，视野开阔，景色蔚为壮观。后山崖下已淤积成滩，大片的湿地草甸，有人在机械打草。水天相连处有一线洲渚，洲渚与山崖之间的水面可通行，我们的快艇就是

从后山远眺,远处隐约可见的海岸是来路

与村里的孩子们合影,左二为村上教授,右一为作者

从那里穿过来的。随后去了村东，站在山顶，远远望见了对面的库页岛，在心里先向它问个好。孩子们热心地指认山坡上的各种花草，一个孩子满脸郑重地指着结满了小红果的一棵灌木说了它的名字，我没记住，但记住了他的语气和表情："小心，这个有毒！不能吃噢！"田园牧歌的环境，培养了孩子们的淳朴和亲善，给来客以温暖和愉悦。

散步回来去了村里的文化中心。在那里我们了解到，布裕尔曾是尼夫赫人世居的村落，现在与俄罗斯人混居。苏俄时期为集体农庄制渔场，苏联解体后成立了渔业联合会。全村300多人，尼夫赫人约占三分之一，有村长、副村长，设一幼儿园、一小学、一文化中心。原住民没有忘记自己的文化和传统，文化中心的一角被布置成博物馆的模样，陈列尼夫赫人特有的民族服装、用海豹皮制成的筒靴、各式鞋帽，还有各种图案的绣品。另一面墙上张贴着许多黑白老照片，标题大意为"我们是这样生活的"。在众多展品中，有样东西一下子抓住了我的眼球，就是那个绣着"龙形"图案的织物，不可思议。莫非，与"虾夷锦"有关吗？

"虾夷（Ezo）"是旧时日本对北海道的称谓，直到江户时代，北海道仍称"虾夷地"，而将当时居住在北海道乃至库页岛南部的原住民阿伊努人称为虾夷人，还曾用"北虾夷"指称库页岛。但是虾夷锦并非阿伊努人所织。它是黑龙江下游和库页岛的边民向清廷贡纳貂皮之后，从清朝官员处得到的绸缎和用绸缎制成的清朝官服，是来自清朝的赏赐，其生产地在万里之遥的中国江南。换言之，是清朝对黑龙江下游边民实行纳貂赏乌林的结果。间宫林藏访问过的德楞行署就是从事这项活动的临时机构之一。阿伊努人通过二手或三手交换，从纳贡边民或居间的商人处获得中国商品,再拿到北海道的松前藩去出售,这种商业活动在日本史里叫作"山丹贸易"。"山丹"也写作"山旦"或"山靼",其称出自阿伊努人,是对黑龙江下游边民的叫法。所谓的"山丹人"中,既有下游的乌尔奇人,也有尼夫赫人。据说山丹人很善于经商,也善于利用自身与清朝之间的贡赏关系,因此对阿伊努人颇有居高临下的傲慢。他们不仅往来于黑龙江流域各地,也经常渡海登库页岛交易,以深受追捧的中国锦缎等来换取岛民的名贵貂皮和其他土特产。由于中间几经辗转,而日本人不知就里,便有了"虾夷锦"的叫法。与此同时,因其来路,"虾夷锦"也有一个别名,叫"山丹锦"。

不用说,产自中国的"虾夷锦"做工精美,质地厚重,十分考究。尤其是带"龙形"的蟒缎,对获赐的纳贡者来说,是身份地位的象征,可为传家宝物。而拿去交易,不仅价格不菲,甚至堪称"奇货可居"。所以松前藩的藩主会拿着到手的虾夷锦专程送去江户,向幕府将军献殷勤。其实,渴望得到虾夷锦的又岂止幕府将军和大名们,连青灯古佛前打坐念经的日本僧人,也会以身披虾夷锦面料的袈裟为荣,因为它成了一种时尚一种文化。1789年(日本宽政元年),知床半岛一带发生了阿伊努人反抗和人(日本人)的暴动,一些阿伊努的部落酋长因协助平乱而获得幕府表彰,画家蠣崎波響(Kakizaki Hakyō)奉命为他们绘图记功,图中的酋长(见144页下图)竟然个个身着用蟒缎制成的华美长袍,成为一时的话题。

我在大阪国立民族学博物馆里见过虾夷锦蟒袍,也读过几本有关的书。佐佐木史郎(Sasaki Shirō)教授是这方面的专家,概括他的讲解,要点如下:1)清廷对赏乌林很重视,作为回赐,不仅提前准备,绸缎品种和数量也要与进贡者的身份相应,而进贡者最看重的,是具有品级身份的清朝官服,也就是文武官员所穿的那种蟒袍。2)关于织物上的图案是龙形还是蟒形,可依据爪的数量判断,五爪为龙,天子专用,不得僭越,官员所用的图案依其品级而定,朝服上的蟒通常为四爪或三爪,一件朝服可绣的蟒形的数目也不相同。据《清会典图》,一品至三品为四爪九蟒,四品至六品为四爪八蟒,七品以下则四爪五蟒。至于进贡的边民首领,多是获赐四爪或三爪的蟒袍,日本史料说的"龙形"实则"蟒形"。江户时代最受欢迎的莫过于"蓝底龙(蟒)形"图案,因为它最接近正规的朝服。3)不过大量缝制袍服,费工甚多,增加赏赐的成本还往往不易备齐。到后来,清廷于赏乌林时增加了绸缎面料的比例而减少了制成的袍服。4)另一点变化也很重要,19世纪中叶以后,边民管理制度松弛,经手赏赐的清朝官员对袍服及绸缎的规格,包括蟒形几爪、是否合规,似乎也不那么上心了。日本现存的蟒袍里,反而是五爪九"蟒"的居多,四爪八蟒及以下的倒只占少数。[①]

以上关于赏赐袍服的知识,是旅行结束后重读佐佐木教授的书而获得的。据此再来端详这幅织物便有了发现:嗨,还真是!这"蟒"分明绣着五爪!不过绣工算不得精良,且只是孤单单的一片,被裁成六角形,又加了红色的镶边,看不出是袍服的哪个部位。面料是丝绸,但质地薄而软,应不属于锦缎等级,与博物馆里展出的虾夷锦官服的华美光鲜,不能同日而语。一位本村的尼夫赫女性笑容可掬地陪

---

① 参见佐佐木史郎《北方から来た交易民——絹と毛皮とサンタン人》,日本放送出版协会,1996年,第181—194页。

大阪国立民族学博物馆藏虾夷锦蟒袍

身着虾夷锦长袍的阿伊努酋长[1]

---

① 参见《夷酋列像——蝦夷地イメージをめぐる人・物・世界》，北海道图书馆编，北海道新闻社，2015年，第29页。

渔村文化中心的各种展品

最引人注意的是这块丝绸绣品，像是"虾夷锦"

尼夫赫人的民族服装

尼夫赫人的筒靴

布裕尔：一个名载《皇舆全览图》的天涯渔村

在旁边,我向她询问织物的来历,却只答说是村里一位老奶奶的祖上传下来的,其他就不清楚了。祖先们曾否作为边民首领而参加贡貂赏乌林,是不是那时传下来的遗物的残片?会不会是和商人交换而得?一切都无从判断。但是主人显然理解这件旧物的意义,并以拥有它而感到荣耀,所以当作本民族历史的一部分放到这里来展示。仅凭这一点,就让历史在这个小小的文化中心里有了鲜活感。而我们也有了一份意外之喜——原本只是路过借宿,想不到竟巧遇了尼夫赫人真实生活中的虾夷锦。

太阳西斜,到了晚饭时间,我们又走进村里的食堂。几位厨娘忙了半天,都已准备停当。晚饭很丰盛,按照我取的菜名报一报吧:凉拌红白二丝(胡萝卜加圆白菜)、蒸土豆、烤肉饼、清炖鲑鱼和鳕鱼、啤酒和饮料、红宝石般晶莹的鲑鱼子酱、刚出炉的面包……几乎所有食材都取自当地,是天然新鲜的绿色食品。

正当晚餐渐入佳境,导游果萨站起身,摆出发布重磅新闻的姿势说:"诸位,请注意!最重要的美味即将登场!"说着,他捧出一个盛得满满的玻璃小钵。众人一见,顿时齐声喝彩,拍手高叫:"Caviar!Caviar!"原来,这就是俗称"黑黄金"的世间珍品——俄罗斯黑鱼子酱。黑鱼子酱的原料是鲟鱼卵,近年因为过量捕捞导致鲟鱼数量急剧下降,黑鱼子酱的生产成为关乎生态环保的大问题。俄国政府不得不发布禁令,限制渔民的捕捞作业,令黑鱼子酱的价格高涨,一物难求。果萨表功说,这是他考虑我们远道而来,特意动员村民拿出自家冰箱里保存的黑鱼子酱来供我们品尝(当然不是无偿,我们单独付了这部分的费用)。而渔民们也一再解释,这些鲟鱼是自己误撞到下在海里的固定网而死,并非他们违规捕捞,但无论怎样,对外绝不能声张,以免麻烦。大家连连表示领会果萨的叮咛。"黑黄金"在眼前，人人喜形于色，无心言语，专心致志地品尝顶级珍馐。托果萨的福，我今生第一次吃到黑鱼子酱，机会实在难得！可惜我是个不太懂海鲜的人，只觉得黑鱼子酱比鲑鱼子酱更鲜，油润细腻，但也仅此而已。相比起来，倒是当晚的清炖鲑鱼鳕鱼，浓郁的原汁原味，鲜美无比，给我留下了更深刻的印象。黑鱼子酱这么珍贵的东西，碰到我的味觉，是不是太糟蹋了，有点"暴殄天物"？这么想着，心里泛起一阵歉意。

清蒸鲑鱼和鳕鱼

烤肉饼

二色鱼子酱，红色为鲑鱼子，黑色就是人称"黑黄金"的鲟鱼子，人人喜形于色，专心享受顶级珍馐

布裕尔：一个名载《皇舆全览图》的天涯渔村

登上库页岛

——"库页岛,我来了!"

一个值得记录的时刻:2011年8月27日10时15分,我登上我国曾经的第一大岛,这个19世纪下半叶以来因沙俄割占而脱离了祖国怀抱的北方大岛,这个百余年来国人极少能够涉足的昔日大岛。

库页岛,今称萨哈林岛。也许该改用这个当代地名了,但是我叫不出。因为我远道而来想要拥抱和亲近的,不是"萨哈林岛"这个陌生冰冷的名字,而是心中放不下的旧日大岛。面对它时我心绪翻滚,牵动对几多往事的回想。所以,请理解我的执拗,接下来仍用它的旧名——"库页岛"来呼唤它。

渡海的前一晚宿在黑龙江入海口以北数十公里的布裕尔渔村。入夜有雨,晨起雨霁,朝霞推开云层,一轮红日跃然而出,将耀眼的万道金光洒向海面。红日升起的方向,就是库页岛。好天气,好兆头,今天的渡海必定顺利。

库页岛与大陆之间的海峡,国际通行的地理名称是鞑靼海峡(Strait of Tatary),而日本地图多标注"间宫海峡",俄罗斯则称之"涅维尔斯科伊海峡",一条海峡,几个称谓,背后的原因耐人寻味。

间宫海峡之名,得自日本人间宫林藏。间宫是日本探险史上的著名人物,出身于茨城县一个农民家庭,被幕府录用后,奉命踏查库页岛(日本称"北虾夷",后来称"桦太")。当时日俄都觊觎我国库页岛,俄国动作更快,已派军舰在周围游弋并尝试登岛,还与日本在

清晨从布裕尔村看鞑靼海峡日出

岛南端发生冲突。为了"不落人后",日本急于派人探清岛上情形和周围地理环境,以求对策。1808—1809年(清嘉庆十三年至十四年),间宫两次从北海道最北的宗谷出发,第一次先沿东岸行,途中折向西岸,与松田传十郎会合后返回宗谷。第二次沿着库页岛西岸北行,历尽艰辛抵达北端的那尼欧,勘明库页岛与大陆并不相连,中间隔着一道海峡。又随岛民的进贡船只亲身渡海,到达对岸的黑龙江下游,带回大量有关库页岛及满洲腹地的重要情报。为彰显其"发现"之功，日本便将这条海峡冠以其名，通用至今。

涅维尔斯科伊是俄国海军军官，为臭名昭著的"侵华急先锋"东西伯利亚总督穆拉维约夫手下的悍将，也是强占我国庙街（尼古拉耶夫斯克）的始作俑者。十八、十九世纪之际，欧洲流传着库页岛为半岛，其北端与大陆陆地连成一体的错误地理认识。涅维尔斯科伊于1846年率贝加尔号运输船潜入库页岛北部和黑龙江河口湾，证实库页岛实为岛屿，黑龙江下游可通海，纠正了欧洲人的误解，同时也大大刺激了沙俄夺取黑龙江下游流域的野心。他本人也因此举被视为"发现了库页岛和黑龙江口的英雄"，获得以个人名字命名海峡的"殊荣"。

其实，间宫林藏也好，涅维尔斯科伊也罢，标榜两人的所谓"地理发现"，都是谬谈。我国古代对库页岛即有认知，唐宋时期将包括库页岛在内的鄂霍次克海域至日本海一带称作"鲸海"，《元一统志》则记作"鲸川之海"。明永乐帝派太监亦失哈至特林设立奴儿干都司，不仅明确了管辖范围涵盖隔海的库页岛，称其地为"苦夷"或"苦兀"（音与"库页"近似），还在岛上设立了多个卫所。至于在地图上明确标注出该岛的，首推17世纪后期即清康熙年间，欧洲传教士参与实地测绘后制成的清代全国地图，即我们通常所称的康熙朝《皇舆全览图》。此图的第一排第一帧就是库页岛。唯限于当时的测绘条件，《皇舆全览图》对岛的形状尚未能完全精准，北宽南窄如蝌蚪状，但图上以满文标注山脉、河流及村寨名称，都是史上首次的创举，领土之主权归属昭然。了解了这一点，就可看清，日俄以各自的"发现"者命名鞑靼海峡，不过是暴露了列强的扩张野心。如同企图入室得财的歹人找到了破门的路径,还向世人炫耀,着实透着滑稽和可恶!只是那时的清朝这个老大帝国浑然不觉,全无防范,库页岛接下来的命运也就可想而知了。

该如何描述库页岛的真实形状呢?比作遨游海中的一条巨鱼应是十分恰当的。鱼头在上,鱼尾在下,背鳍朝向东方的外洋,南北长948公里,东西最宽处160公里,最窄处仅28公里,面积约7.25万平方公里。若论渡海,海峡有两处地点与对岸相距较近,一处在海峡中段稍偏北,大陆侧是奇集湖岭外的海滩,库页岛侧是《东鞑纪行》里提到的拉喀岬,此亦间宫随岛民往返渡海之处,海峡最窄,仅7.3公里。另一处在海峡北端,大陆侧为布裕尔渔村所在位置,对岸侧为间宫标注的那尼欧,海峡宽约30公里。我们之所以舍近而求远,前往布裕尔,原因之一是奇集湖附近多湖沼,须越湖翻岭,以现今的交通条件,反而不如布裕尔容易到达。后者有江轮之便可借,先乘船至尼古拉耶夫斯克(庙街),再陆行,然后换快艇,交通相对有保障。另一原因是与布裕尔隔海峡相望的登岛地点,恰好是200多年前间宫林藏第二次勘查库页岛时到达的岛北端的那尼欧。作为来自日本的考察团队,亲到前人足迹所至之地踏查,也是此行的重要目标。还有第三个原因,在那尼欧(今称Луполово)登陆后,横断北部,从人烟稀少的西岸到达东岸的石油城奥哈,然后南下,赴岛屿南端的首府城市南萨哈林斯克,这是最合理且有效率的考察路线。目前俄罗斯远东大陆到库页岛的定期航路为从瓦尼诺港到霍尔姆斯克港,如选择这个乘船路线,就不能兼顾乘江轮考察黑龙江下游地区,登岛后只能前往南萨哈林斯克而不得不割舍对岛北部的考察。

早饭后9点,前往渔村小码头,3艘摩托艇和驾船的本村渔民(我们呼为船长）已在等候。从相貌看，大概其中两人是尼夫赫人，另一人是俄罗斯族。摩托艇很小，只能乘5人，故两艘刚能坐下我们10人（考察队9人加导游果萨），第三艘装我们的行李。初一看，觉得难以置信，莫非就是这不起眼的，好像从前在颐和园昆明湖上见过的那种小摩托艇，要载着我们渡过闻名世界的鞑靼海峡吗？导游果萨看出我们的忐忑，连声说：放心！平时渔民们就是这样来的。他们也不是第一次接待像你们这样来自日本的团队，都有经验。果然，再看3个船长，都是一脸的淡定，装载行李时在果萨的指挥下也显得有条不紊。登艇前全体人员穿好昨天用过的红色救生衣，检查确认安全后，船长又教我们如何使用哨笛来呼救，以备万一有人落水。刚刚定下来的心，又因这哨笛平添了几丝紧张感。

出发了。天空晴朗，无风无浪。开始的水域较浅，应还是黑龙江入海处的江水，渐渐地进入深水水域，水色变暗。马达搅动海水，浪花里能嗅到淡淡的海水特有的咸味，意味着已经驶入海峡。我看了艇上的仪表盘，指针显示正以每小时37公里的时速行进。打头出发的第一艇昂扬前进，在身后留下长长的形如扇面的涟漪，我们乘坐的第二艇尾随其后。海面意外地平静，船身很稳，几乎没有大的颠簸，和昨天乘艇去布裕尔村时经历的惊涛骇浪般的感觉完全不同。想不到渡海峡如过溪流，鞑靼海峡竟然如此温柔。

海上航行的时间比预想的要短。大约过了半个多小时，前方出现了对岸的地平线，渐渐的，岸上山丘和树木的轮廓变得清晰。船长原说需要1小时，事实上只用了45分钟就顺利靠岸。跳下船，踏上松软的沙滩，立刻嵌下两行深深的脚印，岸边留个影，道一声：你好，库页岛！今天终于梦想成真！

准备送我们渡海的渔民和他们的摩托艇

这位"船长"是典型的土著相貌

那尼欧在望,即将从那里登岛

登上库页岛

和库页岛合个影,心里涌起万千感慨!

此处就是1809年间宫林藏曾经到达的那尼欧,今天依然罕有人至。视线所及,只有起伏的小丘、低矮的杉树、松树和灌木,稍远的洼地里有两座圆木搭建的木屋,已经破旧,没有人住的迹象。沿着海边走,海浪洗刷过的沙滩异常平整,海鸟走过,在沙上留下一行行足迹,像小孩子稚气的信笔涂鸦。丘上的松树将枝叶一边倒地伸向背对海风的方向,这情景和两百多年前间宫的绘画毫无二致。山坡上,两根硕大的木桩架起一块灰色花岗岩的石碑,是日本的一个民间组织自发竖立的"间宫林藏到达纪念碑"。年头不算太长,但被海风侵蚀得厉害,字迹已经模糊不清。除了纪念碑,还听说东京的某旅行社与俄方当地合作,组织冬季踏冰穿越间宫海峡的活动,出发地就在布裕尔,已连续举办了多年,每年都有不少人踊跃参加。甚至也有人在夏季专程来此游泳横渡。怪不得果萨说渔村对接待国外客人有经验。但是由于近年冬季气温升高,海峡冰层的安全系数得不到保证,这项活

日本人立的间宫林藏纪念碑,字迹已经漫漶不清。远处洼地里有圆木搭建的房屋,看不出人住的迹象

红色卡玛斯将载着我们前往奥哈,除了深深的车辙,海岸景象与200年前间宫所见几无二致

动已经停办了。不管怎样,日本人对这个称得上天涯海角的那尼欧情有独钟,从未忘怀。而我们呢?怕是太久没有人来问候过了。理由可能有很多,但国人关注度的差别,也是再明显不过,无可否认的。

在果萨的调度下,早有一辆橘红色的卡玛斯重型越野车在岸边等候。车是从东岸城市奥哈开过来的,那里也是今天的目的地。这样的重型卡车,1992年我在新疆塔克拉玛干沙漠的深处见过。那年参加社科院中国边疆史地研究中心与瑞典斯文赫定基金会联合组织的学术考察活动,从乌鲁木齐出发,经阿克苏转入和田河流域,纵贯沙漠腹地后沿着和田—若羌—库尔勒一线返回乌鲁木齐。彼时南疆油田正在热火朝天地筹建开发中,行进途中时而可见卡玛斯的身影。不过这次的卡玛斯有所不同,是经过改造的:六轮重型卡车上加装了车厢,成为可以代步的巨大"越野巴士"。

要问"越野巴士"的乘坐感受,一句话,绝不舒适!再准确些,实在太难受!从西岸出发横断岛北部,途中经过大片的原始林区,没有像样的道路,只有往来车辆压出的车道。由于前夜的雨甚大,到处是很深的积水,几成滔滔河流。又因为地面是松软的沙砾土,凡有前车压过的地方,顿成泥浆深沟,如不躲开,就将陷住车轮动弹不得。卡玛斯的车头和车厢是用挂钩连接的,司机在前面猛打方向盘,后面的车厢被抛过来又甩过去,坐在里面的我们虽不至于如坐过山车,却也如同摇煤球一般,只有紧紧抓住可以利用的各种抓手,才能勉强稳住身体。8月下旬正午时分的库页岛,青空红日,关紧了门窗的车内闷热难当,人人汗流不止,只有头顶上方的天窗有缝隙可以透风。为了躲避泥沼,司机常会生猛地将车开入路边林中,车体与树木猛烈擦撞,枝干折断,发出咔嚓咔嚓的声响,还常有一些枝条沿着天窗的缝隙伸进来。因为太热,我悄悄把侧面的车窗拉开了一道缝,谁知立刻有一根粗大的树枝横插进来,差点扎到我身上,幸亏躲得快,免于受伤,从此关紧车窗不敢擅自动作。

最艰难的路程大约十几公里,车速和人步行差不多,显得格外漫长而煎熬。终于到了泥泞较少的路段,停车小憩,钻出闷热的车厢,舒展一下晃得快散架的筋骨,走进林木中深呼吸,顿时神清气爽。

这一带都是茂密的原始森林，层叠葱郁，向远望，沙土公路如一条白练，蜿蜒消失在无边的林海之中。如果用色彩来形容库页岛的自然资源，那要用到蓝、绿、黑，甚至更多的颜色。环岛的海洋渔业资源是蓝色的，丰富的石油、天然气油田是黑色的，此时我正置身其中的林业资源，当然是绿色的。这里的林木以西伯利亚桤木、兴安落叶松、红松、冷杉居多，既是优良木材，有些还可药用，富有经济价值。草甸和湿地交织在林间，各种不知名的植物开着白色、黄色、粉色的花，结着红色、紫色、深蓝色的小浆果。我对植被所知甚少，只知道地衣类的有石蕊（日本称驯鹿苔衣），属于高山冻土带极耐寒的植物，灌木类的则有匍匐枸子木、忍冬类（不知具体名字）、越橘……越橘又叫温普，它还有一个浪漫的别名——红豆，以及一个可亲的俗名——牙疙瘩。牙疙瘩听起来有趣，其实是俄语转音，也写作牙格达，意为浆果。我的友人、曾同在内蒙古牧区插队的知青作家乔雪竹，20世纪80年代写过小说《北国红豆也相思》，讲述一个家在关内平原的女孩子只身来到大兴安岭深处的林区，生气勃勃地开始新生活，并勇敢地追求爱情的感人故事。小说获了奖，又改编为电影，打动了许许多多那个时代的年轻人。作家笔下的"红豆"即越橘，也因此，小说和电影中的"北国红豆"一改"南国红豆"的柔弱气质，被赋予了北国特有的昂扬与豪放。此时此地又见北国红豆，它遍及东北亚大地，越过山岭和海洋，把遥远的大兴安岭和库页岛联系起来。

回到路边还有了新发现：沙土地上散落着许多红色或红黄色的小颗粒，呈半透明状，颇显油润，随手捡了一些，仔细端详，发现原来是琥珀！记得教科书上有这样的解释：琥珀，一种透明的生物化石，是松柏科、云实科、南洋杉科等植物的树脂化石，树脂滴落，掩埋在

窗外是森林,车轮下一片河泽

林间湿地

地下千万年，在压力和热力的作用下石化形成。琥珀大多数由松科植物的树脂石化形成，故又被称为"松脂化石"。这里的森林以落叶松、红松为多，松树的树脂经过漫长的周期，转化为化石即琥珀，也就是这些红色或红黄色的小石头。有资料说优质琥珀的形成需要上万年甚至更久，我手中的这些也许年代没有那么久远，但既然已经变身为"化石"，也应历经了数百至千年，受大自然之造化，方能成就今日之姿态。人之寿数几何？长寿者亦不过百年，而这些小小的琥珀化石，已在浩渺苍穹、万千自然中阅历了多少个百年，与库页岛同风雨共命运，乃至今日。这么一想，便觉自身渺小，不由得对手心里的小石头们肃然起敬。

当地时间下午3点半，从西岸出发已经5个多小时，每个人的耐受力都接近了极限。这时，终于与纵贯全岛的南北公路交会。越过南北公路，路况渐渐改善，路边开始出现采油设备，即人们俗称的"磕头机"，以及简易的管道装置。洼地里的水中流淌着黑色，应是原油。能明显感到"越野巴士"的车速加快，我们逐渐告别荒野，磕头机越来越多，路过几处可以望见人家的小村落，皆一闪而过。5点许，车驶上铺了柏油的正规道路，大家一阵欣喜——奥哈不远了。薄暮时分，车入奥哈市内，历时8个小时的横断之旅宣告结束。

奥哈，音oha（俄语作Oxa），据说此地名源于鄂温克语的"恶水"一词。恰巧满语中的"恶"字也作"ehe"，发音相近，应不是偶然，而是同属通古斯语族大家庭的缘故。关于地名的由来，当地流传着两个故事：一则讲鄂温克牧人素以牧养驯鹿为生，某日，一只驯鹿陷入了原油涌出处的泥浆中无法脱身，故牧人称之"恶水"；另一则也与养驯鹿的牧人有关，讲的是牧人取水烧开饮用，含原油的水煮沸后发

路边捡到的小琥珀

路程后半段,遇到了"磕头机"和管道

现存最古的油井,1910年开采,已停用,木屋为后建

出恶臭,故称"恶水"。

不论哪个故事更有依据,都告诉我们两个事实:

第一,"奥哈"地名来自鄂温克等通古斯民族的语言,他们是这块土地真正的主人,临水而渔,入林而猎,养驯鹿、驾雪橇、信仰萨满教,是他们共通的古老而自然的生活方式。在当代奥哈的人口构成中,原住民约占5%,包括了尼夫赫人、鄂温克人、乌尔塔人、乌尔奇人等多个民族成分,尼夫赫人占据的比重最高。奥哈市立博物馆的展示告诉我们,尼夫赫人虽不属于通古斯语系民族,但历史上与鄂温克人、乌尔塔人等通古斯语系民族比邻而居,生活方式相近,文化上的联系也很多。因此我们也许应当对上述两个传说做更广义的理解——因牧人、驯鹿与"恶水"的故事而诞生的"奥哈"这个地名,不仅仅属于鄂温克人,也属于当地所有的原住民。奥哈市徽里油井下方的云纹图案,就是尼夫赫人与鄂温克人、乌尔塔人共同喜爱的传统式样。

第二，库页岛东岸富含石油天然气，为俄罗斯远东地区近现代经济的发展提供了重要的能源保障。奥哈的兴起与发展都和石油息息相关。1880年俄国商人伊万诺夫在此发现了第一个油田却没能立即大举开采。1929—1944年日本拿到岛上的石油开采权，北桦太石油会社进驻，但随着第二次世界大战结束，苏联卷土重来，日本撤走，奥哈成为俄罗斯远东在岛北部的石油重镇。20世纪80年代，当地人口达到了峰值，共36000多人，一大半从事与石油业相关的工作，所产石油通过管道，源源输送到对岸的阿穆尔共青城地区（数天前我们刚从那里经过）。不过进入20世纪90年代，随着苏联解体，奥哈开始走下坡路，经济衰退，人口外流。1995年岛北部发生强烈地震，奥哈共有2800人死亡，对地震的恐惧也促使更多人迁往远东大陆而非留居岛上，现人口已锐减了三分之一（2010年的统计数字为23000人）。另外还有消息说，俄罗斯远东对萨哈林油气田的开发计划包括了"萨哈林-1"计划和"萨哈林-2"计划，多家外国大公司参与其中，日本的公司最为踊跃。根据后一计划，俄罗斯政府近年已将开采重点战略性地转向鄂霍次克海域的海底油田，陆地上的开采正趋于停止。

说实话，身在奥哈的此刻，听到人们谈论岛上丰富的资源和俄政府的开发战略，我的心情复杂且沉重。库页岛既是当之无愧的资源宝岛，又是大陆国家走向海洋的战略要地，在大国博弈白热化的今天，其地位尤显重要。这里，我们曾经拥有，却未能守护，如今已落入他人之手。历史没有如果，一经失去，就难以追回。抚今追昔，有哪些教训值得记取呢？

回望三百多年的历史，在欧亚大陆上可以看到迥然不同的两个现象，一个原本在乌拉尔山脉以西兴起的纯欧洲国家——俄罗斯，怀

奥哈市徽，海鸥、旭日、油井加原住民传统的云纹图案

市政府前，依次为萨哈林州旗、俄罗斯国旗、奥哈市旗

奥哈油田开发纪念碑前合影，自左而右：柳泽明、村上胜彦、作者、楠木贤道、加藤直人、江夏由树、广川佐保

抱无比强烈的对海洋霸权的野心，心心念念要拥有远隔万里的东方大洋和出海口，从17世纪初起即不间断地向东扩张，在征服整个西伯利亚地区后抵达黑龙江下游，进而越海占领了库页岛。另一个是统治者的发祥地就在东海之滨、白山黑水之间的亚洲大国——清帝国，背靠着太平洋，却执着地将眼光投向亚洲内陆腹地的广袤草原，以马背王朝的姿态锐意西进，对"自家后院"的海疆领土迟钝无感。如此巨大的反差，何以造成？我没有成熟的答案。但是，两个国家的文化背景及所处的不同历史发展阶段，是应该考虑的重要因素。已进入殖民主义阶段的近代列强，觊觎地球上的所有资源，亟亟挺进海洋，不惜以凶狠残暴的方式攫取。这样的情况不独沙俄，但沙俄在东北亚将其发挥到了极致。另一方面，尚在前近代状态的清帝国，仍抱守传统的"开疆拓土"模式，重内陆，轻海疆，更以无敌的"天朝上国"自居，对即将面临的全球大变局懵懂不察，一再错失了防范强敌，捍卫自我的机会。痛哉！痛哉！

最后说说酒店里的小插曲。我们入住的酒店其实是将一栋5层居民楼中的一个单元（门洞）加以改造而成的，卧室设备极简，好在房间洁净，淋浴设备可用，有咖啡壶可以烧水，于用足矣。累了一天，正待躺下来放松身体，却被床上的卧具吸引了目光：床单、被罩、枕套，竟然都印着大大小小的汉字。在这地老天荒的库页岛东北角，一个简素的俄罗斯酒店房间，一下子遇到这么多汉字，令我本能地心生亲切，睡意立时退去一半。可再看，又一头雾水。原来这些字都是反的（从缝纫的做工看，不是铺床时弄反了），且文义不通。被罩上部两个字反过来为"朱绝"，可识却不解其意，另两个字为"（人+婴）不"，第一字似杜撰，不可辨，更不解意。枕套、床罩边沿的汉字似

鄂霍次克海岸,带图腾的木柱突兀而立,直指天空

鄂霍次克海岸,海湾对面的陆地若隐若现,脚下的山坡上开着不知名的小白花

在重复"镜香梅颜已改"几字,文句亦不通。我不由得哑然失笑。虽然昨天在布裕尔渔村已看到招待所预备的毛巾为深圳生产,今天房间里的毛巾来自山东高密某厂家,在经济全球化的时代,中国商品远销世界,自然也广销俄罗斯远东,这早已是人们熟知的事实,但这套床上用品,绝无可能来自中国。我猜应是远东某地的"山寨"产品(搜索了一遍,未找见商标)。但是"山寨"又是出于何种目的呢?不会

是为了取悦中国游客，因为这一带几乎没有中国人。莫非这位"山寨"制造者也钟情于汉字？那不应该出现如此低级的错误。或者，"山寨"制造者认为拿汉字当图案装饰可以让自己的产品上档次，于是照猫画虎，才闹出这不伦不类的笑话？好似猜谜却没有谜底，胡思乱想一阵，作罢，入睡。

漫步南萨哈林斯克

夕阳西下时，航班降落在南萨哈林斯克机场，晚霞将半边天空晕染成美丽的金黄色。从北端的奥哈到达这里，飞行时间1小时40分，是纵贯萨哈林全岛最高效的移动方式（岛内高速公路不发达，坐火车至少需要11个小时）。不过飞机是老旧的涡桨式小型道斯客机（似乎岛内航线都是涡桨式飞机），乘坐体验并不舒适。另外，登机牌没有座位号，上飞机后随便坐，这让我感觉意外又有几分新鲜。车入市内，天色已暗，先到加加林酒店住下，正式活动留待明天。

南萨哈林斯克是俄罗斯远东地区萨哈林州的首府，也是萨哈林岛（库页岛）上最大的城市。横平竖直的城市布局继承了日治时代的特点，市内六条主要道路，三横三纵，将街区切划成方正的棋盘格状。最初的建设图纸是以北海道札幌市为范本的，布局理念的源头则可以追溯到深受唐代长安城影响的日本京都平安京和奈良平城京。

昔日的库页岛在沙俄时代改名萨哈林岛，俄罗斯亦沿用，但至今很多日本人仍习惯叫它桦太。和库页岛一样，南萨哈林斯克也几度易名：今名始于1945年"二战"结束后，迄今用了70余年；此前的40年（1905—1945）间，它被日本人称作丰原（Toyohara）；再上推到沙俄时代的1882年，它在地图上的名字是弗拉基米洛夫卡，那时这里还是一个刚开拓不久的移民村落，尚不具备城市的面貌。

这种一地三名的情况，在库页岛很多见。比如，邻近南萨哈林斯克的港口城市科尔萨科夫，日本名大泊（Ōdomari），再早的名字则是博罗安特马力;又比如环岛铁路枢纽站之一的多林斯克,它的两个曾用名分别是落合(Ochiai)和戈尔基诺乌拉斯克依。其实还不止是一地三名,应是一地四名,因为库页岛从来不是"无主之地",在这三个地名(或城市名)出现之前,世代生长于此的原住民——尼夫赫人、乌尔塔人、阿伊努人等——早对这些地方有了自己的称谓。只是随着入侵者到来,原住民失去土地,失去属于自己的权利,被逐出历史舞台的中心,这些地名也淹没失传了。

地名变迁的背后,是俄日两国围绕库页岛殊死争夺的百余年史。走在今天的南萨哈林斯克街头,到处都能看到这段历史留下的印记,而两国的争斗,至今仍在"进行时"中。

概括一下:4个历史文件,折射了百年间双方交手的四大回合及结果。

——1855年《日俄和亲通好条约》(又称《下田条约》),两国完全无视中国自古以来管辖该岛的历史事实,密谋交易,默认彼此对该岛的侵占现状,暂不对其"归属"做出判定。两国在千岛群岛的择捉岛和得抚岛之间划界,南千岛群岛归属日本,北千岛群岛为俄罗斯所有。

——1875年,日俄签订《桦太千岛交换条约》(即1875年《圣彼得堡条约》),此前通过逼签《中俄北京条约》,夺占了黑龙江以北、乌苏里江以东中国领土的沙俄,遂以将千岛群岛北部给予日本作为交换条件,获得对库页岛全岛的管治权。

——1905年,日本挟日俄战争中取胜的余威,重新加入对库页岛的争夺,《朴茨茅斯和约》(《日俄媾和条约》)规定两国以北纬50度为界,日本获得以南的土地,设立桦太厅管理。

——1945年8月,太平洋战争结束前夕,苏联红军攻入北纬50

度线以南，占领库页岛全境。1951年日本在《旧金山和约》中承诺放弃对桦太（库页岛）和千岛群岛的领有权，但苏联代表谴责此条约被美国片面主导，将"归还"领土模糊为"放弃"，未反映《雅尔塔协定》的精神，拒绝出席签字，这也埋下了日后两国领土争执的伏笔。

到达南萨哈林斯克，夕阳映照着刚降落的涡桨式飞机

南萨哈林斯克旧貌（1936年），可见棋盘格状的整齐布局，来自《桦太写真帖》

漫步南萨哈林斯克

桦太神社遗址、"对日胜利日"与"北方领土"问题

南萨哈林斯克市区东面是一片林木葱郁的山地,日治时代的桦太神社就建在这里。

桦太神社又称桦太官币大社,以天照大神和明治天皇为祭神。官币者,国家出资供奉之意。为了对殖民地人民进行精神奴役,日本军国主义最常用的手法之一,就是广建神社以宣传"皇国思想",推行"皇民化"教育。有人统计,伴随日本在亚洲的侵略扩张,建在海外的神社多达1600余处,代表国家意志的官币大社,当仁不让地属于日本神社的最高等级。全盛时的桦太神社占地面积极广,神社本身加所属山林、园圃,多达38.5万坪(约相当1.27平方公里),整整占去了半座山坡。①

风光一时的桦太神社早已不复存在,战后苏联当局毫不容情地拆除了它的所有建筑。当年以丰原火车站(今南萨哈林斯克火车站)前为起点,长达2公里,笔直通向神社的参拜大道——"神社通",改名共产主义者大道,神社入口处的鸟居所在的位置上,建起了歌颂苏军将士功绩的荣耀广场(也称胜利广场)。走在遗址区内,但见大树参天,林深草密,野花芬芳,除了一段石阶,地面不存旧日的一砖一瓦。如果不是有人解说,你不会想到这里曾是偌大神社之所在。唯一可能与当年有关的是一座水泥的"校仓式"(仓库)模样的建筑,孤零零略显歪斜地架在小山坡上,没了仓门,周围垃圾遍地。据介绍它

---

① 参见富井正宪等《旧桦太(南サハリン)神社跡地调查报告》,神奈川大学COE项目研究推进会议《年报》第1号,2004年,第126—157页。

曾是桦太神社的宝物殿（供奉纪念物的地方），也看到有人质疑它不过是一个复制品。我不知谁说为真，但确信，这个灰暗破败的建筑使得笼罩在遗址上空的苍凉没落之感更加浓重。

桦太神社的一页已经翻篇，而新的历史讲述正以另一种方式进行。下山后经过荣耀广场，我看到了下面的一幕。

广场正面的弧形红色纪念碑前可以看到两座雕塑，左侧：一名士兵身穿长衣神情肃穆，一手扶枪，一手伸向前方；右侧：两名士兵组像，一人中弹后仰，一人呐喊前冲，表现前仆后继英勇不屈的精神。两座雕塑之间是象征生命不死的一簇长明火，明亮的火焰迎风抖动。因为怕被阻拦，我们和纪念碑保持了一定距离。广场上聚集了数百名士兵，正在进行方队操演，持枪挥臂踢正步，精神抖擞地呼口号，还有更多士兵正不断向这里集结。

"这是在为庆典阅兵做准备吗？"我不由得向我们在南萨哈林斯克的本地导游瓦西里发问。他回答："是的，再过几天就是'二战'胜利纪念日。"

"胜利纪念日？难道不是5月9日吗？"我越发困惑，脑海里浮现出莫斯科红场阅兵的盛大场面。今天可是8月29号啊！

"这是第二个纪念日，对日战胜纪念日。"见我不解，一路同行的果萨插了话。

哦，我恍然大悟！这应该是俄罗斯2010年追加制定的第二次世界大战结束纪念日，又称军人荣誉日。1945年8月8日，苏联弃毁《苏日中立条约》对日宣战，发起"八月风暴行动"，在出兵我国东北，消灭日本关东军的同时，也向库页岛南部发动猛攻，到8月25日，苏军一举拿下全岛，历时40年的日本殖民机构桦太厅宣告终结。库页岛战役（也称南萨哈林之战，日称桦太之战）结束一周后的9月2日，同盟国在美国密苏里号战列舰上接受日本无条件投降。

在日本人笔下这场战役充满了恐怖和血腥，而对于苏联来说，此役是"二战"的尾声，具有终结日本法西斯的大义名分。以9月2日作为第二个"二战"结束日，突出了对日战胜（5月9日是对德战胜）的意味，既宣示胜利者的荣耀，也羞辱了自己的宿敌。（2020年4月，普京决定将此日推迟一天，改为9月3日，以与中国的"抗日战争胜利纪念日"一致。）

直到今天，"北方领土"问题仍是日本人心中永远的痛。库页岛固已无法可想，北方四岛（俄称南千岛群岛）作为争执至今的悬案（理由是苏联未在《旧金山和约》上签字，两国未就"千岛群岛"所指具体范围达成协议，四岛不在千岛群岛范围内，是日本的"固有领土"），无论如何是不能公开退让的底线。有意思的是，我还看到某些日本地图对日俄（苏）在库页岛的国境线画为两条虚线，一条在北海道北端的宗谷海峡，另一条在库页岛的北纬50度线上，南库页岛部分做空白处理，意思是归属尚在未定。但是一般日本百姓都知道，如

日治时代的桦太神社，为最高等级的官币大社，战后被毁（神奈川大学非文字资料中心提供）

桦太神社遗址内,走在最前的是本地居民韩裔徐载万先生,第四人是本地导游瓦西里

据说坡上的建筑物曾是桦太神社的宝物殿。坡下小屋内是一处泉水,桦太神社时期已有记载,至今仍有人来此取水

漫步南萨哈林斯克

荣耀广场位于旧桦太神社入口处,广场上集结了大批士兵,正在操演方阵

通往荣耀广场的路边,有很多名人塑像

今要去萨哈林岛（库页岛）必须办俄罗斯签证，况且日本总领事馆就设在南萨哈林斯克，嘴上再硬撑，也不能不面对真正的现实。

博物馆内外看历史

来到南萨哈林斯克，最不可错过的博物馆当数位于共产主义者大道上的萨哈林州立博物馆。不光因为展品，也因为这座建筑本身。类似日本天守阁（城郭中央的制高点）的外观，厚重的人字形屋顶和白褐色相间的外墙样式糅合了东西洋两种风格，让它显得独特、庄重、华美，非常吸睛。在成为萨哈林州立博物馆之前，这里是日本桦太厅博物馆，建于1937年，由名重一时的建筑师贝塚良雄（Kaizuka Yoshio）担任设计。贝塚素以意匠新颖见长，他在丰原停留近十年，留下许多建筑作品，而这座博物馆是他的巅峰之作。贝塚的重要创新之一是大胆尝试"和洋折衷"，让钢筋水泥的建筑体也能具有传统木造建筑的风貌，形神融合，得到极高评价。[①]

关于这座博物馆，还有值得玩味的另一面。虽然没有看到具体数字，但当初的建筑费用肯定不菲。作为中国人，我会立刻联想1937年这个年份，正值日本帝国主义制造卢沟桥事变，发动全面侵华战争，走向所谓"战时体制"之时，日本当局仍斥巨资在如此边远的桦太大兴土木，这是为什么？能想到的回答是：第一，出于对这一地区战略地位的看重（换言之是野心）；第二，试图从文化上进一步加深对桦太的殖民统治。桦太厅1918年已正式列入日本的"内地"体制，行政待

---

① 参见井涧裕《サハリンのなかの日本—都市と建築》，东洋书店，2007年。

带有天守阁式顶部的萨哈林州立博物馆（上图），其前身是桦太厅博物馆，馆内（下图）保留了原来的面貌

遇及法律适用皆视同日本本土,但文化的浸透和认同却不是一道法令可以解决的,也远非朝夕之功可以奏效。从神社到博物馆,种种兴建都和"洗脑"有关。从这个角度看,日本当局的手法可谓老到。

观展时,讲解员告诉我们,苏联时期,萨哈林州立博物馆内是不允许出现日治时代文物的,变化始于苏联解体以后,而现在,桦太的历史已成为陈列内容的一部分。原来安放在北纬50度国境线上带有象征日本之菊纹的界碑、旧桦太护国神社前的狛犬(日本石狮),都作为文物移入了博物馆,前者在馆内展室可以看到,后者就摆放在博物馆大门的两边。看来,学会如何客观对待历史,是很多国家的共同课题。对于曾经的历史,可以评价甚至批判,但不能无视,更不能抹杀,这才是起码的唯物主义的态度。以他人为鉴,我们自身也有值得总结的地方,不是吗?

原在北纬50度线上的俄日界碑

漫步南萨哈林斯克

另一处值得提到的博物馆在萨哈林国立综合大学的校内。

这栋看起来很老旧的楼里有考古学研究所，该所附设的考古博物馆主要用来培训本专业的学生。我们进门时，副校长兼考古所所长瓦西里耶夫先生带着几名学生来迎接，态度十分可亲。交换名片时，他注意到我是中国人，特意用中文说"谢谢"，又表示：我们和成都大学有交流关系。

展室的面积虽然不大，却布置得紧凑有序，内容丰富。四面墙壁的最上部用来展示人类文明史的发展梗概，提纲挈领，金字塔（埃及）、佛陀（印度）、长城（中国）、五重塔（日本）……都赫然在目。文物陈列则以师生们的考古发掘和收集所得为主，从石器时代、青铜器时代直到19世纪。

萨哈林国立综合大学考古研究所

其中几枚岛上发现的中国古钱币，引起了我的极大兴趣。这几枚古钱币都是宋钱：宋真宗咸平元宝、宋神宗元丰通宝、宋徽宗政和通宝，时代范围从10世纪到12世纪。

钱币伴随人类的经济活动而生，又为我们了解先人的活动提供了重要窗口。从黑龙江下游到库页岛，每当看到中国古钱币，都让我有一种遇到"家乡人"的亲切感。没有具体的文字说明，无从知道它们跟着谁怎样来到这里，但种种浮想，油然而生。在尼古拉耶夫斯克（庙街），永宁寺遗物中的宋代和金代钱币，让我更加确信，遥远的黑龙江下游与内地之间早有人员和经济往来的通道，其历史不应晚于金元时期。两天前在岛北部的奥哈市，看到当地博物馆收藏的清代乾隆通宝，背面镌有代表工部宝源局的满文"boo yuwan"字样，甚至有种莫名的感动：这会是日本学者常说的"山丹贸易"，也就是伴随昔日的库页岛岛民与对岸黑龙江下游居民进行交易而留下来的遗物吗？写在纸上的那些清朝与库页岛的往事，一下子鲜活了起来。

不过，对于眼前这些宋钱的来历，或许还可以做另一种推测，即它们来自宗谷海峡南面的北海道，是江户时代日本商人与库页岛阿伊努人交易的结果。

宋钱虽然是宋朝货币，却享有国际硬通货的地位长达数百年之久。从10世纪起，随着海上丝绸之路的兴盛，宋钱大量流向海外，在东南亚、非洲、中东各国备受青睐。而日本因为本国铜钱质量低下，索性长期把宋钱当作法定货币来使用。日本商人载货来华，竞相收购宋钱回国，甚至因此引发过中国沿海的一时钱荒。明代以后，日本又进口明钱与之混用，但宋钱之热，长盛不衰。直到今天，日本国内所存宋钱数量依然惊人。前些年有学者对日本217处储藏的349万余枚古钱币

奥哈市立博物馆藏乾隆通宝,第10有满文"boo yuwan"字样

展品中的宋钱,为宋神宗元丰通宝,
上为篆字体,下为行草体

宋真宗咸平元宝

宋徽宗政和通宝

做了调查，发现95%是中国古钱币，北宋钱尤多，占了77%。①

江户时代日本锁国，但也留出"四口"对外。除了我们熟知的长崎港是唯一的国际贸易口岸，与中国、荷兰通商，其他三口是：对马藩和萨摩藩，分别办理对朝鲜和琉球的外交事务；松前藩位置最北，长期与来自库页岛的阿伊努人贸易，其中最为抢手的商品，就是岛民们通过山丹贸易获得的中国绸缎——"虾夷锦"。对于日本幕府来说，近在咫尺的库页岛（宗谷海峡宽仅43公里）有太大的诱惑。为了扩大贸易规模，也为了逐步控制库页岛南部，松前藩不断派藩士与商人一起登岛，至1790年，松前藩已在库页岛最南端的白主（有土城遗址，据认为是金或元时所建）正式设市交易。商人承揽商业，而幕府派员轮值驻扎。这一年，正值大清乾隆五十五年（1790）。

循着上述历史线索，我揣测这些宋钱的所自路径可能是北海道，似乎合乎情理。如果推测成立，则这些小小的宋钱，不仅折射了历史上中国货币文化圈的广大与多彩，也再次告诉我们另外一个事实：早在18世纪，日本已经有预谋、有步骤地将手伸进库页岛，而正当乾嘉盛世的大清王朝对此毫无所知，更无防范。如学者卜键在其《库页岛往事》书中引用近代学者石荣暲所语："库页岛既亡于俄，复亡于日本，正乾嘉极盛之时，非国家微弱也。"既可谓精辟，又何其沉痛。

加加林公园和中央市场，听徐老先生讲移民身世

南萨哈林斯克现存的日治时代建筑都已改作他用：旧时的拓殖

---

① 参见佐藤大树《12—13世纪出土钱货から见た日本と中国　その1》,《驹泽史学》90号，2018年，第471页。

银行,今为美术馆;当年的丰原市政厅,成了商社的事务所;桦太医专的旧址,现在是军队医院……这当中,与当今市民生活关系最密切的,莫过于用苏联航天英雄尤里·加加林之名重新命名的加加林纪念文化公园,旧称丰原公园。公园在城东,离桦太神社遗址不远,背靠丘陵,面向市区,园区中央是很大的一片水面,可以乘船荡桨,四周绿荫绵延,还有不少游乐设施。也许是暑假来临,虽非周末,却游人颇多,孩子们尽情嬉戏,十分热闹。

湖边有一块石碑,上书"王子ヶ池",碑文落款"昭和十一年八月豊原町長高橋彌太郎"。原来,公园在这里出现并非偶然,这一带曾为日本纸业大王王子制纸会社(现在的主力品牌之一nepia,即国人熟悉的"妮飘")的丰原工厂区。因为看上了库页岛丰富的森林资源,王子制纸从1917年就在这里设厂,几乎将周边山林砍伐殆尽,后来不得不重新植树造林。为了保证造纸所需用水,工厂又在河上筑坝截流,才形成了今天的湖面。石碑曾经扑倒,后被重立,左下部的裂痕仍清晰可见。来往游人并不留意石碑的存在,只有我们这些远方客在碑前驻足拍照。大概对于市民来说,既然"换了人间",就专心享受公园的美好,不必介意它的"前世今生"了。

离开公园,直奔城西。与休闲从容的城东不同,城西是南萨哈林斯克的闹市中心,火车站附近的街面最热闹,要看城市的烟火味,得来这里。跟着导游瓦西里,我们走进中央市场。

营业大厅一层经营生鲜食品,二层出售日用百货。守着鄂霍次克海,渔业发达,海产丰富自然是市场的特色。大块吃肉、大碗喝酒的俄罗斯人,摆放海货也同样粗犷,满筐满柜,堆积如山,体量之大,国内市场无法相比。我不太认识海货,叫不出各种鱼的名字,但是色

公园四周绿荫浓密,背后高山上有展望台。限于时间,我们没有登山

泽鲜亮的熏制鲟鱼,个头巨大的鄂霍次克帝王蟹、雪蟹,都是我的最爱,足以馋到流口水。其他如肉类、熟食、奶酪制品、干鲜果品,也都琳琅满目,应有尽有。一位同伴看上了货柜里的奶酪,连喊太便宜了。大家怂恿他快买,他犹豫再三,担心回日本无法通关(生物制品检验),还是忍痛作罢。

徜徉在摊位间,我有了一个发现——很多摊主是亚洲面孔!会不会有华人呢?这样想着,在一个糖果摊位前停下——女摊主的容貌很像华人。我选了一些糖果,这是礼数,总得照顾一下生意,一边付钱一边和她攀谈。原来她是韩(朝鲜)裔,准确地说是朝日混血,父亲是朝鲜人,而母亲是日本人。因为母亲的关系,她在北海道的札幌还

漫步南萨哈林斯克

"王子之池"碑,讲述王子制纸筑坝截流经过,昭和十一年(1936)立,下部有毁损的痕迹

有很多亲友。市场里有华人经商吗?她答:没有,主要是韩裔,还有一些来自中亚的移民。经她一说,我想起刚才看到冷冻食品柜里,除了各种馅料的饺子,还有乌兹别克斯坦风味的薄皮包子,原来是为了迎合中亚人口味。对,说起来导游瓦西里也是外来移民,老家在西伯利亚,是索尔人,属于突厥族系。他在南萨哈林斯克干过各种职业,拍过商业广告,30岁起学日语,深谙自然、动植物,谈吐有趣。今天的南萨哈林斯克是一座多元移民组成的城市。

见我关心移民问题,这两天一直陪同我们的徐载万(有俄文名,没记住)老先生接过了话题。徐先生也是韩(朝鲜)裔,祖籍釜山,早年其祖父来到萨哈林,先在北部的油田做工,后来南下,定居于此。徐先生的少年时代正值日本统治,故第一语言是日语,后来又学了俄语和韩语。他当过中学老师,早已退休,如今儿孙满堂,算上重孙辈,已是移民的第六代。因为与函馆高专的中村和之老师熟识,受中村之托,特来关照我们。

徐老先生的身世,就是一部萨哈林朝鲜人的移民史。自从所谓的

女摊主为韩(朝鲜)裔移民,父亲朝鲜人,母亲日本人

从标签看冰柜里的食品,冷冻饺子有白菜馅和土豆馅,中排右起第二格为乌兹别克斯坦风味的薄皮包子

以上4图为让人垂涎的各种海产和肉类制品,皆摄于中央市场内

漫步南萨哈林斯克

导游瓦西里（中）与广川女士（左）、柳泽教授（右）

徐先生在州立博物馆为我们讲解桦太时期朝鲜人的历史

"日韩合并"，为了开发海外殖民地，日本财阀不断从朝鲜半岛强征劳工送往此地，从事挖煤、开矿、伐木等苦工，徐老先生的祖父也是那当中的一员。1945年日本战败投降撤退时，朝鲜人移民的去向因为美苏对立的地缘政治而成为难题。日方宣布移民们不属于日本公民，不负责他们的遣返。苏联只同意将出生地在北纬38度线以北的人遣返回朝鲜，但这部分人在移民中占比很小，绝大多数人的祖籍在38度线以南，却因为韩国与苏联没有建交，苏联拒绝遣返，韩国也不愿接收，不得不以无国籍者的身份滞留岛上，成了"弃民"。

陷入困境的朝鲜人移民当时有3万多（一说2万多）人。20年后，情况逐渐起了变化，年轻一代开始更多地认同当地社会，自愿取得苏联国籍。而韩国也在1990年与苏联实现国交正常化，心系故土的萨哈林朝鲜裔居民终于可以自由往来，一些人还拿到了期盼已久的韩国护照。

徐老先生告诉我，大儿子是企业家，先在莫斯科打拼，现在回到南萨哈林斯克发展，二儿子身体不好，正在韩国治病。他自己多次回乡探亲，韩国的亲戚们常劝他叶落归根，但他并未动心。"为什么呢？回到故国不好吗？"我有些好奇。他摇摇头说："我没有祖国，如果说家，那就是萨哈林。我生于此长于此，不论走到哪里，我都愿意回来，这里最心安。"

这是一位老移民的心声，深深地打动了我。想起宋代苏轼的名句"此心安处是吾乡"，赞的是歌女柔奴跟随遭贬斥的主人王定国颠沛流离，却对逆境安之若素、旷达自适的心态。而徐老先生不同，他的心安是因为融入了所处的社会，找到了"家"的感觉，有了名副其实的"吾乡"，这该是"心安"的最佳境界。我也看到来自萨哈林的报道，近年随着市场经济发展的潮流，以吃苦耐劳著称的韩（朝鲜）裔移民正在商贸等多个领域发挥越来越大的作用，而萨哈林州对多元文化的包容，让他们有了更强的归宿感。许多韩裔年轻人喊出了"我是萨哈林人！"的口号。我为徐老先生庆幸，更为他以及和他一样的当地移民高兴。打造多元共生的和谐社会，永远是人类的最高目标，从这个意义上说，萨哈林吹拂的风是暖心的，希望它持久而远播。

漠北篇

Mobei Mongolia

草原之都乌兰巴托的前世今生

2008年8月8日，吉祥的数字，北京奥运盛典开幕的日子。我也在这一天从日本的关西国际机场登上飞机，但不是回北京，而是参加一个考察：取道蒙古国北上，经俄蒙边境小城恰克图，至布里亚特共和国首府乌兰乌德，再到东西伯利亚的贝加尔湖。此行的第一站，是蒙古国的首都乌兰巴托。

从关西直飞乌兰巴托的航班仅于夏季开通，日本人中不少是有蒙古情结的，游客较多，故能维持。等到入秋，直飞航班停运，就只好取道北京换乘了。我们乘坐的是蒙古国的直飞航班，机舱内相当窄仄，一排三人坐得紧紧巴巴。好在我的位置靠窗，不至"左右受敌"，算是幸运。

这是我第二次造访乌兰巴托，第一次在10年前。1998年1月，我在日本供职的大学要与蒙古国立大学建立校际交流。因我在大学的国际部（类似我国大学的外事处）兼职，遂命我和另一位同事前去洽商具体事宜。那一次的行程可不比这次，因为没有直航，需在北京首都机场转机，实实地遭遇了一场"惊险"。经过是这样的：从关西国际机场出发的航班原定10点25分起飞，因为跑道拥挤，出发被推迟了20多分钟，飞到北京已经下午1点多。我们一路小跑到换乘的16号登机口，登机早已结束，柜台空无一人。还好，找到了值班主任，经她疏通，由蒙古航空紧急派小车将我们二人载到停机坪，赶在舱门关闭的前一刻冲了进去。虽然最终化险为夷，但我之后许久都惊魂难定。

这次一切顺利。飞机向西穿越多山地的朝鲜半岛后，机翼下方出现了银光粼粼的万顷碧波。比照地图，知道正飞在渤海上空。不久飞机飞进云层，等到再次钻出云层，机翼下方完全换了另外一幅图景：无边无际的黄色，看不到一丝绿，只有一团团白云的倒影，在戈壁荒漠上画出大大小小不规则的深色图形，增加了几分神秘色彩。这景象告诉我，已经进入蒙古国境内了，无边的黄色就是横亘在内蒙古和今天已经成为蒙古国的外蒙古（喀尔喀蒙古）之间的大漠。因着这片戈壁沙漠，历史上人们把位于大漠之南的内蒙古称为漠南蒙古，把大漠以北的喀尔喀蒙古称为漠北蒙古，并把大漠之西，今天新疆境内的卫拉特蒙古称为漠西蒙古。在大漠上空的飞行大约持续了1个小时，终于看到黄色的边缘露出绿色，那绿色越来越宽展，呈现高原草地气象，飞机开始盘旋下降，草原城市乌兰巴托到了。

从成吉思汗国际机场驱车到乌兰巴托市内大约半个小时，道路不拥堵，车行顺畅。先是由西向东，过了图拉河折向北，市区遥遥在望。10年前来访正值隆冬，白天的最高气温也只有－19℃。走在积雪冰封的街路上，动辄打滑，几次险些跌跤，这让我怀念起牧区插队时穿过的"毡疙瘩"（毡靴），穿着它踏在冰雪上，稳当而牢固。这次正当绿茵如织的盛夏8月，满目翠绿，让人心旷神怡。不过当向导的小伙子朝鲁说，近些年即便在这个草原城市，也能明显感受到气候变暖的影响。人们从不知电扇为何物到普遍使用电风扇，不仅用上了电风扇，还有越来越多的人家开始安装空调。草原城市开空调？若是倒退二三十年，这话绝对是难以置信的天方夜谭！现在却成为事实。也是啊，当全球性气候恶化，没有哪里可以独善其身，侥幸成为世外桃源，这也是为什么人类必须携手应对气候问题的道理所在。

透过云层可以看到机翼下方无边的黄色沙海,暗色部分是云影

成吉思汗国际机场,我1998年第一次来乌兰巴托时还未修建,距市内18公里

乌兰巴托位于蒙古高原中部,海拔1351米,从空中可以清楚地看到它的南面及东北面是高山。南面的博格达汗山很有名,是蒙古人心目中的圣山,西面则相对开阔,额尔浑河的支流图拉河自东而西从博格达汗山脚下流过,涵养着宽广的草原,也决定了乌兰巴托作为城市东西拓展的走向。

远古以来,蒙古高原孕育了一代又一代游牧民族。不论是令秦汉两朝头痛不已的宿敌匈奴人,还是几番较量后终将"天可汗"的称号奉献给唐太宗李世民的突厥人,或是1206年在成吉思汗领导下建国继而横扫欧亚的蒙古人,他们都是马背民族。其居住方式,用司马迁《史记》中的两个字来概括,就是"行国"。行者,移动也。住毡帐,逐水草,居无定址,这一点直到17世纪都未改变。乌兰巴托作为草原城市,从无到有再至今天,是近300年间的事情。回顾这段历程,在其城市发展史的早期阶段,有两件事必须提到。

一件事是在蒙古民众中享有极高威望的哲布尊丹巴呼图克图(活佛)的寺院从游动逐渐走向相对固定。

大家都知道乌兰巴托的前身是清代库伦,而"库伦"(Khüree、Küriye)一词的蒙古语原意是"围圈",也就是围起来的草场或营地。蒙古人逐水草而居,王公活佛也不例外。宫殿也好,僧院也罢,都由可以随时搬迁的蒙古包组成,根据需要,且行且住。20世纪六七十年代我在内蒙古草原插队牧羊,也练就了一身快拆快搭蒙古包的好技艺,牧民老乡都点头认可。当然,这是题外话(笑)。总之不论活佛迁移到哪里驻扎,随行的喇嘛僧人以及信众们的蒙古包都以此为中心,层层排列,组成庞大的群落,形同大圆圈,所以叫作"库伦"。

移动寺院"库伦"的出现,要追溯到一世哲布尊丹巴呼图克图即位的1639年。藏传佛教于13世纪元朝治下传入蒙古地区,但这只是序幕。真正的普及在16世纪后期,要归功于三世达赖索南嘉措从拉萨前往蒙古地区讲经说法大获成功,蒙古俺答汗率领上千蒙古人接受灌顶,与三世达赖互赠封号,自此藏传佛教在蒙古各部全面传播。"哲布尊丹巴"(Rje-btsun-dam-pa)是藏语,意为圣贤尊者,"呼图克图"是清朝授予蒙藏地区大活佛的封号,蒙古语的尊号为"温得尔格根",乃崇高光明之意。一世哲布尊丹巴呼图克图是第一位在喀尔喀本土转世的蒙古活佛(此前在蒙古地区传法的高僧皆来自西藏),为喀尔喀土谢图汗衮布多尔济次子,本名扎那巴扎尔(Zanabazar)。他1635年出生,4岁即法王位,稍长后赴西藏学经,拜五世达赖为师,信奉黄教(格鲁派),学成后返回蒙古,得到喀尔喀上层集团的信奉和支持,成为政教领袖。最让他留名史册的是康熙二十七年(1688)的一大事件:喀尔喀蒙古遭到来自漠西蒙古准噶尔部的大举入侵,土谢图汗仓促应战,初战即失利,车臣汗部和扎萨克图汗部也连连溃败,领地丧失殆尽。部众束手无措,不知何去何从。此时有人提议投奔沙俄,而一世哲布尊丹巴呼图克图力排众议,主张归顺清朝,遂一语定乾坤,就此明确了喀尔喀蒙古与清王朝之间的归属关系。

一世哲布尊丹巴呼图克图的驻锡之地称"乌尔格"(Örgüge,西文文献作Urga,蒙古语"宫殿"之意),在草原上频繁移动,是名副其实的游动寺院。自他以下,历代哲布尊丹巴的乌尔格先后迁移20多次。不过随着人口在游动寺院周边不断聚集,规模越来越大,库伦不仅是宗教中心,也逐渐具有了商业和行政的功能,人称"大库伦"。历史学者观察大库伦从游动转向定居的一个指标性年代是乾隆四十三年(1778),这一年哲布尊丹巴的大库伦迁至色勒毕河边(图拉河支流,南北贯流今乌兰巴托市)并稳定于此,之后约60年未再搬迁,迈出了走向定居城市的第一步。

另一件事是来自内地的旅蒙商源源不断进入喀尔喀草原,推动了库伦的城市化进程。

清代,来自山西、直隶等省的商人从张家口、归化城出发,长途跋涉,来到喀尔喀草原经商,人称旅蒙商。商人们的交易对象除了蒙旗王公和牧民,还有在此活动的俄国商人。为了经商方便,旅蒙商多在库伦周边建盖铺面和货栈落脚,时间一长,就形成了稳定的街市。旅蒙商由清朝驻库伦办事大臣下属的章京管理,当地称旅蒙商为"买卖人",称他们的居住地为"买卖城"。关于后者我还将在另外一篇文章里专门谈及。总之,到了18世纪末19世纪初,哲布尊丹巴的"大库伦"(又叫东库伦)加上旅蒙商的"买卖城",以及甘丹寺所在的"西库伦",构成了草原之都乌兰巴托的早期城市雏形。

不过这种局面也有反复,道光十九年(1839)大库伦一度迁移,五世哲布尊丹巴呼图克图奏请将自己的寺庙从色勒毕河移至图拉河北,获得清廷许可。但此次迁移的宗旨,并非要重返游动时代,而是因为活佛担心辖下"蒙民(汉)杂处"的现象日益增多并产生纠纷,试图借搬迁别地来继续实施"蒙汉分治"的既定政策。当然,这种努力未能收到多少成效,因为内地商人进入草原的趋势无法逆转,而蒙古牧民及僧人的生活也有赖于他们。所以过了十几年,到了咸丰五年(1855),大库伦又迁回了色勒毕河边,并最终与内地商人达成某种妥协,形成小(相对)隔离大(总体)混居的局面。①

---

① 参见佐藤宪行《清代ハルハ・モンゴルの都市に関する研究:18世纪末から19世纪半ばのフレーを例に》,学术出版会,2009年,第172—280页、第295—338页。

位于今天乌兰巴托市南郊、图拉河畔的博格达（也作博克多）汗宫，曾是八世哲布尊丹巴呼图克图日常居住和处理宗教事务之所，1924年以后辟作博物馆至今，是来乌兰巴托时不可错过的观光打卡地。整个汗宫建筑群占地广大，站在院墙外，最先看到前庭广场上的砖雕照壁、四柱三楼大木歇山式牌楼和面阔三间的悬挑式歇山牌楼式宫门等建筑，浓郁的汉式特色，气势恢宏不凡！进门后，回字形的三路三进院落沿中轴线对称分布，处处体现着蒙藏文化与汉式风格相结合的特点。读了牌楼前的说明得知，汗宫门前区的维修工作乃是西安文物保护修复中心所承担，为中国政府无偿援助蒙古国文化遗产保护项目的一部分。2006年拨款人民币600万元修缮，历时一年多，此时刚完工不久，怪不得牌楼和宫门的油漆彩绘如此艳丽，光彩照人！

汗宫无疑也是库伦走向定居化的重要历史见证。因为缺少记载，过去推断它始建于清光绪十九年（1893）。近年根据俄国人阿·马·波兹德涅耶夫（Aleksei Matveevich Pozdneev）的名著《蒙古及蒙古人》以及有关档案，学者们判断早在道光十九年（1839）五世哲布尊丹巴呼图克图在位时就已兴建汗宫，因为该年五月五日道光帝的上谕中，有允许格根将寺院迁到土（图）拉河北岸之语，格根指的就是哲布尊丹巴，汗宫的建造年代因此提早了50余年。① 不过目前可确认的几座主要建筑都建于1895—1903年，所以汗宫的全面落成应该在这期间。

要了解20世纪初期库伦的面貌，最直观的资料莫过于近代蒙古

---

① 据《清宣宗实录》卷322，道光十九年五月己亥日。此事亦见阿·马·波兹德涅耶夫《蒙古及蒙古人》（第一卷），刘汉明、张梦玲、卢龙译，内蒙古人民出版社，1989年，第79页。不过他将西历年份误写作了1836年。

画家珠格德尔（Jugder）1913年绘制的《京城库伦图》，现藏博格达汗宫博物馆。看图便知，城市中心的布局依然呈圆圈形态，大圆圈内是东库伦的寺院和宫殿组成的复合设施，圆圈外围是商业及居民区，人烟稠密。再往左（西）侧，是以著名的甘丹寺为中心形成的西库伦，博格达汗宫建筑群则在图拉河畔的博格达汗山脚下。感谢VCM博物馆组织（Virtual Collection of Asian Masterpieces）的公益行为，在网上发布高清电子图版（见208页）。把画面放大，再放大，每个区域的构成竟然清晰可辨！蒙古包群与固定房屋相错杂，这正是该阶段库伦城市面貌的突出特征。画面右下角的蓝色区域，是旅蒙商聚集的买卖城，由成排的房屋和街道组成。还可以看出俄国势力对当地的影响甚大，买卖城的左邻就是俄国领事馆和教堂组成的区域。据载，其时的库伦人口有6万上下，作为一座草原城市，已是颇具规模了。

那么库伦从何时起改名乌兰巴托的呢？这要从清末辛亥革命和那之后东北亚错综复杂的国际形势讲起。

1911年的中国，山雨欲来风满楼，清王朝摇摇欲坠，远在喀尔喀的蒙古活佛和王公都已暗自生出离异之心。辛亥革命爆发后，在沙俄煽动下，八世哲布尊丹巴博克多格根宣布博克多汗国（外蒙古）独立，自立为皇帝，以库伦为首都。这也是珠格德尔的库伦地图冠有"京城"二字的由来。所谓的"独立"当然遭到北洋政府的坚决反对。面对态度强硬的北洋政府，沙俄有些动摇，于是中俄之间签订协议，承认外蒙古自治，但仍是中国领土的一部分。十月革命以后，苏联开始积极培植外蒙古的红色势力，最知名的有苏赫巴托尔、乔巴山等，他们在1921年发动蒙古革命。革命成功后，蒙古人民革命党建立了君主立宪制政府，定库伦为首都，名义上仍尊博克多格

全面修缮后的博格达汗宫博物馆门前区

门前区修缮工程纪念碑

汗宫中路建筑之一

门前可见清代旅蒙商进献给关帝庙的钟（二图为杉山清彦摄）

草原之都乌兰巴托的前世今生

时隔十年再来,国家宫完全变了模样。上为1998年,下为2008年

根为元首,但实际权力已经转移。几年后的1924年,以苏赫巴托尔为首的人民党在苏联的支持下推翻了蒙古王公和活佛的统治,建立蒙古人民共和国,将"库伦"改名为"乌兰巴托",蒙古语"红色英雄"之城由此诞生。有人也许疑惑,关于革命以后的历史,为什么我们更多听到的名字是乔巴山,而不是比他更功勋卓著的苏赫巴托尔呢?这是因为苏赫巴托尔在共和国成立的那一年突然原因不明地死去,与被赶下台的博克多格根活佛的去世只相隔了几个月,年仅27岁。

为了纪念这位早逝的革命先驱,乌兰巴托市中心(也就是当年的东库伦区)建起了苏赫巴托广场,竖立起英雄的雕像。我这次入住

苏赫巴托尔雕像和他身后正在兴建的摩天大楼

广场周边的建筑群,右侧淡红色建筑为国家歌剧院

的白音高勒宾馆,地点绝佳,距苏赫巴托广场步行只要几分钟。宾馆房间宽敞,可以收视各种国际频道,很得国外游客的青睐。放下行李稍事休整后,我们便去了苏赫巴托广场。

苏赫巴托广场四周都是蒙古国的主要国家机关和文化机构。北侧是国家宫,是总统和政府官员的办公之地,大小呼拉尔(议会)也在此举行会议,百姓称之为"政府大厦"。广场中心是苏赫巴托尔雕像，他跨马勒缰，右手扬起，做振臂高呼状。我依稀保有10年前的印象，那时的国家宫是座简朴的大楼，正面设有一排灰色的检阅台，与莫斯科红场的样式相仿，还被告知那下面是乔巴山的陵墓，效仿红场的列宁墓修建。今年再来，景观大改。检阅台不见了踪影，象征革命的领袖陵墓也迁去了他处，取而代之的是成吉思汗的巨大坐像占据了国家宫的正面中央，上覆蓝色穹顶，富丽堂皇。在高大的台基上，成吉思汗正襟危坐，威严神勇，垂目苍生，仿佛告诉人们："我是蒙古人的圣，蒙古人的神！"两位戎装骑马的将军护卫在大汗左右，据说是木华黎和者勒蔑，而在东西两端较小的穹顶之下，则分别坐着窝阔台和忽必烈。问过陪同的友人才知道，这是两年前为了迎接大蒙古国建国八百周年（1206—2006）庆典而新塑的。不过蒙古人没有刻意赶工的习惯，坐像没能赶上庆典的正日子，庆典过后才完工揭幕。想想看，如果不是蒙古国近十几年实行改革走向政治民主化，摆脱为他国附庸的地位，纵然是一代天骄的蒙古大汗，在被苏联全面控制的时代，也绝无可能以这种方式重回蒙古人的圣坛。与此同时，新时代潮流的象征出现在苏赫巴托尔雕像的前方。广场南面，一座现代化摩天大楼正拔地而起，听说是未来的国际商贸中心，一旦完工，将成为乌兰巴托的新地标。对了，这里要补充一句，听说苏赫巴托广场已经更名，2013年以后改叫成吉思汗广场。历史的光影起落也折射在广场的命名上。

当然，政治变革的路途绝不平坦，不会一蹴而就。就在我们到访前一个月，蒙古国因选举纷争酿成政治骚乱。反对派抗议执政党舞弊，发起大规模游行，而后局面失控，暴徒纵火焚烧了蒙古人民革命党总部，此事件导致5人死亡。素被看作远离时事、不与世争的草原民族，在受到政治利害驱使后，也会做出如此丧失理智、血腥的打砸

俯瞰乌兰巴托

不久前被暴徒纵火焚烧的蒙古人民革命党总部

抢暴行。望着遭焚后残破的总部大楼，令我震惊，也促我深思。

乌兰巴托市区南面的制高点"宰桑之丘"上，有一处象征早年蒙苏蜜月关系的建筑物——蒙苏人民英雄纪念碑。它高耸入云，逼人仰望。纪念碑建于1971年，正面是苏军士兵高擎旗帜的立像，后为巨大的悬空环形墙，内侧的瓷砖彩画描绘了众多蒙苏将士的形象。我们拾级而上，去拥抱高原的蓝天。其实，哪怕对纪念碑本身没有多少兴

拾阶而上前往蒙苏人民英雄纪念碑

悬空环形墙内侧的瓷砖彩画

入住白音高勒宾馆,这里距苏赫巴托广场不远,大堂里张贴着北京奥运会宣传画

趣,单是为了一览当今的乌兰巴托,这里也值得登临。从山顶放眼四望,乌兰巴托市的全貌尽在眼底。青山依旧,绿野苍茫,不同于十年前的是,高楼大厦随处可见,城市建筑的色调更加丰富,骑马乘骆驼的少了,车流更密集了。蒙古包与房屋建筑混合交错的景象在市区已不多见,大多退到了近郊。拥有千年游牧文明的草原之都,正跟随时代而逐渐转型,虽然步子尚且缓慢,但前行的趋势无可改变。

  结束当天的活动回到宾馆已经入夜。乌兰巴托对北京奥运会表示出很大的善意,市内有许多宣传画,白音高勒宾馆的大堂也张贴了告示,欢迎客人收看当晚的奥运会开幕式。我打开房间的电视,开幕式已经进行过半。当看到李宁手擎火炬,跃身飞天,点燃奥运圣火,圣火熊熊,夜空通明,虽然身在遥远的草原国度,也禁不住地心潮激荡,遥向北京默念:祝福奥运!祝福祖国!

寻找买卖城

不记得从哪年起,晋商故事一下子成了影视作品的热门题材。《白银谷》《乔家大院》《走西口》《当家大掌柜》,热播的电视剧一个接着一个。于是,"旅蒙商""库伦""买卖城""恰克图"……这些原本不很为人熟悉甚至有些拗口的历史字眼,竟然因此走进了普通人家的茶余饭后,变得耳熟能详。

的确,山西商人在近五百年的中国经济中发挥的作用非同小可。他们用晋人特有的智慧开拓商路,由经商而理财、掌金融、理泉布,领先潮流,叱咤风云,其势力遍布大江南北、长城内外。在清代,大漠之北的蒙古草原,成了他们重要的一方舞台。

"旅蒙商"三字,精准地表明了这项商业行为的特征。旅蒙商之兴与康熙皇帝三次亲征准噶尔有关。那时清军远征漠北,后勤保障是一大难题,康熙皇帝遂命商人随军贸易,筹集和供应军中需要的各项物资。商人们由此看到了草原上潜藏的商机并果决地抓住了它,战事结束后也未离开,继续从内地贩货前往蒙古各旗与王公、牧民交易,用蒙古人喜爱的茶叶、绸布、日用百货等交换草原的畜产品,又把生意进一步做到与俄国接界的恰克图,从而创出了一片新天地。

旅蒙商在库伦,始终追随游动寺院的脚步,慢慢地有了相对稳定的店铺和住所。台北的赖惠敏教授对库伦旅蒙商的商号颇有研究。[①]

[①] 参见赖惠敏著《满大人的荷包:清代喀尔喀蒙古的衙门与商号》,中华书局,2020年。该书将作者历年有关研究成果集为一册,本文多有参考。

据她援引史料说，乾隆后期库伦形成了三个"市圈"（贸易场所），即买卖城、东库伦和西库伦。东库伦又叫大库伦，是哲布尊丹巴大寺院的所在地，西库伦是喇嘛区，后来兴建了著名的甘丹寺。买卖城也叫东营子，在东库伦之东，二者相距10里，是旅蒙商的大本营。买卖城的规模：南北长240步，东西长230步，南北中街一道，南门一座，东西街六道六门。按一步约等于1.5米估算，占地达12.4万平方米，折合186亩。买卖城的四周用木栅围起，城内有大小买卖及各行手艺铺户，建有关帝庙、城隍庙、鲁班庙，关帝庙前还立有两座牌楼。木栅外则开拓菜园，还有瓦窑，并设立义庄，也就是安葬亡者的墓地。嘉庆时，在册的买卖城商家铺户达到129家，其中大铺户25家，中铺户43家，小铺户61家，伙计558名。另一项有关买卖城外出人员的统计则表明，不在城内照看店铺而是前往东西库伦及其他蒙古部落从事经商活动的有1200余人之多。这些数字都说明，尽管受到清政府的多种限制，旅蒙商们还是从无到有，以顽强的姿态在大漠之北的库伦建起据点，并逐步扎下了根基。

买卖城内车来驼往，货进货出，虽然土路扬尘，街市简陋，但生意相当红火。商人们以买卖城为依托前往东、西库伦行商时，因为多是肩挑货卖的零售，被蒙古人称为"丹门庆"（也译成"达木努尔钦"，Damnuurchin），意为挑扁担的人。久而久之，在东库伦和西库伦周边，又出现了"丹门庆"聚集区，从流动到定居。由于买卖城距离库伦中心地较远，许多商号为求方便，甚至突破限制迁往西库伦。清光绪三十四年（1908），买卖城保甲门牌清册上还留下64家，商铺数量虽然下降，但这里仍是商务重心所在，甲首议事也在这里。

买卖城的历史，既是清代库伦城市发展史的一部分，也是连接中国内地与俄罗斯的万里茶道历史的一部分。在恰克图经营对俄茶叶贸易的晋商,大多以这里为其货物中转基地。赖教授的研究大量利用了保存在蒙古国家档案局的档案,故能够细致追踪买卖城的商号构成与变迁。后来得知这是在庄吉发先生推动下,促成中国台北的蒙藏委员会(今更名蒙藏文化中心)成批量地收藏了这些档案的复制件,使赖教授的研究有了得天独厚的条件。听到这个消息,我真是又羡慕又期待。今后如有机会,一定要去台北,坐下来,埋头读个痛快!

寻找旧日买卖城,一直是我的愿望。1998年第一次到乌兰巴托时便有此心,无奈行程匆促,无暇他顾。那之后,多次向研究旅蒙商的

20世纪初库伦城的格局,据珠格德尔《京城库伦图》加工

《京城库伦图》中的买卖城,深色方框内应是最早的街区,呈一纵六横格局

朋友求教，可是说到库伦买卖城遗址的所在地点，哪怕是稍微具体的信息，又或是一张现状的照片，都始终毫无头绪。此间我也请教过赖教授，她摆摆手，回答说还没有去实地踏查。日本最畅销的世界旅游指南《地球の歩き方》(《行走地球的方法》)素有好评，以信息全面、巨细无遗著称。我翻遍了它的《蒙古》分册，只有含糊其词的一句话，不足为凭。买卖城的踪迹真的成了一个谜。

终于，2008年夏，机会来了。我又一次来到乌兰巴托。考察团队的行程计划是经由乌兰巴托北上，前往俄罗斯布里亚特共和国境内的恰克图和乌兰乌德，在乌兰巴托有一天的自由活动时间。我已经在蒙古画家珠格德尔的《京城库伦图》里确认了买卖城的位置——今日乌兰巴托市区的东偏南处，这一次，绝不能再错过实地踏查、探秘求索的好机会了！

买卖城在蒙古语的发音里类似"乃满浩特"（naimaakhot），以此名询问出租车司机，大多摇头说不知道。最后，一位中年司机答应拉上我们去找。他把车开到了乌兰巴托市东南郊外的一处旷地，我对比手中的地图，知道位处巴彦珠尔赫区。这一带尚未开发改造，视线所及都是破旧不堪的平房，市容很差。司机并不确定这里是不是买卖城的旧址，但是他说应该就是这儿了，因为——他用手一指：那里有牌楼。对，牌楼是中原汉文化的产物！库伦从来不缺少汉式牌楼，博格达汗宫门前区刚完成修缮的牌楼是它的杰出代表，20世纪初的不少老照片里，也都能看到牌楼的身影。看见牌楼，我来了精神。

旷地相当开阔，有一个足球场大小，茂盛的野草覆盖住了地面，除了旷地中央有一个碑石基座，上面有一块青色的石头刻着两行字，再无他物。不过旷地的四周，确实立着大小不等的4座木牌楼。我没太在意那块青石，快步走向各处牌楼去看。东、西、北面的3座小牌楼皆为单门结构，仅存木构架和檐顶，平淡无奇，南面的大牌楼则是三间三楼四柱，顶覆绿瓦，高大而气派。其规制特点与博格达汗宫的牌楼有几分相似。最让我惊喜的是，大牌楼正中横梁的下方，正反两面各绘有3幅彩图，生动地再现了旅蒙商的生活。由此推断，这里不仅是当年买卖城的旧址，而且很可能就是它的中心所在了。

先看正面3幅，自左至右，姑且编号为1—3。中间的图2中，红墙绿瓦的院落应是旅蒙商的住所，伙计们正把捆扎好的货物装上驼背，又备好了马匹，即将出发。画面右下角的人头戴瓜皮帽，是典型的内地商人装扮，墙外则有蒙古人正骑马经过，这或许就是买

近处是旷地南面的大牌楼，远处是位于东西北面的小牌楼，旷地中央有一块未完工的石碑

卖城内的景象吧。俄国人波兹德涅耶夫1892年来过这里,他在《蒙古及蒙古人》书中描写了所见景象,称买卖城旅蒙商的大铺户都是独自占有一座方形大院,大门设有门楼、门框、门檐和门墩,用木料制作并涂有鲜艳的红、蓝、棕、绿等颜色的油漆,有的门楣上还画有(或雕刻)龙、蛇等动物或鸟兽的图案。不过彩画上看不到那么多细节。

左边的图1描绘的应是赶路途中露营的景象。驼队拉着货,商人骑马从河边经过,画面下方的河水卷起微澜。野外露宿,水源格外重要,依河扎营,既供人取用,也便于马和骆驼饮水,是草原旅行的常识。《蒙古调查记》①称:"商人十百相结,驱骆驼,携棚帐,挟长枪以自卫,风餐露宿,不以为苦,因其结队成群,故名曰队商。"文中的"驱骆驼,携棚帐""风餐露宿""结队成群",正与此图意境相符。画中还有一个手拿叉子身背箩筐的人在捡拾牛粪,准备生火炊煮。牛粪是草原上最好的燃料,曾在内蒙古牧区生活的我深有体会。捡牛粪的那套行头,像极了20世纪六七十年代我用过的家伙事,让我顿生穿越之感。在古老的游牧文化里,时空显得格外悠长,几百年也不过弹指一挥间而已。

右边的图3,像是旅蒙商到达了途中的驻地,没有固定房屋,木栅栏内外都只见蒙古包,可能是商道上的某个站点。栅栏围起的院内有人劈柴,有人搬运,院外有人正牵着马和驼,要带它们到草地上去撒开吃草休息。

再看背面三幅。姑且编号为4—6。图4、图5与正面的图1、图2相同,只是排列顺序变了,出发图和河边露营图换了位置。图6与正

---

① 参见《蒙古调查记》,载《东方杂志》,第5卷,第7期,1908年,第4页。

面的图3主题相同,都表现商队的途中驻地,画面细部却有些差别。同样是门外拴马、门内侧站着人,但图6中的那个人,显而易见是清军兵丁的装束。据史料记载,库伦办事大臣衙门专设"管理库伦商民事务员外郎(章京)"一职,负责对商人的交易活动加以监管,由此可以解释为什么画面中会有清兵出现在商人驻地。

总的来说,6幅图有共同的主题,即表现旅蒙商之"旅"。漫漫

大牌楼正中横梁下方的彩画,左为正面,右为背面,自左向右依次编号为图1-图3(正面)和图4-图6(背面)

图1 露营休憩　　　　　　　　图2 商队出发前

图3 商队驻地景象　　　　图6 同为商队驻地,与左图构图大同而小异

长途,几多艰辛,严冬酷暑,栉风沐雨,还时时面对野兽袭扰和匪盗劫掠。旅蒙商的成功,是建立在超乎常人的坚韧不拔之上的。至于多幅图里出现盛装的蒙古妇女站在旅蒙商院外张望的情景,这是偶然入画,还是另有意味?莫非当时的蒙古贵族妇女也介入与旅蒙商的交易,故有这样的描写?笔者不解,留待今后求教。

除此之外,还有一个疑问,这些彩画虽然已遭风雨侵蚀,有些斑驳脱落,但整体状态尚可,应是若干年前曾有过维修和重绘,不会是百年前的彩画保留到现在。那么,是谁从事了这项工作?似乎不应是当地的蒙古人。旅蒙商的历史止步于清末民初,蒙古革命后旅蒙商处境艰难,商铺凋零,人员四散,旧址早已荒芜,谁会如此有心,特意修缮牌楼和这些彩画呢?没有任何线索,但是我由衷地感谢不知名的他们,为我们留下了历史和文化。

这片旷地的西北角,还有一组建筑,是名叫 Dolma Ling Nuunery

卓玛林寺院门

卓玛林寺经堂

的藏传佛教尼寺,汉译卓玛林寺,我们也进去参观了一下。经堂里有十几名蒙古女尼在修行,听说有来自尼泊尔的女尼在此指导她们习读经文,作为外人当然不能打扰。后来得知"卓玛林"是格鲁派专门为女尼开办的佛学教育项目,在多个国家都有实施,乌兰巴托的卓玛林寺是2002—2003年建立的。

寺院似乎刚经过修缮，油彩很新，会不会是这里的工匠也顺便修缮了牌楼呢？我的脑海里闪过这样的念头，随即就否定了——不会，因为这里的油彩是崭新的，而牌楼那里显然早得多。卓玛林寺不大，寺前有两根石幡杆，分外引人注目（我知识不足，不知道该叫石幡杆还是索伦杆，姑且称之）。这石幡杆高达11米，除了石基座，杆身分3段，下段雕刻蟠龙祥云，极为精美生动，中段为几个汉装人物手持灵芝的图案，上段刻有一副对联，"大发慈悲救万苦，普渡迷津济群生"。从对联内容看，应属于观世音信仰。事后查到介绍卓玛林寺的维基网页，称这对石幡杆（索伦杆）"是清朝乾隆帝赐给外蒙古之物，立于1753年"，在20世纪30年代的反宗教运动中部分被毁，近年修复。1753年为清乾隆十八年，如是，应为买卖城里的清代旧物。尼寺兴建未久，这文物级的石幡杆原是属于哪里的呢？谜团一个套着一个，越发扑朔迷离了。

偶然得知英国作家阿兰·桑德斯（Alan. J. K. Sanders）著有《蒙古历史辞典》一书。据他在书中解说，这座尼寺的前身是"达里埃赫苏木"（Dari ekhiin süm，此处的"苏木"谓寺庙），又名度母苏木，清乾隆四十四年（1779）游牧于图拉河与阿木格朗巴图之间，而这区域正是商贸区买卖城的兴建之地。他还说，该寺的佛像为汉式风格，主殿前的两个石柱上有汉式雕刻。我不知道作者所据为何，因为书中未明言史料出处。若按此说，则当年买卖城里有过蒙古人的喇嘛庙，且从游动转为定居，其佛像等具有汉文化特点，等等。这些说法都大大颠覆了我的认知，难免将信将疑。要知道，关于买卖城内的寺庙建筑，迄今所知只有关帝庙、城隍庙、鲁班庙、吕祖庙，从未见任何史料提到喇嘛庙。而且，细读阿兰·桑德斯和维基网页的说明，所谓皇帝御赐石柱（应指那对石幡杆）的年份远早于喇嘛庙游动至这个区域的年份，时间上不能自圆其说，也是疑点之一。或许两者之间并无直接关联，石幡杆另有来路，需要换个思路来探究。

比如，石幡杆会不会属于买卖城中的某座汉式寺庙呢？促使我萌生这样想法的契机，是从乌兰巴托归来之后，一次在网上看到张北汉诺坝关帝庙的老照片。照片摄于1907年首届北京-巴黎汽车拉力赛，车队恰好途经汉诺坝关帝庙。虽然照片很旧，布满磨痕，但竖立在关帝庙门前的两根石幡杆还是让我眼前一亮，其形状与我在卓玛林寺前所看到的那一对实在太相似了！如果这个推测成立，则今日卓玛林寺前的石幡杆既非清朝皇帝的御赐之物，也与喇嘛庙无干，它们属于买卖城内最大的汉式寺庙——关帝庙，是旅蒙商们为自己虔诚笃信的财神爷关帝而建造的。

旅蒙商对关帝的膜拜是不争的事实。图拉河畔的博格达汗宫博物馆院内，至今存有旅蒙商敬献给关帝庙的铸钟，为清咸丰十一年（1861）十月铸。有人在俄蒙边境俄国一侧的恰克图地区博物馆看到了年代更早的铸钟，为清乾隆八年（1743），写有汉字人名，可惜我未亲见。但我在该博物馆看到了铭文有"库伦众商贾等善士甲社等恭诚新造关帝圣庙"字样的残钟，可证来自库伦且与关帝庙有关，只是不知为何运到了此地。另外，清光绪年间登记造册的买卖城"保甲门牌清册"里出现了"关帝庙街"第某号门牌，能成为街区名称的寺庙，也只此一家。当然，以上种种，固然显示关帝庙的地位举足轻重不同一般，却还不能直接证明石幡杆属于关帝庙，要让推测变为实锤，需要拿出更多依据。我想说的是，至少不能排除后一种可能。转换思路寻找线索，说不定一日柳暗花明，真的可以解开谜团。

卓玛林寺前的石幡杆

石幡杆上段

石幡杆中段

石幡杆下段

寻找买卖城

补记：

2008年夏，我带着兴奋也带着未解的困惑离开了买卖城旧址。那时曾想，假如再有机会，我一定还要重游此地，并希望在重游之前，能够掌握更多的信息和线索。然而，与文物的相逢，常常就是"一期一会"的缘分。2020年，当我在谷歌地图上再度搜索买卖城旧址，努力放大并终于看清地面景象时，不由得惊呼起来！旷地还在，增加了铁围栏，旷地中央的基座上，石碑不见了，换了苏赫巴托尔的坐像。对，就是那个带领蒙古人民革命党打天下，而后不明不白暴死的苏赫巴托尔。4座牌楼尚在，但是，南面大牌楼上曾经令我无比惊喜的那些彩画，已经荡然无存！横梁下方空留木框而已。于是翻出那年拍的照片仔细重看，原来，当时基座上那块青色的粗糙石碑，确实刻着"苏赫巴托尔出生之地"的字样。现在，"本尊"回来了。呜呼！革命英雄还乡，不容旅蒙商搅扰，彩画难逃厄运，是不是命中注定的劫难？可惜清代库伦买卖城的最后一点痕迹，就这样消失殆尽了。

探访庆宁寺

在蒙古国现存的大大小小的藏传佛教寺院中，庆宁寺是一个很特别的存在，不仅因为它占地广大，气势宏伟，更因为它是由清朝皇帝亲自下诏，并调拨国库十万银两在漠北修建的一座"钦命"寺院。

2008年8月13日，从达尔罕南下返回乌兰巴托的途中，我们驱车前往色楞格县巴伦布兰苏木（距乌兰巴托市300多公里），探访了布隆汗山脚下这座来历不凡的藏传佛教格鲁派（黄教）寺院。

庆宁寺在蒙古语里称阿玛尔·巴雅思嘎朗寺（Амарбаясгалант хийд），阿玛尔即"宁"，巴雅思嘎朗即"庆"的意思，满语则称Urgun elhe sy，意思也相同。由清朝皇帝敕命建寺，这样的尊崇荣光，在漠北草原上再无他例，能让皇帝如此下旨的，也只有一个人，他就是喀尔喀蒙古第一代活佛，一世哲布尊丹巴呼图克图。

清代喀尔喀蒙古（外蒙古）共有土谢图汗、车臣汗、札萨克图汗以及后来增设的赛因诺颜部四大部，四部之首就是土谢图汗部。一世哲布尊丹巴是土谢图汗衮布多尔济的次子，本名扎那巴扎尔，法名罗桑丹贝坚赞，是第一位在喀尔喀当地转世的蒙古活佛。他入藏随达赖喇嘛学习教义，学成归来，受到喀尔喀上层集团的信奉和支持，被尊为政教领袖。清康熙二十七年（1688），喀尔喀蒙古遭遇了空前的大危局。号称"草原枭雄"的卫拉特蒙古准噶尔部首领噶尔丹率军攻入喀尔喀，土谢图汗仓促应战，初战即失利，噶尔丹军乘势击溃车臣汗和札萨克图汗两部，在草原上大肆劫掠，喀尔喀十万部众束手无措，惶惶不知所从。这时有人提议投奔沙俄,沙俄也派人积极拉拢。面对何去何从的抉择,哲布尊丹巴坚决表示:"俄罗斯素不奉佛,俗尚不同我辈,异言异服,殊非久安之计,莫若全部内徙,投诚大皇帝,可邀万年之福。"①于是一语定乾坤,喀尔喀举部内附,归顺清朝。3年后,康熙皇帝亲临多伦诺尔(今内蒙古自治区多伦县境内)与喀尔喀各部举行会盟,在御营殿帐接受内外蒙古各部王公贵族的朝贺并赐宴。这次会盟规定喀尔喀各部必须遵循清朝的法令,效仿内蒙古49旗的做法实行盟旗制度,由此确立了清廷对喀尔喀蒙古的统辖关系,也从政治上奠定了有清一代北疆地区的统一和稳定。对于清王朝来说,一世哲布尊丹巴的功劳非同小可,康熙皇帝从此对他礼遇有加,命其掌管全喀尔喀的宗教事务,加封"呼图克图大喇嘛",使其地位与内蒙古的章嘉呼图克图比肩,与西藏的达赖喇嘛、班禅喇嘛一起,合称清代四大活佛。

  清康熙六十一年(1722)冬,康熙皇帝驾崩,哲布尊丹巴呼图克图进京吊唁,不久也在北京圆寂,享年88岁。管理蒙古事务的理藩院上疏朝廷,高度肯定其历史功绩,称:"哲布尊丹巴胡图克图,黄教中第一流人也,数世行善,垂九十年,当噶尔丹叛时,率七族喀尔喀等来归,最有功。"清雍正五年(1727),继承了皇位的雍正皇帝表示遵照父亲的遗愿,在漠北"动用帑银十万两,修建大刹",供一世哲布尊丹巴的"后身"也就是转世活佛(又叫"呼毕勒罕")住持,聚集僧众,弘扬佛法,并在此安放一世哲布尊丹巴呼图克图的灵龛。从这个意义上说,庆宁寺也是一世哲布尊丹巴呼图克图的灵庙。寺庙

---

① 参见张穆《蒙古游牧记》卷七。

一世哲布尊丹巴呼图克图像[①]

于清乾隆元年（1736）完工，乾隆皇帝御笔书写了"敕建庆宁寺"匾额，又在寺中立《御制庆宁寺碑》说明建寺原委，碑文中称："黄教行于西北诸藩，无论贵贱，无不奔走信响。要为其说，主于戒恶从善。今使蒙古之众，诵习其文，皈依佛谛，其兴起于善也必易。人人乐趣于善，将见边方赤子，同植善缘，疆域乂安，中外禔福，蒙被庆泽，永永无斁……一心向化，安享我国家太平之福。"从此，庆宁寺成为喀尔喀蒙古最大的黄教寺庙和宗教中心。

通往庆宁寺的道路相当崎岖。从达尔罕开车1个来小时，渡过额尔浑河后便下了公路转入土路，又颠簸着摇晃着沿山行驶了30多公里，终于远远望见了前方山脚下的庆宁寺。

传说当年雍正皇帝派人来喀尔喀查勘建寺地点，一行人走到布隆

---

① 来源：http://www.himalayanart.org/image.cfm/1089.html（2023.3.3）

汗山脚下,偶遇一对"幼童小女"。官员问幼童(男孩)名,"答称阿母耳",又问小女(女孩)名,"答称巴杨斯夫郎特",两人的名字合起来,恰好就是汉语"庆宁"二字。官员觉得这一巧合寓意吉祥,山下地形风水亦佳,便奏请于此处建寺,取名庆宁,皇帝也欣然接受,遂有了庆宁寺的诞生。

说来也巧,我们的车在路上也遇到了一个男孩,是牧羊幼童。当地以游牧业为主,男孩的羊群里山羊颇多,不少是黄褐色的,不像内蒙古的羊群大多是白色的。我用蒙语问男孩家在哪里,他坐在马背上用手指向布隆汗山,笑答:就在山下。这是曾经熟悉的景象。20世纪60年代末,十七八岁的我从北京到内蒙古草原插队,也曾像他一样整日骑着马牧放羊群,晨出暮归。我那时放牧的羊群比男孩的这群大得多,足有一千数百头,散开时望不到边,如珍珠般撒满草地。虽然我说的蒙语带着乌珠穆沁腔(属内蒙古锡林郭勒盟方言,跟牧民老乡一句句学会的),但是能彼此沟通,让我好开心。在蒙古国境内走了这么多天,还是头一次和牧民直接对话。这样的氛围,很合乎我的心境。

走出山边,眼前豁然开朗,能将庆宁寺的全貌一览无余了。一看就是风水宝地,背山面河,绿野环绕,气势恢宏,福佑绵长。寺外牛羊遍野,白色的蒙古包如繁星点点,仿佛可以看到几百年前的景象。然而时空真的静止了吗?不,在这一派祥和气象的背后,是长达半个多世纪恶流汹涌的岁月。20世纪30年代后期,由于蒙古国的反宗教运动(当然是在苏联老大哥的"政策指导"下),庆宁寺和其他寺庙一样饱受磨难。寺庙遭毁弃,甚至被纵火,珍贵的经卷、文物大量散佚,幸亏主要建筑未被焚,否则今天我们就看不到它的面貌了。

重建工作从1988年开始,据说一位上师自国外来到这里,担任

路遇牧童

庆宁寺远景,背后是布隆汗山

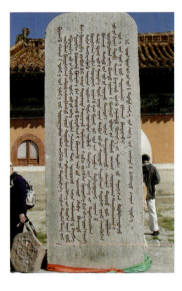

2002年重修庆宁寺碑及捐助者姓名

住持多年，直到他圆寂。我们到来前的最近一次重修完成于2002年，寺前的两块石碑记录了这次重修的经过，以及捐款资助者的名字。现在，这座象征清朝中央与喀尔喀蒙古密切关系的寺庙已经大体复旧，实在值得庆幸。

庆宁寺有一个姐妹寺，即内蒙古多伦县境内的善因寺，为供章嘉呼图克图居住而建。这两座寺不但同于雍正五年（1727）奉旨敕建，甚至奉旨日期都相同，同为该年十一月庚午日，获批的建寺费用也同为"帑银十万两"（《清世宗实录》卷63），称得上是漠南漠北的一对孪生双璧。善因寺建成较快，雍正九年（1731）告竣，早于庆宁寺5年，但该寺建筑后来经受了更多的磨难：先是在20世纪40年代因战火而毁伤，继而遭到十年动乱时期的破坏，主体建筑毁损殆尽，只剩下山门和钟鼓楼，反不如庆宁寺保全了较多的清代旧貌。

民国年间，妙舟法师撰写的《蒙藏佛教史》对庆宁寺有所记述，提到"寺分三部，敕墙之外两侧为喇嘛住所，共计六处……共计喇嘛二千余"，住在寺墙之外的大批喇嘛以及附近的游牧民组成六部落（又称六"艾玛克"），众星拱月般地簇拥寺院。由此可以想见寺庙规模之大和僧人之众。不过对于寺本身的结构布局，除了"寺分三部"外，只有"圈以红墙，覆以褐瓦"八个字，未免语焉不详。所幸，我读到了张汉君撰写的《善因寺与庆宁寺构制比照》[①]一文。2004年，张先生亲到庆宁寺实地勘察，经过与善因寺有关资料的反复比对（参见下页图），他判断两座寺庙用了同一张设计图纸，故结构上相同之处极多，"只是两寺因功能、地质的不同，在某些布局方面作了相适应的调整，而两寺庙之外围环境的配套建筑设施，也有'异曲同工'之处"。张先生的文章对于理解庆宁寺的建筑结构极有帮助，也是目前能找到的唯一指南，请允许我借用于此来说明。那些古建术语，实在拗口，我是行外人学舌，幸勿见笑。

简而言之，庆宁寺原有东、中、西三路建筑，《蒙藏佛教史》中的"寺分三部"当指此。不过东西两路，尤其是西路建筑大部分已毁，现存的主要是中路部分。中路共有四进院落，中轴线上的建筑自前而后，由照壁、山门、天王殿、大殿（经堂）、佛殿、拉布楞（活佛居所）组成，这些主体建筑保存基本完好。在国内，知道漠北草原深处还有一座庆宁寺的人恐怕不多，能来到它身边，更是缘分。现在，让我来当一回现地导游，带领各位从正面走近，由中路通过，仔细地瞻仰它的容貌吧。

[①] 该文收入《中国民族建筑（文物）保护与发展高峰论坛论文集》，2007年。

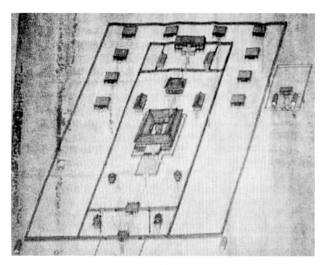

中国第一历史档案馆藏善因寺建筑图,①对比庆宁寺布局,的确多有相似之处

    1.照壁：在山门前60米处，正对山门，左右置"下马"碑亭各一。"下马"碑亭上部重修，基座是清代旧物。

    2.山门：面阔三间，大木单檐无廊歇山式，正面中间为券门，两侧为券窗，前檐高悬乾隆皇帝御赐寺匾——"敕建庆宁寺"。

    拍个近景细细看，匾额自左至右，依次是满、蒙、汉文，匾框四边各盘绕着一条鎏金的龙，两侧的龙头翻转朝上，与上下侧的龙头相呼应，威而不怒，阳光射进匾额，反射出耀眼的金光，更显其尊贵的王者气度。

    3.中路第一进院落有天王殿，面阔三间，大木单檐无廊歇山式，

---

① 转引自郭美兰《二世哲布尊丹巴与多伦诺尔善因寺》，载《内蒙古大学学报》2007年第5期。

庆宁寺前，可见下马碑亭和照壁

山门

"敕建庆宁寺"匾额

探访庆宁寺

天王殿

钟鼓楼

正面为板式券门，券窗，左右侧墙门各一。山门和天王殿均未开，无从得知内部情形。我们从两侧的墙门通过，进入第一进院落内。

4.钟鼓楼，位于天王殿前东西两侧，皆为大木重檐二层歇山式。底层以墙体封护，东西两楼对面辟门，楼前各竖木旗杆一根，草地上散乱地放着数口清代铸钟。

5.中路第二进院落有大殿（经堂），面阔七间，进深七间，为重檐二层盝顶式，用斗拱，庄重而宏大。大殿四周加建围廊，殿身高台基前有月台。

仰头看大殿围廊顶部装饰，不由得吃了一惊，好家伙，所有彩绘，不论廊顶或梁枋上，金色的、彩色的，或盘踞或腾跃，满眼满目，都是神采奕奕的龙！进入大殿，殿内的顶部亦是如此。据说这类装饰叫和玺彩画，属于清代彩画的最高等级，应是皇家寺庙的典型标志。我寡闻少识，只记得北京雍和宫的建筑装饰上到处可见龙的身影，那是因为雍和宫尊崇的皇家寺院地位，自然不足为奇，想不到远在漠北的庆宁寺也享受了如此待遇。或许还有它的姐妹寺善因寺，可惜其寺已毁，不可考了。不管怎样，清廷竭力安抚笼络喀尔喀蒙古上层的良苦用心，于此可见一斑。

6.大殿东西两侧有碑亭两座，平面呈六角形，单檐攒尖式，极其华美。东侧碑亭内置满汉合璧《御制庆宁寺碑》。此碑的局部尚可识读，如232页下图红线处为"雍正五年，命大臣费帑金十万两，即故所居库伦地，刱（chuàng）构大刹，延集徒众讲经……"。西侧碑亭之碑似乎亦为满汉合璧，但字迹模糊，已无法细辨。

7.中路第三进院落有佛殿，面阔五间，大木单檐无廊歇山式，明间悬有"福佑恒沙"匾，是乾隆皇帝御题，匾框以金龙盘绕，檐下横

经堂正面

经堂廊顶和梁枋上的金龙彩绘

经堂内景

六角形碑亭及《御制庆宁寺碑》

梁亦绘龙。恒沙指印度恒河之沙,为佛家用语,比喻数量极多,此处形容佛的福佑不可胜数。小沙弥站在门前,向我们微笑招手。

关于此匾,有一处不可解。若据妙舟法师书中所记《御制庆宁寺碑文》,佛殿匾额为"福佑恒河",而现在实际看到的是"恒沙",且我从碑亭内依稀可辨的碑文上也读出了"恒沙"二字,因此"福佑恒沙"正确,当无疑问。由于绝大多数研究者都未能亲见此碑刻,仅凭妙舟书中转引,于是出现了以讹传讹的现象,这当中也包括张汉君的论文。可是,妙舟书中的误记又因何而起呢?再者,张先生本人曾亲到庆宁寺考察,莫非失察了匾额实物与妙舟之书的差异?总之此事离谱,不免奇怪!

8.佛殿左右侧有配殿两座,其平面呈凸字形,面阔三间,大木歇山式,前置抱厦,属平顶木构。另有厢殿两座,位于佛殿前方左右侧,面阔三间,前檐廊,大木歇山式。墙门在佛殿和拉布楞院落之间,共有三个墙门。

9.走过佛殿来到中路第四进院落,为拉布楞,即活佛居所。后世的哲布尊丹巴呼图克图来庆宁寺参谒时居住于此。拉布楞面阔九间,置前廊,单檐二层大木硬山式,前抱厦五间,属平顶木构,院落东西各有一大门。

10.拉布楞前方左右侧有配殿两座,用院墙封闭为单独院落,配殿面阔三间,置前廊,大木硬山式。看得出这里是喇嘛们日常举行宗教活动的地方。目前寺内有约40名僧侣和沙弥常住。院落里聚集了不少信众,一位母亲带着孩子,正在请喇嘛诵经。还听说寺里恢复了一种叫作查玛(又写作姜姆)舞的古老宗教仪式。查玛舞俗称跳鬼或蹈鬼,戴着鬼面起舞,在《蒙古秘史》里就有记载,原为庆祝战胜敌

悬挂"福佑恒沙"匾额的佛殿

活佛居所拉布楞

拉布楞外侧配殿

散落在钟鼓楼前的清代残钟,可见铸造年代及金火匠人姓名

探访庆宁寺

人而举行，后来演化成喇嘛们驱鬼酬神时的庆典仪式舞蹈。在庆宁寺，这仪式自1937年的反宗教运动以来已经中断多年，于近年又重新兴起。

11.中路最北部是位于主院落之外的一组建筑，均为面阔三间，前廊大木硬山式，从前应是喇嘛僧人的住处，现在闲置，蒿草丛生，颇显荒凉。

走完中路我又回到第一进院落的钟鼓楼前，久久驻足，仔细端详散乱在地面上的那些残钟。这些钟都是清代内地金火匠人所铸造的，最早的雍正十年（1732），钟身有蒙汉文的铭文，汉文为："大清雍正十年　岁次壬子　初夏吉日立"。从年代判断，这是配合建寺而铸造，应该曾经悬挂于钟楼之上，距今已有近三百年。蒙文铭文未能识读，笔画似乎相当随意，似是而非，不知是否因为铸钟的是汉人工匠，不解蒙文，只粗粗描了一个大概。另一口钟上可以看到金火匠人的名字："直隶宣化府宣化县　金火匠人王天培张天勋"。这么珍贵的东西如今听凭风吹雨打，无人问津，让人心疼。抬眼望向钟鼓楼，佛门净地，晨钟暮鼓，法器长鸣，几百年前这里敲响的悠长钟声，曾越过红墙传向四周的辽阔草原，也久久回响在诚心向佛的蒙古牧民心上……

我观察到一个细节，庆宁寺建筑的屋顶都是褐色琉璃瓦。而据史载，善因寺的顶部所覆皆为黄色琉璃瓦。既是姐妹寺，何以不同？《蒙藏佛教史》里确有"围以红墙，覆以褐瓦"的记载，颜色的差异系因烧制琉璃瓦的质量欠佳而造成，还是原定的规制即有此差别？目前尚无线索，有待今后请教。

最后补充：鉴于善因寺的大部分建筑遭毁不存，2004年张汉君来庆宁寺考察的重要目的就是为重建善因寺搜集更多的资料线索。在那之后，善因寺启动修缮计划，根据2015年的消息，已经重修了山门和围墙，之后的进度不详。虽然张先生本人已过世，但我相信他的庆宁寺之行对于善因寺的重建必有重大帮助。如有机会，我也想去多伦草原，亲眼看看庆宁寺的这个姊妹寺，重温历史故事。

还有一个让人不安的消息，据2019年夏去过庆宁寺的"驴友"在网上发表见闻，称他们在山门上没有看到"敕建庆宁寺"的匾额。莫不是又一个"一期一会"的坏消息吧？我不愿意这样想。但是，随着蒙古国"去中国化"的风气日盛，摘汉字匾额的事情确非孤例。一个国家能否客观地对待历史，宝贵文物能否躲过今后的厄运，成了新的悬念，新的课题。

双城恰克图今昔

在今天的地图上，恰克图只是俄蒙边界上俄罗斯联邦布里亚特共和国南境的一座普通小城。它三面环山，向南敞开，与蒙古国色楞格省接壤。2008年8月到访时，当地人口仅有一万数千人，街区老旧，民居简陋，可以感到这里的人们过着一种平淡简素的生活，用"不起眼"来形容这座城市，实在不为过。

但是，如果将历史的时针倒拨回二百多年，情形就完全不同。那时的恰克图可谓声名赫赫，是并立于今日恰克图城之南的小丘乃至蒙古国境内阿勒坦布拉格平野上的一对双子之城。孪生的两座城同名恰克图，近在咫尺又分属中俄两国。19世纪，两城以同一种商品为其贸易命脉，凭借这种商品搅动了当时世界经济的风云。这商品，就是产自中国的茶。两湖皖闽的茶从汉口运出，万里跋涉到达这里，经中俄商人转手交易后，发往俄国各地商贸中心乃至更遥远的欧洲城市。据说，1848年中国茶叶在恰克图一地的销售量达到了36.9万普特，折合约600万吨，价值超过1000万卢布。19世纪上半叶俄国政府从这项贸易中获得的茶税收入也占到了全部关税的15%—38%。这样的恰克图实在太喧阗不凡了，难怪远在德国的革命导师马克思也被它吸引了目光，加意考察并专文评论华茶输俄的动向和重要影响。

几天前由蒙入俄时，团队限于时间，未入城便径直赶往乌兰乌德。回程由俄入蒙时，特地留出时间，在恰克图双城的旧地做了短暂停留。

茶叶之路示意图

来恰克图,是为了实地感受中国商人和中国茶的故事。

风云际会终须时。随着近代世界商业贸易的转型和海陆路交通格局的变化,这场轰轰烈烈的茶叶贸易在持续了近百年后走到尽头。19世纪末,恰克图风光不再,遭遇了20世纪初年的动荡与战火后,双城的俄境部分半毁,蒙古境内部分则完全被夷为平地。尽管知道已经看不到多少痕迹,但我还是渴望前往。借用一位历史学界朋友的话:"能够站在实地想象当年,稍稍有点'凭吊''怀古'的意味。历史学家最幸运的事,就是能够重返历史现场。"我此刻想做的,就是重返历史现场。

在踏入双城旧地之前,要先回顾一下恰克图建城的缘起。这段历史,始于18世纪初。

沙皇俄国自从16世纪越过乌拉尔山,就积极推行两件事:一方面用武力对西伯利亚进行征服、扩张;另一方面孜孜谋求与富庶的东方大国——中国开展贸易,以获取更多商业利益。1689年签订的《中俄尼布楚条约》,除了正式划定两国的东段边界,还将开展贸易一事写入了条款。不过终康熙一朝,俄国来华商队的活动大都局限于北京一地,其间还因发生冲突而导致"京师互市"的中断。清廷关心疆界安全远胜过贸易,担心允许俄国商队穿越蒙古地区会带来安全隐患,所以尽管俄方屡次要求在边境上交易,清廷却迟迟未予同意。1727年(清雍正五年),中俄签订《恰克图条约》(又称《恰克图界约》《喀尔喀会议通商定约》),以恰克图为起点,向东和向西划定了中俄中段边界,这件事也带来边界贸易的契机。由于恰克图地当俄国商队从西伯利亚取道库伦、张家口前往北京的必经之路,条约规定:"在尼布楚及色楞格之恰克图附近,为边境零星交易者酌情盖建房舍,修造墙垣围栅,情愿至该地贸易者,均指令由直道前往";"择好地盖建房屋,情愿前往贸易者,准其贸易。周围墙垣、栅子,酌量建造,亦毋庸取税"。恰克图的双城历史由此揭幕。

清代把这类交易场所称为"市圈"。俄国商人对边界互市期待已久,动作也快,在本国政府支持下,他们不等条约正式生效,就运来木材开工,用两个月搭建起一批粮仓、客栈和供商人居住的木屋,市圈初具雏形。随后,以晋商为主的中国商人也来到恰克图,在俄国市圈的南面建城。两城毗连,风格却迥异,成为一处独特的跨越两国疆界的边境贸易市场。后人多称俄方市圈为恰克图,而把中方市圈叫作买卖城,其实两城原本同名。清代官方文献向来称呼中方市圈为"恰克图",对俄方市圈,则根据俄语名称(Kaxta、kyakhta)的发音，多写作"甲他城"。"买卖城"起初是中国商人之间的一种俗称，时间久了，以俄方恰克图与中方买卖城对称，便成了约定俗成的叫法，一直沿用下来，不但俄国人使用，还被众多西方游历者写进了他们的旅行见闻中，出现了多种关于买卖城的拼写法：Mia-mat-tschin、Maimachin、Maimatchin等。

话题到此，不能不再说说恰克图这个地名。恰克图是蒙古语。这些年，随着晋商故事和茶叶之路受到瞩目，网络上流传许多介绍，各类文章与视频琳琅满目。这本是件好事，但是，有人错会了这个地名的原意，又拿着自己的误解来误导读者，还被辗转传布，这就未免不妥，不得不加以澄清。

最多见的误解之一：恰克图即"有茶的地方"。恰克图贸易因茶而兴盛，这是事实。但是须知，中俄茶叶贸易兴起于18世纪末，全盛于19世纪，换言之，是清乾隆末年以后的事情。恰克图于雍正年间开市，贸易早期中方的主力商品并非茶叶，而是传统的绸布、杂货、瓷器之类。况且，恰克图作为蒙古地名而存在的历史久远，远早于双城出现之前，因此无论从哪个角度，地名解释都难和"有茶的地方"扯上关系。拿后来发生的事情牵强附会，无视历史的顺序，这种想当然实在要不得！

误解之二：恰克图即"杂草丛生的地方"。这里只说对了一半。蒙古语里的"恰克"（kiyak、xiyak）的确是草名，却不是泛指的杂草，而是一种优质牧草——碱草或叫羊草，"图"是"有"的意思，合起来便是"有碱草（羊草）的地方"，这才是正确答案！有经验的牧人都知道，碱草富有营养，有碱草的地方是畜群抓膘的好草场。恰克图水草丰美，有山有水，"杂草丛生"这样的贬义词不能随便强加

恰克图地区博物馆

博物馆门口的牌子上写着："历史纪念物,恰克图地区博物馆,成立于1890年,自1922年6月起坐落于此"

在它的头上。当年中国商队不远万里来恰克图贸易,这片好草场牧养了商队带来的众多驼马牛,功不可没。

我们上午9点许到达恰克图,首先前往市内的地区博物馆参观。这幢白色的两层小楼里展品颇丰,其中许多藏品与恰克图贸易时期的中国商人有关——中国风格的茶具和漆器,茶商们用过的秤盘、算盘、加工和包装茶叶用的竹篓、竹筐等器具,还有运茶马车的木车轮;展柜里甚至还保存着注明为1891—1895年的许多中国茶叶样本,装在一个个玻璃瓶子里。一只铁茶箱上贴着红纸,纸已褪色,但墨迹如初,写着"上上龙井"。

19世纪热销的中国茶品种多样,产地各异。两湖地区的安化、羊楼洞出产黑茶,压制成茶砖,又叫茯茶,是游牧民族的最爱,在喀尔喀蒙古和布里亚特蒙古人中有很高的需求;珠兰茶、白毫茶、武彝茶是细茶,产自福建武夷山,深受俄国乃至欧洲上流社会的喜爱。有茶商将黑茶与白茶对掺,制成花茶,也有茶商贩运红茶,但是此前很少听说龙井绿茶也在其中。博物馆的收藏告诉我们,它也曾跻身对俄贸易的行列,只是可能时期偏晚。都说酒是陈年的醇,茶是新采的香,这些百多年前的茶叶,无疑都曾散发过诱人的茶香,成功地吸引了俄国商人。今天,它们是那段历史的有力见证。

与这些展品同样珍贵的,还有悬挂在地区博物馆里的数目众多的恰克图老照片(一部分是将图绘翻拍成照片)。清代文献里留下了对恰克图的文字记载,却鲜少见图像资料,当双城的街市不复存在,曾经繁盛一时的恰克图究竟是什么景象?只有这些照片能够帮助我们直观地想象、还原其当年样貌。这些图像多为俄国人或其他西方国家的游历者于19世纪中拍摄或绘制,在国内不易得见。我曾在国内努力

19世纪中国的品茶套具（茶壶和茶杯）

不同年份的茶叶样品，前排右一的铁罐上贴着"上上龙井"的红纸标签

精美的中国砖茶（1892）

搜寻买卖城的旧照，结果令人失望，寥寥几张，还都是辗转翻拍的，毫无精度可言。但是，博物馆内不允许拍照！要拍照则需在门票之外另交一笔数目不菲的"买路钱"。从蒙古国一路走来，这样的遭遇不是第一次，团队的对策是选一人为代表，交钱，拍照。所以，我手里的馆内展品的图片，要么出自我们的"代表"之手，要么是后来用其他办法收集而来的，都是无奈之下的应对办法。

下面的图1—3（图3见248页）为18—19世纪恰克图的样貌，转引自俄文文章《恰克图、买卖城和大茶道》①，让我们先随它们来认识一下那时的双子之城。

图1的年代较早，所绘乃清乾隆三十五年（1770）前后的双城。这个时期的中俄恰克图贸易尚不稳定，围绕着边境上一再发生的逃人、盗马、走私等事件，双方屡起冲突，为此乾隆帝曾3次下令闭关以示惩戒，最后一次是乾隆五十六年（1791）。应该是受此影响，俄方的恰克图街市（左，北）尚显空旷，建筑不多，中方一侧的买卖城（右，南）则已初具规模。可以看到两城之间有一片开阔地，立着两根标杆，此即国界标志。许多西方游历者后来提到：双城间的距离只有大约200码（不到200米），通过只需几分钟，中间立有两根高丈许的标杆，以示两国国界，一根刻有俄文，一根刻有满文。虽然标立国界，但两城之间实为中立缓冲地带。贸易步入正轨后，商人白天可以自由往来，只有夜间实行宵禁。平和宽松的气氛助推了贸易的发展。不过迨至清末，由于政局混乱，清朝无力管理，界标也遭到毁损。意大利人巴尔基尼（Luigi. Barzini）1907年来时界标只剩下一根，在他

① 网址：https://www.tea-terra.ru/2015/11/13/23955/

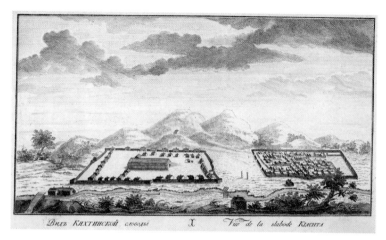

图1

图2

之前1890年来过的英国人普莱斯（Julius. M. Price）则说，"没有标志能标明两个帝国的边界，通道狭窄，中间区域脏乱"。[1]混乱无序的加重也暗示了双城走向没落的命运。

图2为买卖城全景。清人松筠在乾隆末年曾作为库伦办事大臣主

---

[1] 参见李晓标、解程姬《在中外互动中演变的清末恰克图边城——以西方游记为中心》，载《内蒙古社会科学》2017年第6期，第83—88页。

持有关恰克图贸易的中俄谈判，他在《绥服纪略》一书中称恰克图（指买卖城）为木城，说："贸易商民建立木城，起盖房屋费力无多，颇为坚固。"这张图就反映了买卖城以木栅围城的建筑特点。恰克图周边多林木，建立木城顺应了环境条件。同时可以看出，买卖城内的建筑已十分密集且层次错落，应是全盛时期的景象。平房街巷间夹杂着较为高大的建筑，有几处很明显是歇山式屋顶，大概是城内的衙门、寺庙以及钟鼓楼之所在。

据清代档案记载，这一时期的买卖城主要街道由中、东、西三街和东升街组成，登记在册的大小铺户近百家，被分编为八个甲，设甲首管理，甲首多为富商大贾，因此具有较大的话语权。商人从张家口来恰克图需要领取清政府规定的照票也称"部票"，一张部票准许携带一万二千斤货物、十名雇工和二十辆车，视为合法。没领到照票的小商贩们不得不在大商人名下入伙。[①]虽然没有明确统计，但高峰期在城内聚集的商贩工匠应有数千人。这当中晋商人数最多，财力最雄，足以左右茶叶贸易的大局。还记得电视剧《乔家大院》里的二爷乔致庸吧，他所代表的山西祁县乔家，以及榆次常家、平遥侯家等，都是买卖城里最有影响的大茶商，拥有众多商号铺面，经过几代人的经营，已在恰克图扎下了牢固的根基。

19世纪到访买卖城的西方游历者，大都对这里抱有良好的印象。由于观察事物的角度不同，他们的游记补充了中文资料所缺少的具体情节，让人读来饶有兴味。比如他们都细致观察买卖城的城市布局、商人居所的构造以及商家的经商风格等，还普遍称赞这里的街道虽然

---

① 参见赖惠敏《满大人的荷包：清代喀尔喀蒙古的衙门与商号》，中华书局，2020年。

上两图为旧日买卖城的街道与建筑（见恰克图地区博物馆图录）

图3

窄,但很干净。如此边远的小城会获得来访者"清洁"的评价,很让我有些意外。有研究者认为这是晋商们长年与俄国的商贸人员交流,在城市建筑和公共卫生设施等方面受到了俄国文化的某些濡染,故卫生状况反而优于一般的内地城镇,这话不无道理。

美国人柯林斯的体验更为有趣。他赶上了买卖城的上元节,应扎尔固齐(管理商民事务官员的蒙古语官名)之邀前往赴宴、观剧、赏灯,又到八位商人(应该就是管理铺户的八位甲首)家里逐一访问,共进"节宴"。席间除了饮酒,品茶也是必不可少的。他写道:"要把这八次晚餐或酒席都一一加以描写是不行的;这八次晚餐在形式上同晚宴并没有多大差别。当然,这个时候根本谈不到吃,而且也不可能吃;可是稍微尝一点菜,喝一杯杯数不尽的茶和热腾腾的中国酒,则是绝对必需的,以便满足各种主人恳切邀请的盛情,他们还常常加上白葡萄酒或者香槟酒。"柯林斯一路观景,对买卖城内火树银花、张灯结彩的节庆气氛惊叹不已:"街上打扮得很漂亮。各种彩色的纸用绳子从房顶上挂下来,想象不到的各种大小、各种形状、各种颜色的灯笼,照亮了大街小巷,也照亮了所有的建筑物和庙宇。"[1]地处边陲的买卖城固然是苦寒之地,却也不乏几抹亮色,这里的中国商人不但坚韧地承受了各种艰难,也为自己营造了可以安身的一方天地,在这里引入原乡的文化,享受应有的节庆欢愉。

图3是从买卖城北望俄方恰克图的街市。如果说前面两张图(照片)向我们展示了业已逝去的双城景象,这张图则有助于我们把历史

---

[1] 参见查尔斯·佛维尔《西伯利亚之行:从阿穆尔河到太平洋》,上海人民出版社,1974年,第102页。

正在修缮的复活大教堂（摄于2008年）

与现实连接起来。请注意画面中央稍远处以白色教堂为中心的那组建筑，那里是唯一迄今尚存的双城时代的建筑：复活大教堂和茶叶贸易市场，双城恰克图的历史地标！请记住这个景象，接下来，它会多次出现在我的照片和描述里。

从地区博物馆到复活大教堂，车行不到10分钟。这里已靠近国界，不远处就是俄方的边境检查站，再向南就进入蒙古国，也就是曾经矗立过买卖城的地方。

复活大教堂由恰克图的俄国茶商于1830—1838年捐资修建，取代了之前的木制教堂，落成时的豪华程度仅次于圣彼得堡的圣以撒大教堂，全俄国排第二。有人用惊叹的语气写道："就内部的富丽堂皇而言，这座教堂在整个西伯利亚很难找到与之媲美的"，"（它）被誉为冻结在石头里的音乐"。①因为教堂内部有青铜水晶圣像、银制大门、圣像画、银制宝座和祭坛、珍贵的福音书以及镶嵌彩色宝石的巨大银色吊灯。教堂的豪华圣像壁龛是按照伦敦威斯敏斯特教堂的风格在波尔塔夫采夫的莫斯科工厂制作的。仅这些描绘,已足够说明这座教堂的修建是多么超乎寻常的高规格。教堂后来曾遇火,又因年久而颓坏。我们到时,新一轮的修缮工程正在进行,教堂主楼还搭着脚手架。虽然看不到教堂内部,白色凝重的建筑外观、伟岸高耸的尖塔,还是透射出一种力量,给人以很深的印象。

商人们对复活大教堂如此极尽奢华之能事,当然是为了向神灵表达感谢和虔诚地祈求长久护佑,但也显示出他们手中握有巨大的财富。财富来自哪里呢?紧挨着教堂的另一处遗存——茶叶贸易市场兼仓库,给出了答案。这座占地广大的建筑物就出现在图3里:在教堂身后,正面大门处三角形隆起的顶部是最好的辨认标志。根据有关资料,市场内共设有72间商铺,中国商人从买卖城来到这里和俄商洽谈生意,验看货物,打包装运。18世纪末(清乾隆末年)茶叶只占中国输俄商品的15%,19世纪30年代(清道光中期)以后突飞猛进,占比升至91%。②1820年时任西伯利亚总督斯彼兰斯基(M. M. Сперанский)的一句话不胫而走,被俄国茶商奉为圭臬:"俄国需要中国丝织品的时代已经结束了,棉纺织品也差不多结束,剩下的是茶

---

① 参见奥索金《在蒙古边境上》,圣彼得堡·阿·谢·苏沃林印刷厂,1906年,第29页。
② 参见宿丰林:《清代恰克图边关互市早期市场的历史考察》,载《求是学刊》1989年第1期,第87页。

茶叶交易市场大门

门框上方的图案是苏维埃时代留下的

叶、茶叶,还是茶叶!"[①]掌握茶叶就意味着掌握财富,恰克图贸易成了茶叶贸易的代名词。

时值正午,阳光从头顶泻下,四周寂静。巨大的茶叶交易市场在被废弃后一度改为苏维埃时代的国营纺织厂,大门上方的工人群像是

[①] 这句话出自俄罗斯学者叶·潘·西林著:《俄中贸易史:十八世纪的恰克图》一书(伊尔库茨克地方出版社,1947年,第189页),在我国的各类文章中被广泛引用,但多数将这位西伯利亚总督的名字误作"波兰斯基",在此特做更正。

那时留下的纪念。现在，这里已成一片废墟，只有高大沉默的断壁残垣，地面杂草丛生。然而，历史的记忆不曾远去，一张老照片为我们重现了当年景象：带有三角形顶大门的内侧，数不清的茶叶箱包堆积如山，茶商和工人在紧张地忙碌着，输往俄国乃至欧洲的中国茶叶在这个场地里被重新包装后运出，走向世界，走进西方家庭的生活。这画面实在太壮观太震撼了！如果不是身在此地，或许不会有如此强烈的感受，但是此刻，我正在历史的现场！只需放纵想象，便能走进那画面——听货场喧嚣，看车水马龙，感受恰克图曾经的繁华，体味中国茶的辉煌时刻！

从恰克图进入蒙古国的阿勒坦布拉格需要过境通关。俄蒙边境的通关效率低下是出了名的。承蒙地区博物馆馆长的好意，提前向俄方边防检查站知会了我们的车辆牌号，大大缩短了等候时间。由于是在边境地带走动，无论俄方或蒙方，都要求专门办理证明文件（类似边境证），否则就被视为擅入，会遇到麻烦。已有不少消息说，一些外国游客因为没想到这一点而贸然进入这个区域，遂遭到盘问甚至罚

三个来意不善的俄国人

茶叶交易市场遗址（正面），门前立着列宁像

茶叶交易市场内景

本页图片均为19世纪茶叶交易市场老照片（见恰克图地区博物馆图录）

双城恰克图今昔

款。刚才在教堂边，不知从哪里冒出来几个俄罗斯人，气势汹汹地喊着："凯塔衣！凯塔衣！"看来是把亚洲面孔都当作了中国人游客（团队中只有我一人是中国籍，其他均为日本籍），想来敲竹杠，没想到旅行社的手续齐备，兼任翻译的青木博士对答如流，三言两语之后，对方无趣地退走。

买卖城的命运终结于1921年3月。此前的2月，一支俄国白匪军窜入蒙古。奉北洋政府之命驻守乌兰巴托的中国军队接战不敌，狼狈败走恰克图买卖城。3月18日，苏赫巴托尔带领刚刚组成的蒙古人民军，在苏联红军的支援下攻陷买卖城，然后挥师南下库伦，几个月后，苏赫巴托尔宣布蒙古"解放"，人民革命政府成立。

兵燹中，买卖城被烧毁殆尽。中国残军从这里再次溃逃，一去不返，只留下孤立无援的民众蒙受蹂躏。蒙古革命后，买卖城消失了，晋商消失了，茶叶之路的荣光也消失了。今天的买卖城旧地是一片旷野，晴空下牛群在悠然地吃草。从阿勒坦布拉格回望俄方恰克图，复活大教堂仍赫然在目，而与它孪生的买卖城，再也看不到丝毫踪影。虽然料到会是这种景象，内心还是一阵怅然。

但是，历史终究还是会留下痕迹的。走进当地为纪念苏赫巴托尔的"英雄伟业"而建的革命博物馆，一个沙盘映入眼帘——是清代的双城恰克图。蒙古人做展览模型的手艺实在太差，十足的粗制滥造，不成样子，但基本要素都在：买卖城的衙门、旗杆、街道、铺面，恰克图的教堂和市场。看来他们也多少了解这段历史，就算不喜欢提及当年，但是歌颂革命若是抹去了发生地，又该从何谈起呢。被保留下来的还有几件买卖城的遗物：一大一小两口残钟和一口生满锈的铁锅。钟身有铭文，小钟年代较早，清道光七年（1827）八月成造，金

革命博物馆外观

双城恰克图的复原沙盘

双城恰克图今昔

左图为清光绪二十八年铸钟的细部,右侧铭文可见"阖恰坛众善士弟子叩敬",左侧可见"东口长盛炉记",说明是在恰克图就地铸造,东口应指东街街口;右图为陈列在馆内的一大一小两口残钟

火匠人来自直隶宣化府宣化县,三人的名字已经难以辨认;大钟于清光绪二十八年(1902)成造,上题"阖恰坛众善士弟子叩敬",可知是献给寺庙的,"恰坛"即恰克图(买卖城)。1902年的买卖城大概还风平浪静,有谁承想,不到20年,竟遭遇如此天翻地覆的大劫难!时代的大变局中,百姓的命运通常不在自己手中,买卖城的商人和工匠们也无法例外。

着手写这篇游记的时候,我有了一个念头:为什么不用卫星图像从空中再来探看一下买卖城的遗痕?一试,果然有惊喜的发现:俄蒙国界的蒙方一侧,阿勒坦布拉格的草原上出现了一片呈矩形的浓重深色区域,轮廓清晰可见,是买卖城址!它用自己的身躯在大地上刻下不灭的印记!纵然地面上已荡然无存,买卖城仍用其独特的方式让历史记住了自己,也记住中国商人在这里上演的、有声有色的中国茶的故事。

阿勒坦布拉格的绿野,远处恰克图的教堂和茶叶交易市场遗址都历历在目

买卖城把自己的身影印在了大地上

双城恰克图今昔

日本篇

Japan

长崎寻史

华人东渡聚集地——长崎

1997年夏末,第一次到长崎。只是连往返共3天的短游,离开时,心里竟有一抹淡淡的乡愁。我知道,这是自己作为旅日游子,来到长崎这个近世以来的华人华侨之乡,睹物感怀,油然生出的亲近之情。

华人聚集长崎的历史,迄今已有四百多年。

长崎地区位于日本九州岛西北端,由半岛和多个大小岛屿组成,有绵长的海岸线。1571年室町幕府在此开港,那时便有明朝船只相继登岸,多是不顾朝廷的限制,私自往来海上的商人。不过,起初的五六十年,长崎港的存在并不引人瞩目,华人数量也很有限。相比之下,倒是它北边百公里处的另一个贸易大港——平户港,占尽了一时的风光。平户藩的藩主松浦隆信(Matsuura Takanobu)原本就有倭寇背景,又与兼做海盗和走私海商的明朝人王直联手,把海上贸易做得风生水起。靠着王直,松浦隆信成了日本西国强藩的藩主,平户成了与大阪堺市比肩的繁华商都。王直被明廷斩杀后,另一群亦商亦盗的明朝人进入平户,其中就有郑成功的父亲郑芝龙。日后因驱荷抗清而留名青史的郑成功,是出生于平户的中日混血,其母是平户田川家之女。郑芝龙也是一代枭雄,才干不凡,早年在澳门随家族经商,能说葡萄牙语,还受洗为天主教徒。他先依附平户的华商首领李旦,李旦

1997年长崎火车站前街景。2022年再来时景象大改,但因扩建车站大楼及商业设施,到处都是工地,未能拍照

1997年访问长崎时恰好遇到舞龙队伍在市内穿行。日语称舞龙为"龍踊り",它也是唐船贸易带去的中国文化之一

去世后郑芝龙接收了他的队伍,后来接受明廷招安,打着官家的招牌继续称雄海上贸易。当然,他也遇到了强劲对手。这时西方已经开启大航海时代并日益东进,于是葡萄牙、西班牙、荷兰和英国的商船接连开进了平户港。这些船只带来诸多西方文化,对日本产生重要而深远的影响,人称"南蛮文化"。

常言道,风水轮流转。葡萄牙人和西班牙人来到日本,看重的不只是商业利益,他们还带着传播宗教的使命。传教士们用20年时

长崎寻史　　263

间,将平户的天主教徒从100人发展到了5000人,全国信徒超过了15万人。更重要的是,天主教竟然成为日本下层社会贫苦农民的精神依托,用来反抗幕府和地方的大名政权。1637年爆发的岛原之乱,参与起义的农民有3万多人,坚持半年之久,首领天草四郎(Amakusa Shirō)和许多参加者都是天主教徒,这让统治当局既惊又怕。于是形势急转,取代了室町幕府的江户幕府开始实行更加严厉的禁教政策:继西班牙人被逐出平户,平户的英国商馆被迫关闭后,1633—1639年,江户幕府连下5道"锁国令",宣布禁止葡萄牙船来航,并驱逐葡萄牙人,只保留长崎一港对外,仅限中国和荷兰的商船进港贸易,日本人不得出海外,已在海外的不准归国,所谓的近世日本"锁国体制"至此宣告完成。

就这样,平户的辉煌落幕,长崎取而代之,成为锁国日本唯一开放的贸易港,也成为17世纪40年代以后华人(时称清人或唐人)东渡聚集的中心地。这里不仅兴建起一座座"唐寺"(中国寺庙),也有传自大陆以"唐"字命名的各种风物:"唐人船""唐人饴""唐人笠""唐人囃子(曲调)""唐人踊(舞)",还有分布各处的"唐人墓地"。这一切,时时处处告诉你,长崎是浸透着中国文化的土地,今天生活在这里的很多人,都与彼岸的大陆有着千丝万缕的血脉和地缘上的关联。

明清之交,为防范高擎反清复明旗帜的郑成功,清廷严禁大陆船只出海,还强令东南沿海五省居民内迁30—50里以切断其与郑氏的接触,那时在长崎与东亚海上纵横往来的海商势力非踞守中国台湾的郑氏集团(包括依附在郑氏旗下的商队)莫属。清康熙二十二年(1683)收复台湾后,清廷改变政策,从"迁界""禁海"转变为"开海",苦等了几十年的大陆沿海商人立刻抓住机会,踊跃出海前往长崎。来自大陆的商船数量最能说明问题:1683年和1684年都只有24艘,1685年猛增至85艘,此后持续增加,1686年102艘,1687年115艘。宣布"开海"后第4年即1688年,其数量创下历史纪录:一年进港船只193艘,登岸的中国商人、散客、船员达9000余人次(请注意,是累计人数),而那时长崎的本地居民不过6万来人。不妨驰骋一下我们的想象力:倒退三百几十年的某天,在长崎街市上行路的每八九个人中,就有一个是清朝装束、剃发梳辫的中国人……

清代中国与江户日本的贸易也称清日贸易。清政府对于本国商人出海贸易的政策,根据所去方向不同也有差别。康熙皇帝曾明确表示:"东洋可使贸易,若南洋,商船不可令往",西洋船"听其自来",态度之别迥然。东洋即日本,清廷之所以对船往日本表示支持,是出于国内铸币用铜的迫切需要。当时苦于国内铜产量严重不足,不得不大量进口"洋铜"以求解决,而这个洋铜,就是东洋日本所产的铜。另一方面,日本对于中国的生丝、丝绸等类商品也有极高的需求,故发布锁国令之后仍特许中国船只进入长崎。在两国交易商品排行榜上长期占据前三位的,分别是中国的生丝、丝绸、药材,以及日本的银、铜、海产品(称俵物,因装在稻草包里而得名)。此外,来自中国的汉籍、砂糖、各类杂货也深受欢迎。

荷兰商人虽然同在长崎贸易,总部在巴达维亚(今雅加达)的荷兰东印度公司努力向日本输入生丝等热门货品,但比之中国商人,其在当地的生活条件和贸易规模都远不能及。首先,荷兰商人自1639年起即被隔离在叫作"出岛"的人工岛上无法外出,而中国商人在那之后至少有50年是相对自由的,能够在街市上往来,并可投宿当地

《长崎港之图》,描绘1792年时的长崎港。远处挂白帆正驶入湾内的是荷兰船,近处挂红旗正在靠岸的是中国船(唐船),左下由院墙围起的区域是唐人屋敷,底部呈扇形的人工岛为出岛[①]

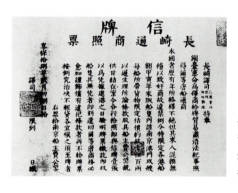

信牌为日方的贸易许可证,1715年起由长崎官府颁发给中国商人,无信牌者不得入港

---

① 本页图均引自大庭脩编著:《长崎唐馆图集成》,关西大学出版部,2003年。

民家。直到1689年，长崎奉行以强化治安和打击走私贸易为由，建立"唐人屋敷"来收容中国商人及船员，情况才有变化。其次，江户幕府制定的年度贸易额上限，中国为银6000贯，荷兰则折半为3000贯；一年内准许进港的船只配额，荷兰船也远在中国船的数额之下，通常是后者的十分之一。同为登岸人员的隔离住所，出岛兰馆的面积只有唐人屋敷的三分之一，居住人数更是悬殊。因此，说江户时代长崎贸易的主角是清日贸易，毫不夸张。

从眼镜桥到唐人屋敷遗址

一到长崎，按惯例先去车站前的观光案内所（旅游服务中心），索取地图等游览资讯。工作人员听说我和丈夫是初次来访，热心地推荐了游览路线，并补充说，这条路线不仅适合初次到访者，也是日本各地中小学生来长崎修学旅行的经典路线。我看了她标注的参观地点：哥拉巴园、大浦天主堂、荷兰坂、出岛……顿时领悟，这条"经典路线"乃是以荷兰人（及其他西方人）在长崎的史迹为中心，几乎不涉及华人在此地的活动。这使我想起日中交流史研究大家、关西大学大庭脩（Ōba Osomu）教授的名言：有人说江户时代的长崎情调是荷兰情调，此言差矣，那时长崎的异国情调其实是中国情调，只是人们每每忘记了。①

这种忘却其实是人为造成的。明治维新，福泽谕吉（Fukuzawa Yukichi）提出"脱亚入欧"，从此日本唯西方马首是瞻，以"全盘

---

① 参见大庭脩《江戸時代の日中秘話》，东方书店，1980年版，第17页。

西化"为指针,不屑与亚洲各国为伍,鄙视遭到列强踩躏的昔日大国——中国,进而生出轻侮之心。于是说到江户时代的长崎,便出现了这样的怪相:说贸易,但闻兰船而不闻唐船;说外来文化,但知兰人而鲜知唐人;说近代西学启蒙,必大谈兰学,对于经由汉学而吸收的西学知识及其影响,则避过不提。唐人贸易和唐人故事,就这样渐渐地被风化,淡出了人们的记忆。

来长崎前我已经做了一些功课,此行旨在寻访唐人史迹,所以目标大体确定。长崎市内尚存唐人屋敷遗址、孔子庙、新地中华街等旧迹,但是由于种种原因,早期文物保留下来的不多,倒是周围山脚下的好几座唐寺和寺庙后山的唐人墓地,最能体现华人华侨社会发生、发展的历史,应是此行的重点。当然,如果时间允许,也会顺道看看哥拉巴园、大浦天主堂和出岛,毕竟那些遗存也是当年历史的一部分。

离开长崎车站,先来到中岛川。中岛川是长崎市区中心的一条河流,自东北向西南纵贯而过。河将城市一分为二,又用无数座桥将其连为一体。河上最著名的古桥,也是长崎十二景之一,便是1634年由明朝僧人默子如定主持建造的双孔石拱桥。两个形如半月的桥孔倒映水面,与桥下的倒影组成双圆,宛如一副又大又圆的眼镜,故而得名眼镜桥。古桥历经300多年的风雨洪水,桥身依然稳固,桥面则在1982年长崎的特大洪灾中一度被冲毁,后经修复。今天的眼镜桥,已是长崎最知名的地标之一,但它的意义不止于其本身,它把中国传统的造桥技术带到了长崎乃至整个九州地区。在眼镜桥周边,至少还有十几座石桥或石拱桥,也都是长崎的中国商人捐资助修的。据说九州各地的眼镜桥多达306座,遍布熊本、佐贺、福冈、大分、宫崎、

 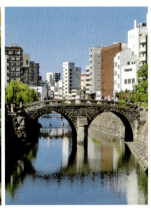

中岛川上的眼镜桥,左为1997年,右为2022年,桥依旧而周围景象大不相同了

鹿儿岛。清风徐来,水流潺潺,我静静伫立,古桥不语,而河水千古传唱。

唐人屋敷遗址在馆内町,靠近现在的新地中华街。"屋敷"可以译为"宅邸"或"公馆",指气派的住宅建筑,长崎人则习惯于叫它"唐馆"。馆内町,说得直白些,就是唐馆之区。新地中华街的前身是"新地藏",藏即日语之仓库,因系填海造成,故称"新地"。唐船靠岸后的货物都存放于此,便于唐馆里的人过来处理业务。19世纪50年代,日本在西方列强的压力下宣布"开国",另建"外国人居留地"接纳外国人,唐馆之禁也在此时解除,走出唐馆的很多华人搬入新地居住,遂有新地中华街的诞生。

当年的唐人屋敷无愧于它的名字,占地广大,足有9300多坪,相当于30000多平方米。有20栋两层排屋,日语称为"长屋",能同时容纳两到三千人入住。1689年以后,前往长崎的各省商人、散客及水手,都在这里暂居,短的数月,长的年余,直到归航。江户时代日本的《唐馆图绘卷》《长崎景胜图绘》等许多作品都细腻地描绘了

《唐馆图说》中的唐人屋敷全景（上北），除了排屋林立，可见观音堂（东南）、土神堂（西侧）、天后宫（西南）等建筑，外有两道院墙和壕沟，门禁森严①

《华人邸舍图》中的唐馆内景象②

---

① 见《长崎唐馆图集成》，第53页。
② 见《长崎唐馆图集成》，第40—41页。

全盛时的唐人屋敷,展图如见当年景象:排屋前旌旗飘扬,戏台上锣鼓喧天;馆内有土神堂、天后宫、观音堂,小桥流水,绿荫环抱;听得到八方乡音,有鸡鸣狗吠,又有丝竹袅袅;各色人等共聚于此,你来我往,有人货卖,有人浣衣,有人对弈,有人会友。俨然一个中华世界,度日所需,一应俱备。有诗云:"金银世界繁华地,锦绣乾坤富贵春。照夜星辰通月窟,清宵歌舞彻花晨",描绘的就是这里新春节庆时的热闹场面。①

不过节庆的热闹毕竟少,唐馆被高墙、竹栅加深濠围绕,大门二门有卫兵把守,唐人出入受到严格管制。除了少数船主、货主为了洽谈交易可获特许,短暂迈出大门外,一般人只能禁足馆内数月甚至更久,形同"坐牢",这寂寥憋屈的日子也很煎熬。更何况水手们都想私下做点个人生意赚钱,不甘心就此而归,所以也时不时传出唐人偷偷越墙出走,又在市中被押回的消息。日方史料里有多起"唐人不法"的记录,比如,1827年六七月间,接连发生3起唐人骚乱,人数最多的一次有约200人,用石块和长矛与唐馆门口的守兵对峙,大有示威之势。1835年的事态更严重。一位孙姓船主在馆内病故,已获准前往兴福寺出殡,送葬当日队伍中有多人趁机脱逃,官兵抓捕,致使场面大乱,出殡中断。之后唐人在馆内大闹,向守兵投掷石块、火盆,还打坏警备所的房屋和象征幕府权威的大门,引来五六百名藩兵冲入镇压,抓走180人,这就是有名的"天保六年长崎唐人屋敷暴动"②。

当然,长崎官府也想了一些办法来安抚唐人,比如允许一些日本

---

① 参见长崎史谈会《长崎名胜图绘》,藤木博美社,1931年,第221页。
② 参见熟美保子《文政·天保期における唐人屋敷の騒動》,载《历史研究》(大阪教育大学)第52号,2015年,第1—16页。

悬挂在天后堂的乾隆五十六年"恩溥慈航"匾额（刘序枫提供）

天后堂内的光绪三十二年"重建碑记"（刘序枫提供）

土神堂的石桥耐住了火焚，是唐人屋敷留存下来的旧物

人来拜访船客里的儒商文士,还允许游女(青楼女子)入内"服务",时称"唐人行",意为去唐人之处。据说每天出入唐馆的游女总有数十甚至百人之多,也因此让中国的商人和船客挥洒了大把的银子。虽说"唐人行"原本是皮肉生意,萍水之缘,其中却也会发生一些异国恋的故事。不过恋归恋,悲情的结局是一开始就注定的。

唐人屋敷从建成到完全废弃历经180年,想想看,该有多少东渡之人曾是这里的住客,又该有多少人间故事曾在这里上演啊!

遗憾的是,我们来访时已经看不到多少当年的痕迹了。

唐人屋敷曾数度遇火。第一场致命的大火发生在1784年(天明四年、清乾隆四十九年),绝大部分建筑被焚毁。其后经商人们自力重建,但光景已不如从前。日本开国后,1870年(明治三年、清同治九年)的又一场无情大火,将已经弃用的唐人屋敷彻底化为了废墟。现在的馆内町,与长崎市的普通居民区没有太大不同,唯一能够唤起往日记忆的,是掩藏在民居群落间的几座中式建筑:土神堂、天后堂、观音堂和福建会馆。土神堂、天后堂、观音堂,在乾隆时期唐人屋敷的绘卷中已能看到,土神堂建立最早,为1691年,天后堂和观音堂则是1736年、1737年相继而建。福建会馆的年代偏晚,其前身是建于1868年(明治元年、清同治七年)的八闽会馆,后改今称。一度化为废墟的前三座建筑在日本明治年间获得重建,连同福建会馆,合称"四堂",却不幸因1945年投向长崎的原子弹爆炸再度受损甚至被毁。到20世纪后期,在长崎市政府和华人团体的努力下,四堂又一次经历重修,才得以大体恢复旧观。

唐人屋敷多舛的命运,让人唏嘘。不过劫后余生的四堂,也带给我们温暖和感动。有一些老物件,比如,悬挂在天后堂的匾额,上书

描绘天保六年唐人骚乱的《长崎唐人屋敷暴动镇压图》(西南学院大学博物馆藏)

"恩溥慈航",是清乾隆五十六年(1791)的旧物,光绪时再次张挂,躲过了后来的原爆厄运,至今完整。又如福建会馆,本馆在原爆时倒塌,但留下了正门和会馆天后堂,是日本明治早期的文物。土神堂、观音堂也历经修复而存留至今。天后堂内保留着一块大清光绪三十二年(1906)的"重建碑记",字迹有些被侵蚀,大致可认,密密麻麻刻的都是为重建而积极筹资的华人姓名。此情此景,正如福建会馆里的那副对联所表达:"海外叙乡情难得扶桑如梓里,天涯崇庙祀况承慈荫到蓬瀛"。当长崎成为东渡华人的又一处乡梓,他们怎能不为了家人、同胞的安宁太平而团结互助,又怎能不为此而向天后堂里的"天上圣母"和土神堂里的"福德正神"去祈求庇佑和帮助呢!

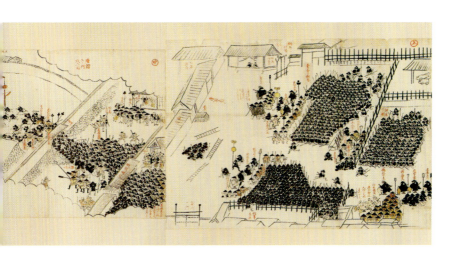

四座唐寺

如果说唐人屋敷的主要功能是为来航之人提供暂居之所,那么位于长崎北、东两侧山麓的四座唐寺,便是东渡华人华侨在异乡的精神支撑。

这些寺庙的建造时间都在明末,正值乱世动荡之际,渡海而来的明朝人形形色色,除了商人,也不乏流寓避难、浪迹海上,甚至心怀反清复明之志的人。然而一旦聚集到长崎,便有了"抱团取暖"的需求。历朝历代人口迁移的一大特点,就是移民因其出身的乡贯地籍而在移入地结成新的社会纽带。以"同乡扶助"为宗旨的乡帮,从来都具有强大的力量,在海外之地的长崎也不例外。四座唐寺中,兴福寺建于1624年,时间最早,由三江帮商人建立。三江者,江南(今皖北赣南)、江苏、浙江之谓,因此又俗称"南京寺""三江寺"。福济寺和崇福寺先后建于1628年和1629年,前者俗称"泉州寺"(亦称漳州寺),后者俗称"福州寺",从称谓亦可明了,它们分别由泉漳帮商人和福州帮商人建立。这三座唐寺的共同特点是:一、寺名皆含福字;二、虽为禅寺却都供奉妈祖神像;三、寺庙建筑皆为朱色。因此,三者在当地又有了"三福寺""赤寺"的通称。半个世纪后的1677年,广东帮商人建立了圣福寺,俗称"广东寺",将"三福寺"变成了"四福寺"。

妈祖又称天后、天妃娘娘,是航海之人的保护神,自宋代以来就在我国沿海地区深受爱戴。人们相信,有妈祖神灵的护佑,行船时海不扬波,万里安澜,可以顺利抵达彼岸。航向长崎的所有船只,都必定供奉妈祖像,到岸则将妈祖请上陆地休息,归航时再请回船上同行。所以,早在建立唐寺之前,东渡华人就已建庵供奉妈祖。随着乡帮团体的发展,人们在延请各自家乡的禅宗高僧到长崎主持佛事的同时,也把带有道教色彩的妈祖请进了唐寺,形成了大雄宝殿与妈祖堂并存的独特景观。

当地华人中还流传着一个故事:1620年,来自江西的商人刘觉在路上看到日本公家人为难一个手里抱着妈祖像的中国人,说他违禁携带圣母玛利亚的像,非要没收,中国人死活不肯放手。当时幕府禁教极严,强迫信徒使用脚踩踏带耶稣像和圣母玛利亚像的木板以示悔改,坚持不肯放弃基督信仰的日本人被残酷地处死,于是有人偷偷在妈祖身上刻十字架,暗地里将其当作圣母玛利亚供奉,妈祖像因此遭受牵连。刘觉出面解释这是妈祖,身上并没有刻十字架,才算平

1997年兴福寺参拜券,该寺的大雄宝殿为"国家指定重要文化财"

立于福济寺旧址的"万国灵庙长崎观音"

1997年到访时兴福寺妈祖堂内景,天后像两侧分别配祀关帝和三官大帝,前方为千里眼和顺风耳

长崎寻史

息了事端。为了避免华人再遭嫌疑,众人商议建寺,表明自己信奉佛教而非天主教。一个名叫欧阳云台的商人捐出了自己的土地,但苦于没有僧人,为此刘觉决定剃发出家,自取法号真圆。人们先建草庵,取名兴福寺,来不及塑造佛像,就先供奉妈祖,由此开创了唐寺供奉妈祖的先河。这个故事的历史背景是真实的,还要指出的是,其实在东渡华人的心中,只要能救苦救难,就是菩萨,无须区分佛或道。他们把妈祖敬为"船菩萨",称隆重的上岸仪式为"迎菩萨",就是这个道理。

兴福寺和崇福寺在长崎市东部风头山脚,福济寺和圣福寺则在长崎市北部的筑后町。后两座寺庙由于靠近长崎原子弹投下的中心点,1945年,当蘑菇云腾起,福济寺瞬间被烈火吞噬,七堂伽蓝化为焦土。今天,在其原址上矗立着一尊由巨大神龟托起的"万国灵庙长崎观音"像。观音像身高18米,如从地面算起连同神龟部分则有34米,以悲悯的眼神俯瞰长崎的大地和港口,仿佛时刻告诫人们:远离战争,珍惜生命!圣福寺奇迹般地逃过了重创,不过它的建筑风格融入了较多日本寺院的元素,作为唐寺,不及兴福寺和崇福寺具有代表性。

四座唐寺中,尤其让我印象深刻的是崇福寺。寺门为通体朱色的高大山门,上部为楼阁,飞檐起翘,下部墙门浑圆厚重,山门匾额上"圣寿山"三字,即崇福寺的山号,乃著名高僧隐元所题。如此独特的山门式样,我前所未见,后来知道它有原型,在福州,是与它同名的福州崇福寺的山门。进入山门后拾级而上,眼前更是一亮——第二门匾额上的"第一峰"三字直入眼帘。原来这门本是崇福寺的第一道门,因为后来增建了前面的山门,它便成了第二门。

这道"第一峰"门为大屋檐式样，采用复杂巧妙的多层斗拱组合，檐下和门扉绘有明艳绚丽的祥云瑞图，极尽精工巧匠之能事，都是原汁原味的中国制造。我已听说崇福寺内的建筑用材都取自对岸大陆，还特意聘请了家乡的工匠来建造，但读了此门旁的说明才知，岂止建材，这整座门竟然都是先在宁波进行组装，再经海上运来的！三百多年前的长崎华人竟有如此魄力，如此不惜工本，这不简单是豪商们肯于慷慨解囊，除了宗教情怀，更多的应该是他们深厚的乡邦情结使之然。

根据记载，至少有以下福州府籍商人参与了创建崇福寺，分别是：福州府福州人王心渠（又名王三官，1594—1678）、福州府人何高材（又名毓楚，字一粟、性崇，1598—1671）、福州府福清县上迳人林太卿（字楚玉，1572—1645）及其子林守壂（即林仁兵卫，字大堂）、福州府人魏之琰（又作魏之瑗）。崇福寺因此而有"王何林魏，四大施主"的说法。这当中尤应提到林太卿、林守壂父子。林太卿来日很早，1609年（明万历三十年）先到鹿儿岛，1619年携子守壂移居长崎，是他带头捐建崇福寺，为第一大施主，但不久即去世。其子守壂1641—1662年出任唐通事中的大通事，称林仁兵卫。在任期间从中国聘请工匠营造寺庙，完成了父亲的遗愿。卸任后出家为僧，法名性英。父子两代，对崇福寺贡献最大。

跨过第一峰门后回首，内侧门楣上方的匾额为"海天华境"（因此又称海天门），落款"七十三叟林太卿"。看到林太卿手书的这四个字，我顿然领悟："海天华境"正是对长崎华人建寺宗旨的最好诠释。离乡背井的人们之所以竭尽全力兴建唐寺，就是希望在异国之地也能保有属于自己的一方"华境"。

崇福寺山门,又称"龙宫门",与福州崇福寺山门同一样式,为"国家指定文化财"

被誉为日本国宝的第一峰门,采用多层复杂斗拱结构的大屋檐,系在宁波组装后用船运来的

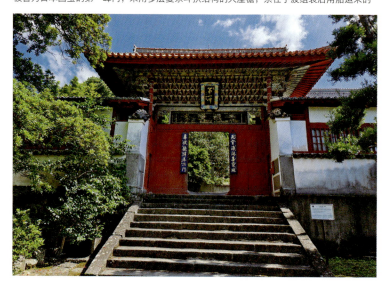

1997年与崇福寺的"寺宝"巨锅合影

崇福寺拥有多个长崎唐寺"之最":现存最古的大雄宝殿,最多的日本国宝和国家重要文化财(即国家级文物),保存最完好的妈祖堂门和妈祖堂……此外,还有一个"大锅之最"。这口巨型大锅原来置于大雄宝殿廊下,它可不是摆设,而是寺庙实际用来施过粥的。1681年,长崎遭遇大饥馑,饿殍遍野,正担任崇福寺住持的千呆性侒禅师卖掉自己的字画筹资,赶造大锅用于赈济。大锅口径6.5尺,锅深6尺,每次可煮米4石2斗,分给3000多人吃食。锅身镌刻的"圣寿山崇福禅寺施粥巨锅天和贰年壬戌仲春望后日"22字,真实地记录了这个历史事件,也反映了长崎的华人先贤与当地民众彼此扶助,共克时艰的友好情谊。看看我们与它的合影就知道,巨锅名不虚传!它已完成使命,现在被挪到大殿旁的专用铁架上"安度晚年"。

唐人墓地感怀

长崎唐寺的后山都建有唐人墓地。这不是国内佛寺的成规,但在华人聚集的长崎,它不可或缺。

长崎寻史

中国人乡土观念重，在海外谋生的人，最终"叶落归根"是他们的共同愿望。但是那些受制于生计，不得不终老他乡，又或因伤病、海难等意外而不幸丢掉性命的人，则永远留在了海外的那片土地。这种情况下，依傍唐寺而建的唐人墓地，是让亡者和亲属们聊以心安的一处归宿。不过，时过境迁，随着年代远去，世代更替，很多墓前已不再有人祭扫，甚至荒芜一片。

来游唐寺的观光客很少会踏入它的后山。我不同，那里对我有一种吸引力，让我忍不住想去看望长眠于那墓地里的"故人"。虽然并不相识，也未生活在同一时代，但我们是同胞，他们是旅日华人的先辈。

走进崇福寺后山就看到傍山的坡面上分布着无数大小和规制不等的墓，因死者的身份、地位、财力不同而有不同。少数墓一望便知其不凡：墓园宽大而气派，隆起的坟丘后方是马蹄形的石围墙，墓前置石供桌，碑旁有石灯台，类似我国华南地区墓地的制式。它们属于有脸面、有身份的"住宅唐人"，也就是来得早（明末，幕府发布锁国令之前），有资财（大商人），落户长崎并归化入籍，甚至是获得幕府信任而担任唐通事等官方职务（负责处理与唐船贸易有关事务）的资深日籍华人及其家族成员。比如，崇福寺四大施主中的何高材又称唐通事何氏，王心渠又称唐通事王氏，以及另一唐通事彭城氏（本名刘一水，入籍日本后以祖籍地为姓氏）等人的家族墓地，都在这里。

与"住宅唐人"相对的是"来航唐人"，即乘船前往长崎贸易的清朝商人和船员。他们的墓是唐人墓地的主要组成部分，密集却简陋，往往就是一块小小的石碑和碑后的墓穴而已。这里是树、草、石的世界，高大的古木遮蔽了阳光，又用虬根乱枝与墓地恣意纠缠。由于年代久远，很多墓碑已经倒下，埋没在茂密的蒿草中。布满青苔的石径曲折地延伸，时而上，时而下，将我引向各处墓区。我俯下身，拂去靠近路边的一块碑上的荒草，"嘉庆二十四年 故处士王至冬之墓"几个字显露出来，又清理了另一块碑面的草，看到了"乾隆丙辰年 清待赠孝祖陈公之墓"的字样，第三块碑的时间更早，写着"雍正壬子年三月念四日终 皇清司马杨公雨甫之墓"……

这些看似简单、几近磨灭的碑铭，隐含了许多平凡人的人生故事。

据研究长崎唐人社会的宫田安（Miyata Yasushi）先生所做的调查，由福州帮建立的崇福寺有墓碑277座，涉及284人，绝大多数为福建省福州府籍，其年代上起康熙末年，下迄光绪中，个别可见民国初年，而以乾嘉道三朝埋葬者为最多。① 刻在墓碑上的"皇清待赠""处士""待授州司马""登仕郎""国学生"等称谓告诉我们，他们都是当时社会的普通人。"处士"或"待赠"是为了美化无官无职的平民死者而加在墓碑上的称呼，清代常见。此外，"处士"还含有未出仕的读书人的意思。有些人在官学读过书但未能及第做官，故称"国学生""太学生"，也有人用钱捐了一个不足道的官衔以示身份，遂有"登仕郎""司马"以及"待授州司马"之名。这些人为了谋生，最终都走上渡海之路，却又因意外而丧生。他们当中极少有船主身份的人，而只是一般的船工水手，或者随船而来的散客。因为以船主（船长）的财力，亲属或有关人员通常会将其遗骸设法带回故土安葬，其他人则从此长眠异乡。比如，离唐通事

---

① 参见宫田安《崇福寺の唐人墓地》，载《长崎华商泰益号关系资料》第二辑，1986年，第57—104页。

王氏（王心渠）家墓不远的墓区里就有这样一块碑：

乾隆三十年乙酉二月初十日萨摩身故目侣六人
   高贵芳 林问材
   李进财 王德顺 墓碑
   蔡满观 陈孝华
至乾隆五十九年夏六月奉文迁葬于此

  仅凭墓碑，只知道这是经过迁葬的船员合葬墓（日语"目侣"即一般船员之意），还看不出更多究竟，而结合长崎乡土文献以及崇福寺保存的墓地登记簿，则可探知他们的身世。原来，这六人都是船主费正夫雇用的船工。费正夫本人并不出名，但其子费晴湖（名肇阳，字得天）是清乾隆时期的知名画家，因为将中国文人画的画法传入日本而名留史册。费氏为浙江湖州籍，家族中多人往来长崎经商。清乾隆三十年（1765），费正夫与6名船员在鹿儿岛附近遭难溺死，就近埋葬。乾隆五十九年（1794）六月，费晴湖征得长崎奉行的同意，将6名船员迁葬于崇福寺后山墓地，并于第二年将父亲的遗骨带回国内。

  在墓地间流连，不觉到了日暮。与崇福寺毗邻的兴福寺唐人墓地内有墓碑116座，葬死者133名，主要来自江浙及皖赣几省，这种鲜明的地域特征与崇福寺一样，都是基于建寺的乡帮不同所致。昨天在兴福寺时曾有意去看，未料荒郊野外的蚊虫格外凶猛，我一身短打扮，刚到墓地边缘，手和脚就被咬得红肿一片，坚持不住，只能狼狈地"落荒而逃"。今天吸取教训换了长裤还带了防蚊水，本想再过去看一下，但时间未能来得及。听说该墓地之荒芜程度甚于崇福寺，墓

崇福寺后山唐人墓地景象
（2022年9月再访时摄）

碑群之间树木和竹林密布，让人无处插脚，很难进入。不过2016年传来了好消息，长崎综合科学大学与长崎史谈会、兴福寺三方合作，开展了对该寺后山唐人墓地的考察，在整理墓碑记录的同时，也大力清理残树芜草，墓地的面貌已有很大改善。这个团队还计划根据墓碑和该寺《灵鉴录》（墓地登记簿的一种）的信息编制埋葬者信息库，与亡者籍贯所在家乡的有关部门取得联系，共享信息，帮助其家乡的

1997年崇福寺唐人墓地的河间詹家墓,特将祖籍刻在墓前

1997年作者夫妇摄于崇福寺三塔前。中为隐元大师寿塔(生前建造),右为即非禅师舍利塔,左为千呆禅师寿塔(生前建造)

后人前来长崎"寻亲",使长眠异乡的故人不再孤单。① 这个计划涉及诸多中间环节,可能遭遇重重困难,能否实现,尚在未知,但团队的初衷深深打动了我。倡议者是团队中长崎华人的年轻一代,乡情感人。我想,如果墓地里的故人们地下有知,也会因此而深感安慰吧。

---

① 参见姜楠《長崎・興福寺後山の中国人墓碑群に関する基礎的研究》,长崎综合科学大学博士论文,2016年。

马关纪行

春帆楼与李鸿章

1997年11月上旬，业师戴逸先生访日。此行不仅要到访东京和大阪，根据先生的意愿，还专门安排了下关之行。一行人中，除了东道主一桥大学的江夏由树教授，我也陪同戴师前往，同行的还有日本清史（满学）泰斗神田信夫先生，以及松村润、细谷良夫、中见立夫等多位教授，都是戴师在日本清史学界的老朋友。

下关即马关，马关是古称，此外还称赤马关（也作赤间关，日语读音相同），近代以后日本的行政地名采用了下关，故今天的年轻一代大多只知下关而不知马关。但是对于中国人来说，马关这个地名过于沉重，也过于刻骨铭心，它与中日甲午之战和割地赔款的《马关条约》联系在一起，是奇耻大辱的代名词，无法淡忘。

戴师治史，贯通清代前后期，注重经世致用，自述治学沿"逆向回溯"的路径进行，由近及远，由今至古，从而获得历史观察的独特角度和深度。戴师在20世纪50年代即关注中日甲午战争，1962年撰写的《北洋海军》，虽然是面向大众的历史读物，却是第一次以大家眼光勾勒出百年前北洋海军从创建、发展到中日海战中失败的全过程，揭示其背后深刻的历史教训。1994年所著《甲午战争与东亚政治》（与杨东梁、华立合著，中国社会科学出版社），更是在全面梳理历史演进过程的基础上，高屋建瓴地剖析了甲午战争与东亚时局乃至世界格局的关系。这次有机会亲至《马关条约》签署地考察，了却了先生多年来的一个心愿。

我翻出了当年匆匆写下的简短日记，居然还找到了旅行日程表，据此，戴师的行程如下：

11月2日，抵达关西国际机场。

11月3日，在大阪市内开会，商议考察事宜。

11月4日，上午至大阪经济法科大学图书馆阅览稀见史料《间岛史料》，下午乘新干线前往山口县下关市。

11月5—6日，在下关市和山口市考察。

11月7日，在东京访问一桥大学并演讲。

关于11月4日前往下关的路程，我在日记里这样写道：

  12点乘出租车到河内山本站，接下来换乘顺利，13点即到新大阪站。因有1小时的宽裕，决定在站内用餐。14点6分乘hikari号到小郡下，换kodama号到新下关，至此为新干线。新下关换在来线（即本地线）至下关，只有两节车厢，且为日本已经罕见的内燃机车，开动时声响相当大。

  到下关站已是掌灯时分，霓虹灯五彩流光，站前有大丸、大荣等百货店，及各路巴士的始发站，颇有热闹气象。但据松重先生介绍，自从新干线修通，不停下关，一路直达九州地界，当地便日渐萧条，相反，九州兴盛起来。

  晚饭在一家居酒屋内，细谷先生最喜欢这类店，戴师是初次领略，也颇有兴致。最有趣者为饭毕出来要换鞋时，因系带不便，且长时间席地而坐，腿感麻木，戴师把鞋拿至屋内穿。店主一见，说："您是长年居住在国外吧？"引得众人大笑。显然他没有意识到这位是外国客人，而当作自幼渡海出国谋生的下关人了。看来下关可能有许多老年人年轻时生活在海外，故而店主才有此误解（错觉）吧。

11月5日，清早下了一阵雨，伴有雷声，原担心会否变天，但随即雨过天晴，依旧风和日丽。酒店内早饭后，下关市立大学金子肇先生来迎，遂出发。

第一站，火之山公园，上有瞭望台，是观景胜地。我们乘缆车上山，缆车名"满珠"，一行人都是清史学者、满学家，看到此二字，反应当然与众不同。以中见先生为首，见车名大呼：这里用了地道的满洲（manju）称谓，应该拍照留念。其实后来得知，这是内海上一组岛屿的名字之一。大岛，一称干珠，一称满珠，是巧合。而火之山，也并非火山，而是烽火台。

在山顶俯瞰，对下关的地理位置有了一个完整清晰的概念。这里确实地当要冲——海上要冲。下关地处本州岛南端，关门海峡是自外海入濑户内海的必经之路，西出口即对马海峡，南与九州隔海相望，西临日本海，又因距朝鲜半岛甚近，是连接亚洲大陆的前哨地。关门海峡狭长，仅780米，平时赖以通渡，战时赖以扼守，大有一夫当关之势。火之山，昔为烽火台，有军情点火报警，可传达到内海各处。近世到近代乃至现代，此处有过多次重要战争。日本中世史上著名的源平会战（源氏与平家决战）就在这里进行，史称坛之浦之战。山下的赤间神宫祀奉安德天皇，安德乃平家女所生。据介绍，关门海峡的海流，上午、下午流向相反，上午东流，下午西流，上午平家有利时源氏拼命抵抗，平家未能取胜，下午源氏一鼓作气，击败了平家，取而代之。安德也死于斯役，当时她还只是一个8岁的小女孩，被外祖母背着蹈入海中。这一幕似曾相识，让人想起被元军逼入绝地，南宋丞相陆秀夫背着宋少帝赵昺在崖山跳海的故事，不免有点心酸。又传说，安德将天皇传世的三件神器：镜、勾玉、剑带在身上，结果同沉于海中，源氏想得到神器，曾多次潜水打捞，均无收获。故此后至今的天皇传世神器，不再是当年的古物，而是后来置备的了。

时至近代，关门海峡又上演了新的历史剧目。

1864年，主张攘夷的长州藩在关门海峡筑炮台，与前来进攻的英法德荷四国联军对战，因敌方炮火过猛而落败。

1891年，北洋舰队在提督丁汝昌率领下，穿越关门海峡至东京访问，大有耀武之意。有人传日本人见之震惊，乃下决心强化本国海军；也有人看到清军的软肋：军纪涣散，外强中干。三年后，中日舰队在黄海展开大战，以北洋舰队覆灭的惨痛结局告终。

1895年，李鸿章也穿越关门海峡，这次却是为了屈辱的议和。当他落座在春帆楼的谈判会场，窗外不远处就是波光粼粼的水面，日本运兵船正从海峡通过。

春帆楼以经营河豚菜肴而驰名遐迩。河豚有毒，故有拼死吃河豚的说法，但也可以想见其美味，否则就不会有人愿意拼上性命来尝鲜了。关于春帆楼如何成为日本第一号获得官家许可的河豚料理店，是个日本人耳熟能详的老故事。1887年某日，首任内阁总理大臣伊藤博文（Itō Hirobumi）走进这里。那天正值风高浪急，渔船无法出海打鱼，春帆楼的老板娘苦于无鱼可烹，不得已端出被官府禁食的河豚，哪知伊藤吃后拍案大叫"鲜美"，第二年就宣布解禁河豚（厨师

供奉安德天皇的赤间神宫

需要专门的烹饪资格)。又过了7年,伊藤指定这里为《马关条约》谈判的会场。当然,不是为了用河豚款客,而是要李鸿章好好看清海峡里的日本舰船。

从火之山的山顶下来,经由赤间神宫,我们也来到春帆楼。

春帆楼已经不是明治时代的原貌了。老店在1945年遇空袭烧毁,战后重建,1985年再度维修。因为两度接待昭和天皇夫妇"驾临",店的规格很高,外观庄重典雅,内部装潢考究,金碧辉煌。此时一宿的费用(含早晚两餐)为4万日元(2022年已涨到7万日元)起价,让人咋舌。

走进院落,正面是春帆楼本馆,右手边是一栋歇山顶两层小楼,写着"日清议和纪念馆"。在此要澄清一个常见的误传:这个纪念馆所在地并不是当年谈判的原址,而是日本1937年(注意,是发

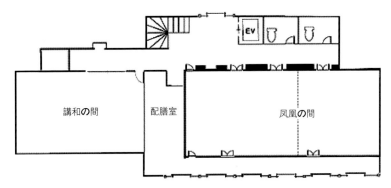

春帆楼二层平面图,"講和の間"即当年马关条约谈判会场

动全面侵华战争之年)为了对外宣传这次"名载史册"的谈判而专门建造的,在馆内重现谈判会场的原貌,陈设用品多取自当初的原物。那么谈判原址在哪儿呢?在本馆楼内二层。虽然楼已翻修,但二层的会场原址仍保持了当年的规模。店里人引我们来看,门口写着"講和の間"(講和意为议和),室内以金黄色调装饰,宽敞雅致,铺设木板地面,有147平方米(榻榻米80叠)之大,据说现在可容纳40—60人用餐。春帆楼全馆只有7个房间供客人住宿,其余皆为餐饮宴会之用,主打品牌当然还是河豚。由于时间关系,没有安排在此用餐,无缘体验这一独特美食,想必当年李中堂是有此机会的,可是身处日方高压威逼之下,如坐针毡,只怕河豚佳肴也都变了味,难以下咽吧。

日清议和纪念馆里陈列了不少名人墨宝,包括三幅李鸿章的字和一幅他来谈判时于下榻之引接寺拍摄的照片。戴师因正在主持《李鸿章全集》的整理,对上述物品很有兴趣,称以前未见过,要我拍成照

春帆楼大堂

片给他带回去。然而隔着橱窗,闪光灯打在玻璃上,很难照清楚。终于,同行的金子先生说动了纪念馆的负责人,破例打开橱窗,取下字画供拍,给以厚待。三幅之一为李鸿章录王羲之《成都城池帖》,文曰:"往在都见诸葛显,曾(具)问蜀中事,云:成都城池、门屋、楼观,皆是秦时司马错所修,令人(远)想慨然。"言外之意是看见日本的建筑风貌,想起中国是它的本源,隐含了提醒日本是在"学生打老师"的意思。然而,一方是羽翼丰满、野心毕露的学生,一方是势弱气衰、毫无招架之力的老师,提醒等同哀求,和与虎谋皮没有两样。

李鸿章与伊藤博文的谈判记录里有两段话广为流传。一段关于赔款,李曰:"赔款二万万,为数甚巨,不能担当",伊藤答:"减到

日清议和纪念馆

馆内复原的谈判会场，右一为李鸿章的座位，其对面坐的是伊藤博文（皆为2022年9月摄）

如此，不能再减，再战，则款更巨矣"；另一段关于割占台湾，李曰："贵国何必急急，台湾已是口中之物"；伊藤竟答："口中之物，尚未下咽，饥甚"。①穷凶极恶之态，无以复加！

其实日方最初的胃口更大，开口便索要赔款白银三万万两。谈判正在胶着之际，一个突发意外或多或少改变了李鸿章的处境。第三次会谈之后，李鸿章如常乘舆返回住处。在到达引接寺前时，突然遭到群马县出身的小山丰太郎（Koyama Toyotarou，又作小山六之助）用手枪狙击，射中左眼下方，弹头嵌入颧骨，血流如注。和谈途中一方代表遇刺，必将招致国际舆论的强烈谴责，甚至导致谈判破裂。为避免发生这种对日方不利的情况，尽早结案，将利益收入囊中，日本同意将赔款减去一万万两。李鸿章拿着血衣叹息：此血可以报国矣。

遇刺后李鸿章不再经由大道，而是从春帆楼外一条山边小径，来往于引接寺和谈判会场，这就是今天标注为"李鸿章道"的小路。路边杂草丛生，路面高低不平，我们沿着此路走到引接寺。该寺为净土宗寺院，历史甚久，始建于1560年，1589年（日本庆长三年）移寺址于此地，迄今已历400余年。听说在接待李鸿章一行之前，这里曾多次用作接待朝鲜通信使（即朝鲜王朝的使节）的客馆。引接寺也因1945年的空袭被毁，只留下高高石阶之上的山门（寺门）。李鸿章则在签署《马关条约》6年后，带着小山射入的凶弹离世。

马关是李鸿章的伤心地，更是万千国人的伤痛之地。我想起那副有名的对联：杨三死后无昆丑；李二先生是汉奸。李鸿章背负骂

---

① 参见左舜生《中国近百年史资料续编》，台湾中华书局，1933年，第265、289页。

李鸿章书"海岳烟霞"

李鸿章录王羲之《成都城池帖》

李鸿章录苏轼诗

纪念馆负责人将展品拿出来请戴师观看

1997年11月5日在日清议和纪念馆前合影。自左向右,前排:松村润、戴逸、神田信夫;中排:中见立夫、松重浩充、细谷良夫、华立;后排:金子肇、江夏由树

名,忧郁而终,但丧权辱国的重大罪责,岂能简单归咎一人,历史的清算,离不开时势大局。梁启超撰写《李鸿章传》,在绪论里用三句话概括对他的评价:"吾敬李鸿章之才,吾惜李鸿章之识,吾悲李鸿章之遇。"又说弱国无外交,"内治不修,则外交实无可辩之理,虽才十倍于李鸿章者,其对外之策,固不得不隐忍迁就于一时也。"(第九章)对于李鸿章在《马关条约》谈判中的作为,梁启超称:"李之此役,无功焉,亦无罪焉。其外交手段,亦复英雄无用武之地。"(第八章)可谓公允切中之语。

1997年11月5日引接寺山门前,右下背影为戴师

2022年再访时,通往引接寺的李鸿章道的路面铺了砖,引接寺山门也重新修葺过了

寻访"田中义一文书"

11月6日，至山口市，参观山口县文书馆。日语中的"文书"，英译为archives，即中文中的"档案"。从下关站到山口站，用时约两个小时，途中换车两次，离开大城市圈，日本的地方交通还是不够方便。

山口县文书馆虽属地方级别档案馆，在日本国内却颇有影响。首先，它成立得早，是日本第一家公立文书馆；其次，馆藏丰富，历史档案加当代档案达53万件，包括一些被定为国宝级文物；最后，管理体系完整，有服务好的口碑。这里历史档案的丰富，要归功于山口县的前身长州藩的历史积累。长州藩曾是江户时代屈指可数的几大雄藩之一，人才辈出。幕末时期，长州藩和萨摩藩联手发动倒幕运动，拉开明治维新的大幕。此后，长州（今山口县）出身的政治家始终在日本的政治舞台上占据重要地位，从伊藤博文到2022年遇刺身死的安倍晋三，光是内阁总理大臣就出了8人，此般风光，再无他处可比。

一下子接待好几位重量级学者，文书馆十分重视，热心答疑，有求必应，我们也因此有幸见到几件"镇馆之宝"。比如"日明贸易船旗"，是明万历十二年（1584）福建晋江县商人赴日贸易时使用的凭证。旗帜为长方形，一端有13个环形套可穿旗杆，旗上3个黑色卷云纹组成的图案为备后国领主高洲家徽。据旗帜下方的文字，明朝商人的船只到港，凭此旗对比查验，符合则予放行，是迄今为止极其稀见的，反映明代中日民间贸易的实物资料。以前常有讨论中日勘合贸易的文章，那是明廷与日本幕府之间进行的官方贸易，而着眼同时期民间贸易的，实不多见，看来还有深入的余地。我看到有人发表文章说，在福冈的博物馆里也看到此旗帜，那应是复制品，要看实物，还要到山口县文书馆来。

在众多档案中，戴师提出希望阅览馆藏的"田中义一文书"。此田中者，何人也？他就是臭名昭著的《田中奏折》的当事人田中义一（Tanaka Giichi）。田中义一与伊藤博文、安倍晋三是同乡，也是长州（山口县）人，由军人起家进入政坛，历任陆军大臣、外务大臣，1927—1929年任日本内阁总理大臣。他上任伊始就召开"东方会议"，通过《对支那政策纲要》，主张以强硬立场，必要时不惜动用武力来加紧对华侵略，随后即在山东制造骇人听闻的济南惨案，造成中国民众一万五千余人死难。1929年，南京《时事月报》披露出田中秘奏天皇的《帝国对于满蒙之积极根本政策》，奏折要求加快"满蒙分离"，称"我对满蒙之权利及利益巨且大矣。故历代内阁之施政于满蒙者，无不依明治大帝遗训，扩展其规模，完成新大陆政策。"又强调："欲

山口县文书馆的镇馆之宝"日明贸易旗"，明万历十二年福建晋江县商人来日贸易时使用的凭证

1997年11月6日,戴师在山口县文书馆阅览档案,左为松重先生,右为作者

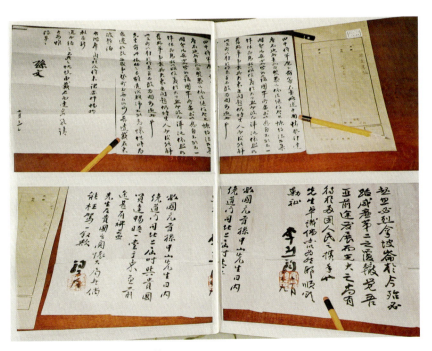

馆藏档案之孙文、李烈钧致田中义一信函

马关纪行

"田中义一文书"的案卷目录

征服支那,必先征服满蒙,如欲征服世界,必先征服支那。倘支那完全被我国征服,其他如小中亚细亚及印度、南洋等异服之民族,必畏我敬我而降于我。"

《田中奏折》一经披露,中国舆论哗然,也引起世界各国的极大反响,但也出现真伪之争。日本官方对此奏折一直予以否认,日中史学界也众说纷纭。但正如许多日本学者所指出,日本在"九一八"以后的海外扩张,与该奏折内容"竟然不可思议地对应",因此不论奏折的真伪如何,是否出自田中本人之手,都表明田中所狂热主张的夺取满蒙、扩大侵华的政策是存在的,日本军国主义的全面侵华是有预谋、有步骤的。

根据文书馆的目录分类,"田中义一文书"有600余件(含照片),这里面当然不会有"田中奏折",却包括他曾到中国时的照片以及20世纪早期他与中国要人的往来信函。工作人员提供了两份信函原件,一为孙中山在护国战争失败后致信田中,陈述派戴季陶赴日活动情由,流露出对时局的失望,也表达了不懈探求今后之路的态度;另一为李烈钧1924年11月19日为孙中山将取道下关的门司北上而写给田中的信件。此次访问也是孙中山最后一次踏上日本的土地，11月28日他在神户发表以"大亚细亚主义"为主旨的著名演讲，第二年3月就在北京溘然长逝。而此类信函中数量最多者，是张作霖来信，时间从1925年到他被炸身死的1937年，共33件。我不是这个领域的研究者，无力发表专业评论，却感触颇深。这些信函让我们看到，早有侵华野心的田中，如何利用中国遭遇共和受挫、军阀坐大的危乱局面，周旋于各方人物之间，物色"理想的"代理人，寻找更深介入中国政局的机会。而向其求助者，或出于形势之无奈，或尝试外交斡旋，或企图投靠却最终被抛弃（如张作霖）。中日关系在不同阶段，各有其复杂的面向，需要深入剖析，目前的研究还存在许多缺环有待填补。为此，山口县文书馆所藏"田中义一文书"作为第一手资料，理应受到更多重视。

走进爱新觉罗神社

11月6日的第二站也是此行的最后一站，前往中山神社内的爱新觉罗神社。

中山神社位于下关市绫罗木村。该村邻近日本海海岸，神社位于地势稍高处，松林环绕。中山家乃日本的公家（朝臣），神社主祭的中山忠光（Nakayama Tadamitsu），曾任太子时代的明治天皇的侍从。天皇生母中山庆子是忠光之姐，故两人又是甥舅关系。年幼时的天皇就在中山家长大，与忠光情谊笃厚。幕府末期，忠光投身尊王攘夷运动，在京都举兵勤王，反抗幕府，事败后逃回长州，却遭到暗杀，享年仅20岁。忠光死后，人们先将他悄悄埋葬，一年后建墓。现在的中山神社建于1928年，神社内的忠光之墓属日本国家级史迹，忠光以"明治维新先驱"的身份享受尊奉，神社也因此一度入列国家供奉的官币大社。

走过高大的鸟居（牌坊），便看到正面的中山忠光主殿。在主殿左侧有一小坡，坡上是一座木构的小型神社，为简约的神明造式样（类似高床式谷仓），四周围着木栅，左前竖一座长方石碑，刻溥杰亲笔题写的"爱新觉罗社"五字。门前另一侧的石座上卧放一块硕大的椭圆形石，刻写"爱新觉罗社由来记"以及所供奉的三位"祭神"姓名，分别是：爱新觉罗·溥杰、其妻爱新觉罗·浩（即嵯峨浩）及他们的长女爱新觉罗·慧生（在19岁时不幸早逝）。中山神社的境内何以会有爱新觉罗神社呢？椭圆形碑上的世系图给出了答案：原来嵯峨浩与中山忠光是至亲，忠光唯一的女儿中山南加嫁给了名门望族的嵯峨侯爵家，嵯峨浩是南加的亲孙女，也就是忠光的玄外孙女。

末代皇帝溥仪之弟溥杰与嵯峨浩的结合，原是日本关东军一手炮制的"政略结婚"，企图通过制造所谓"日满一体"的伪满洲国继承人，达到完全侵占我国东北的目的。但是他们没有想到，溥杰和浩两人真心相爱，在之后的岁月风雨中始终相濡以沫，不离不弃，留下一段足以感动天地的爱情故事。嵯峨浩的自传《流転の王妃》在日本广为人知，中文本译为《流浪王妃》。其实"流転"不只是流浪，还含有饱受颠沛的意思。这本自传后来被搬上日本的银幕，1984年又经增订，以《流転の王妃の昭和史》（主妇与生活社出版）为题再版。

嵯峨浩的确称得上是那个时代的一位奇女子。值得称道的不仅是她对爱情的态度，还有她的大义良知和在困苦面前超乎常人的坚韧不拔。在日本侵华期间，她把自己看作中国媳妇，谴责关东军的暴行。

中山神社的鸟居和正门
(2022年9月再访时摄)

中山忠光主殿（2022年
9月再访时摄）

爱新觉罗社

马关纪行

宝物殿

宝物殿内溥杰一家的陈列区

溥杰与嵯峨浩1974年合作的书法作品,"忠则尽命志在维新"为嵯峨浩所书

异域寻史琐记——从东北亚到东南亚

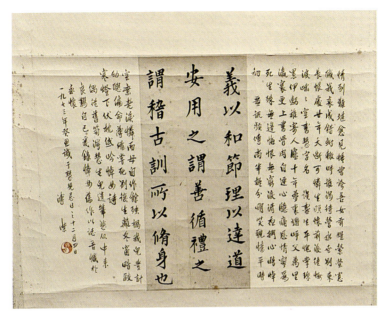

溥杰和长女慧生的书法（中间为慧生书写，溥杰于慧生所书的两侧补书）

溥杰的各种聘书及捐助证书

溥杰生前使用的文房四宝等

1945年日本战败，溥杰被苏联红军逮捕，她带着5岁的二女儿嫮生（大女儿慧生寄养在日本亲戚家）历经颠沛曲折，辗转东北等地一年多后才得以回到日本。1960年，溥杰获得特赦。那时中国正值三年困难时期，民生艰难，日中邦交也未恢复，而她没有片刻犹豫，立即从日本赶来与丈夫团聚，并坚决地加入了中国国籍，从此定居北京，与溥杰相守到生命最后一刻。她在自传增订本里真诚地表示：我希望通过自己的亲身经历，将战争的真相讲给不知道战争为何物的后一代人听，希望他们知道，在我们所处的时代，日本在中国大陆犯下了哪些罪过，不让不幸的过去再度重演。还希望他们了解，新中国如何接纳了我们这样的曾给同胞造成苦难（尽管不一定是出自本人的主观意愿）的人。

1987年，嵯峨浩在北京病故。同年年末，溥杰携带妻子的骨灰来到中山神社内的爱新觉罗社安放。1994年溥杰去世后，二女儿嫮生将父母及姐姐三人的骨灰合在一起，按照父母生前的遗愿，一半撒在北京的妙峰山，留在他们热爱的中国土地上，另一半安放在嵯峨浩故乡的神社内。

爱新觉罗社旁还有一座宝物殿（相当于纪念馆），殿内半边房间的陈列品与主神中山忠光有关，另半间则用来陈列溥杰一家三口留下的物品：衣物、用品、照片、书法等。其中两幅墨宝让我难忘，一幅为溥杰与嵯峨浩1974年合作书写，浩的书法端庄遒劲，正如她坚韧不拔的内心；另一幅为溥杰与长女慧生"合书"。虽称"合书"，却是慧生离世多年后，溥杰在爱女作品的两侧抄录旧作"悼女诗"而成。慧生聪慧美丽，受家庭影响喜爱中国文化，15岁时给周总理写信请求与当时在押的父亲通信，获得总理允准。父女通信让溥杰深得安慰。

却不料几年后,正当19岁花季的慧生意外死于伊豆天城山,真相至今不明。有人说系殉情自杀,也有人说是被卷入事件而亡(溥杰家采此说)。溥杰痛责自己人生走错,以致当女儿需要他时不能在身边尽到为父的责任。这首悼女诗是他痛苦内心的写照。

陈列品中还有溥杰的工作证和各种聘书,这些是他重获新生回归社会后的生活记录。这样的物品被供奉在神社的宝物殿里,堪称奇葩,在日本应该是绝无仅有了。不过我想也不必太诧异,从末代皇弟、华族名媛到普通中国公民,从"政略结婚"到真情相爱,从被迫分离到相守一生,溥杰、嵯峨浩的人生原本就独特不凡、波澜万丈,才会有不同于众的"宝物"陈列。

仔细读了"爱新觉罗社由来记"才明白,这座小神社的位置和朝向都是经过用心考量的——它位于中山神社境内最靠近海岸的一侧,朝向西北,越过大海,那遥远的彼岸是中国大陆,而正对的远方,是北京。

补记:

2022年9月,有机会第二次造访山口县下关市。时隔25年旧地重游,不禁想起1997年陪同恩师戴逸先生游历此地的种种情形,一切都历历在目,温馨亲切如昨。那次因拍摄技术欠佳,留下的照片不多,画质也差,这次特意补拍了一些,用于文中。配图的拍摄年份有1997年与2022年之不同即缘于此因,特此说明。

神户异闻：奇特的"旧中国领事馆"

日本关西三大城市——京都、神户、大阪，简称"京阪神"，构成了关西人的通勤生活圈。常听当地人这样评论京阪神各自的特点：京都雅，神户洋，大阪的市民热心肠。京都的雅，缘于它千年古都的文化积淀；大阪浓郁的市民气息，来自它悠久的商业传统；而神户的洋，则基于它作为国际港口城市的丰富涵养。

神户背靠六甲山，面拥神户湾，景色优美。自1868年开港以来，一直是日本屈指可数的国际贸易大港，城市风格也很国际化。开港之初，日本当局曾沿着海岸划出一片东西向的狭长地带作为外国人居留地，即今天的中央区海岸通（日语中"通"指大街）一带。但是随着外国商人和海员人数日益增多，居住范围很快向居留地外围扩展，鳞次栉比的西洋建筑从海岸延伸到山坡，构成了近代神户独特的欧洲城市风貌。邻近海岸通的北野町异人馆街区，就是那个时代留下来的一组西洋建筑群，充满异国风情的老式洋楼大都经历了一个半世纪的历史岁月。

我喜欢神户开放洒脱的气息。有几年因为在神户某大学兼课，我常来往于大阪和神户之间，换车必经过市中心的三宫站，有暇时会停下来小逛，不一定买东西，浏览橱窗（Window shopping）也可以饱眼福（笑）。遇到神户市立博物馆有大展，则定会前来参观。但其他地方去得不多，去过也未细游。直到2010年，北美的亲友初到日本，我陪着她游神户，先参观港口，再从海岸通上山到北野町，走进洋楼林立的异人馆区。这一次，我们不仅仔细欣赏了德国商人托马斯的旧邸"风见鸡馆"，美国总领事亨特夏普的宅邸"萌黄之馆"，还在一条坡道的尽头"发现"了一处与20世纪40年代中国有关的旧址，被异人馆游览处命名为"旧中国领事馆"，它的由来，与汪精卫有关。

在中国，汪精卫是个无人不晓的名字。他的名字和一生经历被呈现为极具对照的颜色和标签——红与黑，明与暗，正义与邪恶，革命者与卖国贼……他曾加入同盟会，奋起反清，因行刺摄政王载沣未遂而入狱，成为名噪一时的"志士"。他忠诚追随孙中山先生创建共和，孙先生病重之际代为起草"总理遗嘱"，因而赢得党内威望。他早期的斗争史很辉煌，堪称革命元老之一。孙先生死后，他一度以国民党左派的身份主持国民政府大政，然而未久即与蒋介石同流合污，发动"七一五"反革命政变，屠杀共产党人和革命群众。1937年以后，更是公然媚日，同年12月29日发表卖国艳电（按电报代码，29日为艳日），说日本对中国无领土要求，愿接受近卫内阁提出的"互相善邻友好、共同防共和经济合作"三原则，公开投入日本侵略者怀抱。汪精卫早年留学日本，曾就读于法政大学，原有亲日情结，1938年正式投靠后，又多次赴日勾结，并于1940年成立汪伪南京政府，为日本的"大东亚共荣圈"效力，沦为遭人唾骂的汉奸，最终病死在日本的名古屋。

那天参观回来，我发了一条博文："对于汪精卫的上述历史，人们或多或少都有了解，但是恐怕没有多少人知道在神户，曾经有汪伪政权设立的'领事馆'；至于这处旧址至今尚存，而且对外开放，知者只怕更少。我们在关西住了多年，也还是第一次走进这里参观。"

这是一个怎样的"领事馆"呢？

据异人馆游览处网页的介绍，这栋建筑于日本昭和十五年

路口标志牌赫然写着"旧中国领事馆"

一楼大门左侧可见"旧中国领事馆"的牌子

"旧中国领事馆"内配有日文介绍。2023年春再来时,该馆已更名为"坡道上的异人馆",门口的"旧中国领事馆"牌子业已摘去,日文介绍也不见了

（1940）成为汪伪政权驻神户领事馆。汪精卫1944年11月病死在名古屋，第二年日本战败投降，汪伪政权倒台，由此想来，这里被伪领事馆使用的时间不会超过5年。汪精卫1941年前往日本时系从神户港上岸，短暂小停，是否到过这里，则不详。他后期为了疗病，长时间在名古屋住院，大概无暇至此。该网页并说这里曾是陈姓宅邸，但不知是先有陈姓之宅，而后为汪伪政权使用，还是汪伪政权覆灭后陈姓拥有了此栋建筑。

关于这个介绍，还有一个重要疑点，事后我向神户的华人、华侨朋友们谈起这次到访的观感，他们却多表示并不知道异人馆一带曾有过汪伪政权的领事机构，对其说不以为然。此事蹊跷。也许是学史者的本能，不免引起我对该建筑的身份真伪之疑，也因此成为我后来努力查找线索的缘起，不过那是后话。这里先来谈谈访问当日的见闻。

这栋洋楼为两层建筑，紧邻北野外国人俱乐部，大门口悬挂"旧中国领事馆"的牌子。在众多欧风建筑中，它显得独树一帜，是北野町异人馆街上唯一一栋可以看到东方元素的建筑。它的外观是西式的，以黑白两色为基调，墙面黑色，门窗白色，采用了与附近其他洋楼相仿的鱼鳞板墙面，但院门是中国风格，有门钉装饰，不过门钉数为横四竖八的偶数，与通常的奇数配置不同，不知什么缘故。

大门内有该馆的日文说明，翻译如下：

本处异人馆，曾是汪兆铭政权下的中国领事馆。

汪兆铭（1883—1944），中国的政治家，广东省人，字清卫（此处原错，应为精卫），在日本法政大学学习期间加入同盟会，以后作为孙文、胡汉民的盟友活跃于革命运动之中。此后因为他逐渐靠拢日本统治当局，在南京成立了亲日政权，本建筑曾一度作为中国领事馆使用，有领事驻此办公。

馆内展品都是令人回想旧领事馆曾经面貌的珍贵物品。这就是被认真守护其原貌，充满东方神韵的异人馆——旧中国领事馆。

既反映旧"领事馆"风貌又反映东方神韵？站在楼外是想象不出内部情形的。我带着几分好奇走进去，随即，好奇变成了大大的惊讶——楼内的陈设是如此豪华考究，甚至可以用奢侈来形容！

一楼进门，先看到一组黄杨木屏风，雕刻极精美，喜鹊、梅花鹿、鸳鸯、凤凰，无不栩栩如生，屏风后面有布幔遮挡，看不到里面，应是厨房。接下来是用餐室，也是考究的明式桌椅，而桌上的铜制咖啡具，透露出主人的西式爱好。

一楼正厅，不太大的空间摆满了紫檀贝雕的桌椅和各式家具，高雅华美。角落里有一尊佛像，修长的造型，柔和的线条，颇似北魏初唐的风格。周遭的橱柜几案，无一不以紫檀制成，上饰螺钿，依次看过去，上面摆放的，要么是青花、粉彩或青白瓷器，要么是牙雕或金银器，墙上是一幅巨大的红梅图，正在绚烂绽放。

上了二楼，中央客厅摆放着黄花梨木的茶几和桌椅，与临窗的廊侧以紫檀镂空雕花窗分隔，一应家具皆为明式，透着古朴典雅。光线映在镂空雕花窗上，半明半幽，勾勒出一幅幅如同剪纸作品般精美的图案。廊下的桌子上，有一台老式英文打字机和一本翻开的线装书。客厅右手边连接主卧室，内置中式床榻，张挂帐幔，却不知所卧何人，也不知替侵略者和伪政权做事，能否睡得安稳。

一圈看下来，最令人叫绝的，还不是这些名贵家具，而是二楼的卫生间。可有哪位见过如此豪华又中西合璧的卫生间？大理石铺地，青花瓷做马桶，紫檀木的梳妆镜，据说都是20世纪40年代以前的老物件。连卫生间的门都别出心裁——玉雕加贝雕，既有美玉的温润厚重，又有贝雕的晶莹色彩。

通往后院花园的拱门边上，我看到一个号称"大清光绪年制"的大瓮，几个字写得歪歪扭扭，一看就像某鉴宝电视节目里要"去伪"的对象，不过瓶身两侧凸起的两条长尾蜥蜴（正面是龙，侧面两只怎么看也不像龙），倒是活灵活现，形象奇特，也许是个"老仿"也未可知。大瓮旁边还有两个抱鼓石，按老北京四合院的规矩，原应和门墩在一起，现在却放在花园里。

看罢出来，心绪联翩，忍不住拽了几句打油诗："小丑跳梁，终要自毁；国粹文物，千古传扬；神户旧馆，中华馨香。"

的确是中华馨香，令人陶醉。但似乎另有哪里不太对头，噢，是门口的日文说明，称"馆内展品都是令人回想旧领事馆曾经面貌的珍贵物品"。真的如此吗？显然不尽是。比如一楼客厅里那幅红梅图，作者王成喜1940年出生，是当代中国知名国画家，成名于20世纪80年代以后，其作品自然与汪伪领事馆无关。由此可见，楼内物件并非一概"原装"，直到近年还在增加。那么是谁，出于何种考虑在做这件事呢？汪伪政权卖身投敌，一出现就遭到国人齐声谴责。伪政权的所谓"还都南京庆祝大会"，连主子日本都没派专人参加，成了尴尬的闹剧。在日匆匆设立的"外交机构"，何来余力筹划布置如此华贵的家具陈设？再看楼内的面积和房间布局，更像是私人居家的环境。自清末到民国，驻神户的中国领事馆历来为总领事级别，馆员较多，即便汪伪政权，其时也派驻总领事、副领事、见习领事、书记员等多

一楼用餐室的明式家具

一楼客厅里摆满了紫檀家具及佛像、瓷器、金银器

一楼墙上的清人绘像和瓷器

二楼客厅，摆放黄杨木茶几、桌椅，右通廊侧

装修考究的二楼盥洗间

盥洗间的门采用了玉雕加贝雕工艺

神户异闻：奇特的"旧中国领事馆"

写着"大清光绪年制"的青花大瓮　　后花园入口处的石狮、石鼓

人。如此人数，绝不是这个楼内空间所能容纳。因此我大胆猜想，这里未必真是汪伪领事馆的正馆，楼内的陈设也未必是那时专门布置的，说不定是前面提到的陈姓等神户老一辈华侨的私家之物。所以，与其说现在的它反映伪领事馆的当年旧貌，不如看作保存了中华文化精品的小型博物馆，更为贴切妥当。

当然，猜测不能代替事实，如果这里不是汪伪领事馆所在地，那"真身"在哪里？这里又因何被冠以"旧领事馆"之头衔呢？这个疑问激发了我刨根问底的愿望，为了追得答案，我开始尝试寻找线索。

最先想到的是咨询异人馆游览管理处。既然当作重要旅游资源加以开放，总该知道些内幕吧？没想到对方只淡淡地回答：我们近些年才接手，只负责老建筑的管理和运营，对历史并未详求，至于"旧领事馆"，除了现有的说明，别无资讯可以奉告。第一条线索断了。

接下来想到，可以咨询老一辈神户华侨。神户为旅日华侨三大聚集地之一，长期以来华侨人数仅次于东京横滨圈，颇具势力。日本三大中华街之一的南京街就在神户市中心，若就旅日华侨历史及文化的深厚积淀而言，更超过横滨而居前位。我把电话打到神户华侨历史博物馆，又打到神户华侨总会，希望找到知情的华侨老前辈请教，得到的答复却是：年代太久，有可能知情的老一辈人基本已作古，爱莫能助。第二条线索也断了。

接连碰壁之后，我暂时搁置了寻找线索的行动，但念头一直存在心里。过了若干年，一次与造诣深厚的神户华侨史专家安井三吉和陈来幸两位教授交流，意外地获得了重要指点。他们两位虽未具体考证过汪伪领事馆的所在地，但都肯定一点：自清末在神户设立中国领事馆以来，一直使用同一栋建筑，位于市中心的下山手通二丁目，民国时期如此，汪伪政权之前短暂存在过的华北临时傀儡政府的办事处也如此，由此推想，汪伪的"外交机构"也大概率就在该处，而不会另设在北野町的半山上。因此建议我细读中华会馆编写的《"落地生根"——神户华侨与神阪中华会馆百年史》，再循着书里的史料线索，去有关档案里确认。

承蒙行家点拨，我终于走出迷津。东洋文库藏有汪伪政权时期"驻日大使馆"的档案，内容颇丰富，目录已经公开出版，有许多涉及神户，遗憾的是没有提供关于地址的更多信息。几番努力后，我在日本国立公文馆亚洲历史资料中心的档案里找到了期待的证据：批准购买战时特需物资汽油的证明文件上，明确标注了神户汪伪"总领事馆"的地址！[1] 如专家们所推断，其位置就在下山手通二丁目，与此

---

[1] 研究全面抗战爆发后的国民政府驻日使领馆的张展博士提供了有益的线索，谨致谢忱。

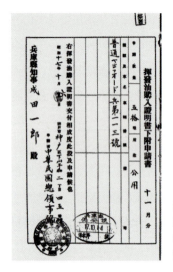

特批供应汪伪"领事馆"所需汽油的文件,时间为昭和十七年(1942)10月14日,末尾的住址"下山手二丁目"清晰可见(日本国立公文书馆亚洲历史资料中心藏)

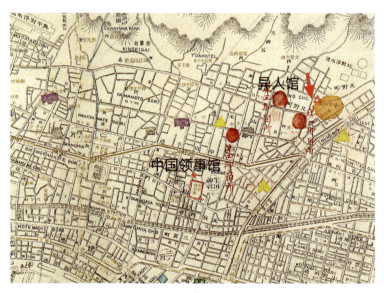

20世纪40年代驻神户中国领事馆位置图(见红方框处),据安井三吉教授提供的历史地图标注,图中有"支那领事馆"字样。而北野町异人馆远在东北山上,相距甚远

前历代领事馆所在为同一建筑。这个结果让人想起《西游记》里真假猴王的故事，闹了半天，异人馆街区的"旧中国领事馆"，是个经不起推敲的"假猴王"！

不过，既然另有真身，异人馆又何以命名该楼为"旧中国领事馆"呢？作为推测，可能有几方面的原因：一、此处曾作为汪伪领事馆的别馆使用，可能曾有领事或来客暂住，因而存在某种关联性；二、"真身"的原领事馆建筑在1945年遭遇美军空袭时毁失，今已不存；三、异人馆近二三十年着力开发自身的旅游资源，将此楼冠以"旧中国领事馆"之名，名头响亮，更能吸引游客（特别是中国游客）的眼球。

如果上面的推测不错，则异人馆的用心可以理解，但我对这一做法仍不能苟同。历史需要实事求是，这座楼可以看作与历史有关的建筑物，有其意义，却不能不加说明地当作"旧中国领事馆"，似是而非，以致历史的真相被误解。

在我看来，这座小楼并不需要依赖有违历史事实的身份包装，它自有光环和魅力。作为异人馆里独树一帜、具有东方文化情调的馆舍，楼内楼外散发的"中华馨香"，足以使来客赞叹倾倒。这些琳琅满目的文物精品，由华侨华人尽心收集保存而来，体现了中华文化的传承。日文说明的最后一句话才是点睛之笔——这里是"充满东方神韵的异人馆"，有此一句足矣！

隐元大师与宇治万福寺

四季豆在中日两国都是常见的蔬菜。在日本的菜市场，它叫"インゲン豆"。"インゲン"（ingen）的读音听起来像"银根"，本有汉字，作"隐元"。没错，就是在日本创设了禅宗新门派黄檗宗的高僧隐元大师的名字。据说这种豆角是他东渡日本时带来的，故名"隐元豆"。但是汉字太麻烦，早不流传，也淹没了这段历史。一次我在东亚史课上讲江户时代日中交流，问学生：谁知道インゲン原本是人名？谁会写这两个字？学生们瞪大眼睛，一脸惊讶。

现在的日本年轻人不知道"隐元豆"的来历，情有可原。不过年纪稍长的人，特别是住在关西一带的人，或多或少都对隐元大师开创的黄檗宗大本山万福寺有所耳闻。这座寺院坐落在京都府宇治市妙高峰下，是幕府赐给的御用地，占地面积广达42000多坪（约14公顷），所建的七堂伽蓝气势宏大。更重要的是，在古刹如林的京都地区，尽管万福寺的建寺历史不算太久（还不到400年），却在众多寺院中占有重要的一席之地。恰如该寺官网的中文说明开宗明义所言，万福寺是"日本最大的中国式寺院"，又如日文说明中所强调，这里"井然有序地坐落着中国明朝伽蓝建筑群和重要文化财"。一句话，全日本独一份儿的浓郁"中国明代寺院"风格，是它的突出特色。

宇治的万福寺吸引我，是因为它与中国的渊源，对佛教的兴趣还在其次。一想到几百年前，隐元大师把一座明代风格的中国禅寺完整地建在了京都的土地上，还留下如此多的中国文化，不由得教人心向往之。说来也巧,想着要去看看,还未成行,却有了一个机会——应京都华人华侨协会之邀去讲座,在随后的午餐中,我被安排与两位来自宇治万福寺的僧人同坐主宾席,话题很自然地围绕隐元大师和万福寺展开,他们也热情地邀请我前去参观。于是,2014年秋,我第一次造访了万福寺。

如万福寺总门内的全景图所示:寺院坐东朝西,背靠妙高峰,在山脚下沿着自西向东的中轴线,山门—天王殿—大雄宝殿—法堂,依次坐落;钟鼓楼、斋堂与禅堂、东西方丈等,则两两南北相对或南北并立;主体建筑的两侧,还分布着大量别院,主要建筑之间都有回廊连接。这种鲜明的主中轴线配置,正是典型的中国禅寺风格。如在中国,肯定是见惯不怪的,可是别忘了,这是在日本。

总门是寺院的大门,但位置比中轴线稍许北移。虽然不在主中

隐元大师像(喜多元规绘,万福寺藏)

万福寺全景图（本文配图除特别注明者外均为2022年夏摄）

轴线上，却是创寺之初的"元老"，始建于动工之年，即日本宽文元年（1661）。全寺共有17座（处）建筑被列为日本的重要文化财（相当于我国的一级国家文物），它是其一，且造型独特，门楼的檐顶正中部分隆起，和左右两侧形成高下之差，被称为中国牌楼式样——的确有几分相似。从总门到山门（日本称三门，发音相同），要经过放生池，池水荡漾，莲叶茂盛。我曾好奇总门为什么不在中轴线上，请教了寺内文华馆（该寺研究机构）的专业人士，才知道这是基于风水的考量，类似北京四合院将大门建在东南角，与总门内侧刻画的白虎镜异曲同工，都具有防止犯冲，镇宅避凶的意味，于是恍然大悟。

万福寺的山门巍峨高大，门前立石，刻禅宗戒律"不许荤酒入山门"，十分醒目。明治以后，日本的佛教寺院大多破戒，僧人既可饮酒又可婚娶，门前刻石虽在，却成摆设。不过黄檗宗以持戒严谨著称，不在此列。仰头看去，山门二层悬匾竖题"黄檗山"，一层中门的上方匾额横写"万福寺"三个大字，都是开山之祖隐元大师的手笔，雄浑遒劲。黄檗禅僧中书法家辈出，隐元大师、从他手里接过万福寺衣钵的第二代住持木庵性瑫，以及即非如一禅师三人，被誉为"黄檗三笔"，对后来的日本书法影响极大，书法因此成为黄檗文化的重要符号。出自名家之手、数量丰富的匾额楹联，是万福寺的又一大特色，这些匾额楹联也多属于日本的重点文化财。徜徉寺内，移步可

总门

隐元大师与宇治万福寺

山门

见,几乎让人忘记身在扶桑,而宛如置身国内的名刹之中。

隐元大师在宇治创建万福寺的缘起,要从他东渡日本说起。

隐元全名隐元隆琦,俗姓林,福建福清县人。他家境贫寒,父亲早年外出,从此未归。隐元虽然年少即抱向佛之心,但因母亲劝阻,等到母亲去世后,才在家乡的黄檗山万福寺剃度出家,时年29岁。为了重修已经荒芜的万福寺,他外出云游化缘以集资,同时跟从高僧修佛参禅,数年后回到家乡,46岁时出任万福寺住持,名声日显。

隐元东渡日本时,正值明末清初的乱世,长崎华人展开同乡扶助,兴建唐寺(中国寺庙)作为华人的精神依靠。当时唐寺之一崇福寺的住持病逝，早些年来到长崎任兴福寺住持的逸然性融想到了隐元，力邀其前来。起初，隐元派弟子也懒性圭前往。但也懒不幸在途中遭遇海难而亡。带着对遇难弟子的痛惜，在逸然第四次促请之后，63岁的隐元终于在1654年（南明永历八年，清顺治十一年）带领20余名弟子启程，搭乘郑成功海商集团的船只前往长崎。

关于隐元东渡时间，还有另一个版本。据《海上见闻录定本》记载，南明永历十四年即清顺治十七年（1660），郑成功命部下赴日本借兵抗清，"以船载黄檗寺僧隐元及其徒五十众，进（？）倭人敦请隐元，故载与俱往。"按照这个记载，隐元赴日时间要晚6年，但此说缺少其他旁证支持。至于文中说郑氏因为日本方面敦请隐元，故主动援手帮助，也借此向日方示好，事实上，隐元赴长崎与日本官方无关，是出于华人的恳请。借用了郑氏船只一事，则两说相同。当时清朝为了防范郑氏与大陆反清势力联手，厉行禁海政策，"片板不得下海"，只有郑氏商船频繁往来于中国台湾、日本长崎之间，而沿海的厦门、泉州一带也在郑氏控制之下，抗清志士与隐元应有交往。据说隐元为了东渡，先到泉州待机，等候厦门方向郑氏船只的消息，而后出海。

到长崎后，隐元先住进兴福寺，与逸然会面，随后进入崇福寺担任第四代住持。崇福寺山门上悬挂的"圣寿山"匾额，便是那时隐元所题。不过隐元在崇福寺住持的位子上没坐多久就转往京都了，这个变化连他自己也始料不及。隐元原来的计划是3年后回国，却最终落脚京都宇治，开创了日本禅宗新门派——黄檗宗。之所以有这个结局，与一位日本僧人的努力密不可分，他就是京都妙心寺原住持龙溪性潜（Ryukei Shosen）。

龙溪性潜仰慕隐元已久，一得知隐元到达长崎，便迫不及待地恳请其北上传法，执掌自己出身的普门寺（在大阪），他自己甘为嗣法弟子跟随左右。隐元被龙溪的诚意打动，接受了邀请。北上后，在龙溪的帮助下，隐元得以谒见幕府将军德川家纲（Tokugawa Ietsuna），成功取得幕府的支持，两年后获赐京都附近宇治郡的一块土地以建设新寺。有人说德川家纲就此皈依了黄檗宗，不知其说确否，可考的是，后水尾天皇为首的许多皇室成员以及各地大名都竞相成为黄檗宗的信众，足以想见隐元的巨大号召力。1661年寺院动工，为表示不忘故土，隐元将宇治的新寺也命名为"黄檗山万福寺"，又叫"新黄檗"。与此相对，福清家乡的黄檗山万福寺被称为"古黄檗"。

踏入山门，迎面便是天王殿。天王殿的本尊是袒胸露腹、笑口常开的大肚弥勒佛，两侧分立四大天王，背后是健步如飞、能日行千里的韦驮天，这样的天王殿，也是中国式的。日本老百姓熟悉的大肚弥勒，是民间喜闻乐见的七福神（类似我国的八仙）之一的布袋尊，大布袋里满是宝物，带来圆满福气，最为亲民；而说到弥勒菩萨，便会联想6—7世纪时自朝鲜半岛传入日本的弥勒菩萨半跏思惟像：头戴宝冠，身形修长秀美，纤细的手指轻扶右颊，左脚横叠于右膝上，上身微前倾做沉思状。大肚弥勒佛形象始见于我国五代，此后流传开来。元明以降，奉祀天王殿成为惯例，但在日本的寺院，以大肚弥勒为本尊的天王殿极为难得，更何况体形如此硕大的弥勒佛，在日本应该是数一数二了。

天王殿后面的大雄宝殿是万福寺的中心建筑，重檐歇山式，气象庄严。殿门前有月台，地面铺满细石，大雄宝殿与法堂之间的地面也铺了细石，于中国风之中又掺杂了几许和风。它的建材尤其值得一提，居然使用了东南亚特产的名贵木材、号称"万木之王"的柚木，

天王殿弥勒佛像（范道生作品）　　　　　　　　京都广隆寺弥勒菩萨思惟像[①]

大雄宝殿

---

① 参见小川光三摄影，《魅惑の仏像　弥勒菩萨》，每日新闻出版社，2000年。

大雄宝殿的梁柱采用了东南亚特产的柚木

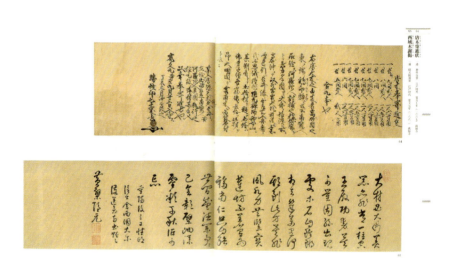

上图:胜性印进献柚木的"唐木寄进状"。下图:隐元的"西域木谢偈",西域木即柚木别称(见九州国立博物馆2011年《黄檗特别展》图录)

也是日本唯一使用了柚木的大雄宝殿。

据资料介绍，柚木"油性光亮，材色均一，纹理通直"，"是木材中变形系数最小的一种"。特意采用柚木建造大雄宝殿，隐元大师之良苦用心可以想见。但是，三百多年前的江户时代，非但此木料价格不菲，如何从产地东南亚调集到此，恐怕也是一大难题。寺内各建筑的落成年代不一，总门和位置最靠后的法堂及其两侧的东方丈和西方丈较早，为1661—1663年，大雄宝殿、天王殿以及两侧的斋堂、钟楼、鼓楼则迟至1668年，这为我们勾勒了一幅动态的建寺图景。想象一下当年万福寺的建造工地吧，在一片开阔的平地上，先有总门和法堂，又过了数年，两座主体建筑天王殿和大雄宝殿以及配套建筑于同年建成，至此奠定了寺院的基本规模，而山门还要再晚几年。

那么，如何筹集柚木呢？我曾关注清代中日长崎贸易的有关课题，柚木的来历立刻勾起我的兴趣。江户时代实行锁国政策，只允许中国或荷兰的商船进入长崎港，如果有柚木自东南亚运到日本，必与这两类船只的活动有关。从年代看，那时正值郑氏集团活跃于海上而清朝实行禁海政策期间，如船运，依赖郑氏集团商船的可能性很大。当时种种猜想未能寻到头绪，之后得台北刘序枫教授指点并赠资料，才知道这柚木的确与长崎贸易有关，不过不是郑氏集团所为，而是荷兰船从暹罗（今泰国）购入，原打算运到台湾，供占据当地的荷兰东印度公司使用。未料郑成功攻台，形势紧张，又遇到恶劣天气无法靠岸，只好转道前往长崎。在长崎经商的胜性印是隐元的信众，便斥资买下木材，进献给正在兴建的万福寺。据胜性印的"寄进状"（捐赠信），柚木共9根，木材尺寸最长者16米，直径最粗者66厘米。隐元对名木到来无比高兴，亲作谢偈表达心情："大材必大用，美器亦非常,一柱空王殿,功勋莫可量。因缘出现处,木石自铿锵。相去几万里,何期到方。莫非凤愿力,无竖宝莲坊。不着有为福,当仁只自强。无间盛德业,事事已全彰。檗岫添灵彩,千秋讵可忘。"

大雄宝殿内供奉释迦牟尼佛,两旁站立阿难、迦叶二弟子,殿侧配祀十八罗汉。说到万福寺的佛造像,不能不提到为此做出重大贡献、人称"奇才佛像师"的范道生。他是福建泉州人,1660年先应邀到长崎为福济寺制作佛像,之后被隐元请来万福寺。天王殿的弥勒佛、韦驮天,大雄宝殿的十八罗汉,祖师堂的达摩坐像及开山堂里为隐元大师72岁寿辰制作的寿像等,都是他的作品,件件不凡,而以铁梨花木雕刻的十八罗汉像尤其精彩,被誉为范氏代表之作。

范道生的一身技艺传承于父亲,又青出于蓝更胜一筹。父亲将心爱的《十八罗汉图卷》传给了他,他是带着这幅图卷在万福寺开始创作的。十八罗汉像历来是佛像师们发挥自我的好题材,与佛陀、菩萨造像严格的仪轨不同,罗汉所表现的是禅僧的生活世界,有相对自由的创作空间,所以在不同寺院里每每看到风格迥异的罗汉像。范道生也充分利用了这个机会,经他之手问世的十八尊罗汉木雕像不拘一格,各有生动的神态和略显夸张的身姿,面部表情拟人又不完全写实,或胡容,或华貌,或凝思,或张目,每个表情都体现出人物个性。

品味范版罗汉像,可看到许多独特的创意,这些作品幽默、有趣、带有颠覆性,值得多说几句。比如,那迦犀那尊者,明明俗称挖耳罗汉,因精辟阐述六根理论之一的"耳根"而闻名,我们常说的耳根清净就源自这里,范版却让他手持一柄香炉,而不是惯见的挖耳竹枝;又如庆友尊者,俗称看门罗汉,禅杖原是其标配,这里则缩小成玩具般的迷你版；再如半托迦尊者，俗称探手罗汉，最常见是打坐完毕高举双手舒展身体的形象，这里却是一手托钵，一手举物（核桃状），钵中还探出精美的龙头。我猜想，创作者如此挥洒雕工，也许因为他更在意作品的艺术性吧。范版罗汉对于袈裟的刻画也极见用心，领口、袍袖、衣褶，遍刻花纹再施以彩绘金粉，华美无比。听说最后一道彩饰工艺有日本工匠参加，留下了中日合作的佳话。

佛造像告一段落后，范道生离开万福寺，经长崎前往广南（今越南中南部）看望住在那里的父亲，然后返回日本。他原打算再回万福寺继续工作，却未想返至长崎就遭拒绝入境。我推测是他乘坐的船只未能取得入长崎港的必要手续，在锁国时代，凡此类情况，就会被要求全船遣返。劳累与焦虑令他一病不起，这位才华横溢的佛像师就此英年而亡，长眠长崎崇福寺后山的唐人墓地，年仅36岁（去长崎时我曾到墓前探望）。庆幸的是，他以心血雕成的作品连同整座万福寺，都得到上天眷顾，三百余年来，寺院未遭兵凶祸乱，也奇迹般地免于火灾，安然至今，我

范道生作品：十八罗汉之那迦犀那尊者、庆友尊者、半托迦尊者

们才有幸得见。

万福寺的建筑之美,还表现在许多细部的匠心独运。寺内的回廊,九曲回绕于建筑群之间,给人几分江南庭园的感受。开山堂和法堂殿前的勾栏特意做成卍字形,阳光透射进来,立体感十足。大雄宝殿正面墙上的圆窗,配以橘红色圆框,和白墙相映衬,格外醒目。

更难得的是,今天的万福寺,不仅保存了明时物,还保存了明时音。

建寺后近百年间,按照隐元大师的要求,共有13代住持来自中国,这也使得万福寺较长久地保存了故国的语言氛围,强化了它的"中国式"色彩。万福寺僧侣诵经时的梵呗,至今仍使用明朝南京官话,日本称黄檗唐音。在日本佛教组织举办的诵经大会上,万福寺的梵呗也是独树一帜。我访问时没有赶上寺内诵经,无从聆听,诵经大会的录像倒是看过,伴随敲击木鱼发出的清脆节奏,用唐音唱诵"般若心经",虽不能听清每个字,但可以辨别其中一部分,那种铿锵顿挫,也与较少起伏的日文诵经明显不同。此外,僧众们的起卧、开饭、集合、做法事,都要敲梆告知,这梆声也是建寺以来的传统。如今的斋堂廊下仍悬挂着一个巨大的鱼梆(也叫开梆),系用整块木料雕刻而成,口含圆珠,鱼目怒睁,表情栩栩如生,鱼身中央明显有累年击打的痕迹。听说最初的鱼梆是从中国运来,现在的为就地制作,已是第三代。寺内多处还能见到称作"巡照板"的方形木板,上写:"谨白大众,生死事大,无常迅速,各宜觉醒,慎勿放逸"。隐元制定的《黄檗清规》中有:"各处更版巡更时,各打三下,念谨策己,复打六下",指的就是巡照板,至今遵照不怠。我也看到一个视频:晨起四时,天色尚暗,值班僧人敲击巡照板,用唐音高声诵念"谨——

鱼梆(开梆)

巡照板

白——大——众——"尾音拖得很长,梆声和诵念声,在清晨的万福寺内回荡。

2022年,时隔8年,我第二次到访。对于万福寺这是个不同寻常的年份,正值隐元大师大远忌(圆寂)350周年纪念。隐元担任住持3年后让位给弟子木庵,自己住进寺内的松隐堂,继续潜心佛法。1673年,他以82岁高龄圆寂。在圆寂前3天,后水尾天皇授予他"大光普照国师"称号。从此,每逢50周年忌日,由天皇加封谥号就成为定例。2月25日,宫内厅长官代表在位的令和天皇宣布了新谥号——"严统大师",这是第7次加封。日本天皇给佛教高僧加封号或谥号,其历史可以追溯到10世纪,赴唐求法归来创立真言宗的空海和尚被尊称为弘法大师,该称号也是天皇授予的。有研究者解说,皇室对万福寺的格外厚待,是因为隐元等人将中国明代的禅林礼法和规矩完整地传到了日本,使已陷入固定化和形式化的日本禅宗重获活力,隐元也因此被誉为中兴日本禅宗的祖师。在皇室和幕府的加持下,黄檗宗得到空前发展,在江户后期的全盛时代,宗门下的寺院多达千所,今天仍有半数存留。隐元在世时,并未标榜门户,而始终以临济宗下的分支自居,明治九年(1876),日本政府将黄檗宗与临济宗、曹洞宗并列,这一派才正式成为日本禅宗三大派之一。

黄檗宗对日本佛教的贡献有目共睹,但其贡献远不止于佛教本身。随着隐元和众多黄檗僧人的到来,一股强劲的中国风吹进日本,从思想、建筑、文学、书法、绘画、雕刻、音乐、印刷、医学到饮食文化,黄檗文化的影响无处不在。这里就来说说与我们普通人的生活日常密切相关的几件事。

普茶料理和煎茶,都是大众乐道的黄檗饮食文化。普茶的意思是"向大众普及施茶",它不仅带来了丰富的食材和多样的素餐烹饪法,还带来了全新的用餐方式:四人围桌而坐,食物盛在碗里置于桌上,每人自由取食,一派和谐。而此前日本僧人的餐饭极为简素,各人一份,亦不用桌椅。比普茶更有影响力的是煎茶。"煎茶"是相对于日本传统茶道的"抹茶"而言。抹茶要先将茶饼炙烤后碾成齑粉尘

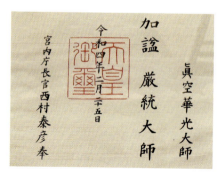

令和天皇所加谥号为"严统大师"

末，置于茶盏内，随后浇注沸水并搅动，待泛起白色茶沫后，参加茶会的众人轮流品饮，突出仪式感。而煎茶是将散茶炒制后以沸水冲泡饮用的品茶之法，也叫瀹茶法，随意自由，不受形式的羁绊。流行于明朝的煎茶由黄檗僧人带入日本，从文人雅士而达一般民间，如今蔚然成风，成为日本茶文化的重要组成部分。1928年成立的"全日本煎茶道联盟"，总部就设在发祥地万福寺，寺内还建有卖茶堂作为纪念。

另一件极具意义的事情是，肥后国（今熊本县一带）出身的铁眼禅师用长达17年的努力完成了整部明万历版《大藏经》（日本称《一切经》）的雕版制作，将其刊行，人称铁眼藏或黄檗藏。这部《大藏经》最初由隐元从中国带到日本，为使更多人能够看到以广弘佛法，铁眼发愿制作雕版来印刷。为了集资，他从1664年起外出托钵化缘，因为地方遭灾，两次将集到的钱优先拿来赈济百姓，直到1681年（一说1678）才终于完成刊刻，印成1618部、7334卷。那时所用的版木多达48000余块，现在是日本的国宝。这件事乍听只与佛教界有关，其实直接影响了今天日语的日常书写。雕版采用的字体与明版相同，这就是今天在日本最常用的字体——明朝体（即中国的宋体字），而版木每片20字×20行共400字的格式，成为后来原稿用纸的规范。像我这样每天在电脑前打字、爬格子的人，都是铁眼雕版的受惠人。可惜第一次来访时我还不知道这些，错过了参观的机会。

以大远忌350周年为契机，寺内对许多建筑进行维修，顶瓦新葺，油彩重绘，伤损较重的钟楼、法堂等再度整修，比8年前的面貌大为改善。这次重游，我有两个愿望，一要体验普茶料理，二想亲眼见到了不起的铁眼版木。

第一个愿望不难实现，按照预约好的时间来到寺内的素食店，落

精致无比的普茶料理

收藏铁眼版《一切经》版木的宝藏院,很遗憾未能参观

座和室，透过廊窗可以望见庭院的花木，景色宜人。由于疫情关系，不提倡聚集，没有了多人围坐，少了热闹气氛，取消盘碟盛放，改成了便当盒，静悄悄默食，意趣与普茶本意相去甚远了。但是端上来的普茶料理，形象极佳，精致无比，烹饪讲究也很美味，菜单仍是中国风格，菜名用中文写就，发音注以日文假名，用心品尝，眼睛和舌尖都得到很大的满足。

第二个愿望却落空了。铁眼版《一切经》版木库在紧邻万福寺的宝藏院，门开着，一如平常，进去后才知，最近因故谢绝参观，还不确定什么时候能够恢复。抱着希望而来，失望而去。

从万福寺归来的晚上，照例沏上一杯清茶，打开桌上的电脑。白天的失落感还未散去，心里多少有些怏怏。但是，当我敲击键盘，看到熟悉的明朝体一个个跳出来，忽然一种感动向我袭来：这就是黄檗先人带来的文化，如此深入地植根在日本，融入我们的现代生活。这个念头让我释然。虽然没能看到版木，但先人带来的恩惠，时时就在我们身边，与我们的生活同在，我分享，也怀念。

长眠在大阪真田山旧陆军墓地的清朝将士

年逾八旬的横山笃夫（Yokoyama Atsuo）先生是大阪府乡土史志专家，也是一位反战人士，对于近代以来日本军国主义的战争行径十分痛恨。他笔下的乡土史研究，不仅有对人文风物的温情描写，也有对这片土地上战争所遗留史迹的深入考察和犀利批判。我与横山先生熟识，常一起参加学术活动。一次有关日清战争（中日甲午战争）的小型研讨会后，他对我说："您知道吗？大阪也埋葬着清朝的军人。"说着递过来一本书——是他与几位同道积数年之功合著的《陸軍墓地がかたる日本の戦争》①（《陆军墓地所讲述的日本战争》）。这个陆军墓地就是位于大阪府玉造地区的真田山旧陆军墓地。

2016年4月早春，一个清冷的早上，我走进了真田山旧陆军墓地。真田山在大阪府的中心地带，虽有"山"之名，实则一片低缓起伏的丘地。明治维新以后，长州藩出身的大村益次郎（Ōmura Masujirō）试图以大阪为依托，创立日本近代化军制，废除武士特权，实行普遍征兵制，事未竟而遇刺身死。为了提高出征将士的士气，安抚军心，他要求在军队屯驻中心地分别设立陆军或海军墓地。大阪的真田山因此成为最早的日本陆军墓地，后来又成为全国80余处陆军墓地中规模最大者。1945年日本战败后，各地的陆军墓地大多颓坏废弃，真田山墓地也一度荒芜，后经地方的民间团体奔走努力才

---

① ミネルヴァ書房，2006年。

墓地大门关闭,但小门常开可随时出入

入口处的墓园分布图

得到修复并维持至今。横山先生也是为此积极努力的民间人士之一。有人质疑为什么要有意保留这样的战争遗存。他回答说,保留遗存不是美化战争,而是揭露战争带来的血淋淋的惨痛事实,从而昭示后世之人,只有让后人懂得战争之代价何等巨大,知道民众因战争蒙受了多少牺牲,才能远离战争。我听后,深以为是。

长眠在大阪真田山旧陆军墓地的清朝将士

墓园紧邻三光神社，入口在北侧，铁栅栏大门关着，但留有一扇可供出入的小门。园区果然很大，园内一片静寂，到处是林立的墓碑，密密麻麻，望不到头，给人以异样的不快和压抑之感。我已熟读过横山先生的书，可以举出一连串数字：墓园共占地约5000坪（约合1.7公顷），有个人墓碑5299座以上，并建有存放43000人骨灰的纳骨堂一座。所葬死者的年代，上起明治时期日本国内的西南战争（1877年），中经出兵台湾、日清战争（中日甲午战争）、日俄战争，下至满洲事变（"九一八"事变）、日本侵华战争乃至太平洋战争时期。可以说，这座墓园本身，就是一部不同一般的、充满杀伐、侵略和血腥之气的日本近代史。横山先生说的清国军人之墓也在这里。与杀伐者不同，他们的身份是"清朝捕虏"，捕虏即俘虏。他们被俘于甲午战争期间，最终死于大阪，遂葬于此。

另一位名叫塚崎昌之（Tsukasaki Masayuki）的历史学者也关注了甲午战后清军俘虏的问题。据他研究，被押解到日本的"清朝捕虏"共1000余名，被分别安置在广岛、松山、大阪、名古屋、东京等多地，其中大阪275名。之所以大费周章将俘虏押回日本，是为了作为战利品来炫耀，更要表现出此战是"文明"之国日本战胜了"野蛮"之国大清，以此提振日本国民的信心。故俘虏每经一地，必被围观。现场人如潮涌，成百上千，拍手叫好者有之，高声怒骂者亦有之。其时明治天皇恰在广岛，军方曾打算"献俘"御前，后因俘虏们过于衣衫褴褛和污秽（塚崎认为是故意不给洗浴机会以丑化之），只好停在远处供天皇眺望"御览"。这批俘虏最后大多被放回中国，但有近30人（不算转运途中死亡者）因自杀、伤口恶化或染上结核、

平壤战役后被俘的清军士兵（小川一真《日清战争写真帖》，博文堂，1895—1896）

霍乱、脚气等疾病而亡，葬于大阪的数人也在其内。① 甲午之战打败清朝对日本的意义实在过于重大，大到连战俘也要拿来加倍"消费"，这般做尽文章。这些真相历来鲜有人提及，经他不懈研究而得以揭露，对不幸受辱的清军将士也有一个交代。

墓地的排列一如军队，有森严的等级。兵卒、士官、将校……生前尊卑有别，死后亦按军阶区分成A—I的8个区块。死者身份不同，墓碑之大小及形制亦有差别。身份最低下者葬在东北角的A区，为不入流的随军杂役、民夫之类。入口处张贴着墓园分布图，有关说明还特意点出清朝军人墓所在的位置，一目了然。走向A区时，我心情起伏，脚步有些沉重。长眠于此的故人们，可安好否？你们在甲午之战中浴血拼杀，却何料魂断他乡。将士无归，悲乎哀哉！今天，请接受我的敬意和怀念！

清朝军人墓共6座，混杂于日本杂役、民夫的墓之间，但都偏在

---

① 参见塚崎昌之《日清戦争の清国兵俘虜と「大日本帝国国民」の形成——演出された「文明」と「野蛮」の戦争》，《旧真田山陸軍墓地研究年報》第7期，第25—66页。

法国讽刺漫画家毕戈（Georges Ferdinand Bigot）笔下的清军俘虏，描绘了押送途中，俘虏在东京新桥被日本民众围观、怒骂甚至投石的场景

各排的东侧边缘，故前后邻近，仿佛仍在彼此守护。其墓碑形制与旁边的日本人并无不同，为该区的统一式样，即方柱体，顶部呈尖锥形，有人称"方尖碑"（国内网上有些传闻说按日本习俗，墓碑尖顶表示死者作战勇敢，清朝俘虏得不到此待遇，墓碑皆为平顶，显示日方有意羞辱之，云云，所言与事实不相符。被俘将士的确曾经受辱，但并非在墓碑形式上，这种人为编造毫无意义）。碑身正面竖刻"清国□□某某之墓"或"故清国□□某某之墓"字样，侧面刻其死亡年月日，个别有享年及军中身份。□□处已被水泥抹平，泛着白色，原来应是"捕房"二字，后被凿去，却不知何时何人所为。事后我曾向横山先生请教，他说自己也不甚清楚，推测是20世纪50年代，墓地从军方手中移交到大阪地方管理之后的事。后来查到这个墓地还葬有第一次世界大战时被俘的两名德国兵，墓碑也曾刻有"捕房"字样，因侮辱意味过于明显，1931年遭驻日德国领事抗议，从而凿除并用水泥遮盖。至于清朝军人墓碑上的字样何时除掉，虽不得而知，但有可能在此之后而早于20世纪50年代。

清朝军人墓均在东北角A区，墓碑形制与本区其他日本人的相同，即方尖碑

石灰岩质地的墓碑，经过百余年的风雨侵蚀，都已风化开裂。但是，历史并未因岁月而湮灭。在墓前静默行礼时，我惊喜地发现，6座墓碑前都插着白色的菊花，虽然枝叶略显干枯，洁白的花朵依然饱满绽放，应是几天前刚有人来此祭扫过。环顾偌大的A区，如此景象，唯我清军将士墓前所独有！亡者孤葬异国已逾百年，这恐怕不是

他们的亲属后人所为，但一定是国人同胞前来祭奠。亡者的在天之灵有知，也会感到宽慰吧。是的，历史不能忘却！让我们认真读取墓碑上的文字，好好记住这些为国捐躯者的名字。

  1. 清国□□刘汉中之墓 清军马兵五品顶戴 明治二十七年十一月九日于大阪陆军临时病院死亡 行（享）年二十三岁
  2. 清国□□李金福之墓 河盛军步兵卒 明治二十八年七月十六日于大阪陆军预备病院死亡
  3. 清国□□刘起得之墓 明治二十八年一月三十一日于大阪陆军预备病院死亡
  4. 清国□□吕文凤之墓 朝鲜皇城内清国电信局巡查 明治二十八年六月十一日于大阪陆军预备病院死亡
  5. 故清国□□西方诊之墓 大正四年帝国在乡军人会西区联合分会再建
  6. 故清国□□杨永宽之墓 大正四年帝国在乡军人会西区联合分会再建

  碑文只有寥寥一两行字，实在太过简短。不过若是努力从中探寻，简短的碑文也可能蕴含宝贵的信息，有助于更多地了解6位亡者，他们的身世和军中经历，进而复盘百余年前那场惨烈战争的部分细节。
  先看刘汉中，他是六人中军职最高者。"清军马兵五品顶戴"，表明他是骑兵队军官且作战勇敢，立有战功，五品顶戴是对他的褒奖。明治二十七年为1894年，是年7月，日本偷袭清军运兵船"高升号"，

刘汉中墓碑正面

刘汉中墓碑右侧，可见五品顶戴字样

李金福墓碑正面

刘起得墓碑正面

长眠在大阪真田山旧陆军墓地的清朝将士

吕文凤墓碑正面

吕文凤墓碑背面,可见"朝鲜皇城内清国电信局巡查"字样

西方诊墓碑正面

杨永宽墓碑正面。两碑均曾毁损,于1915年重立,此时清朝已亡,所以刻字为"故清国"

挑起丰岛海战，拉开甲午之战的序幕，继而发动陆战，于9月大举攻陷平壤，迫使清军全面退却。刘汉中死于这年11月，从时间上推算，他有可能曾在陆战中驰骋杀敌，却不幸负伤被俘，后不治身亡，在异国结束了短短23年的生命。他在墓碑上详细公开自己的身份，或许有意借此方式来交代身后事，告知世人，留下自己的历史印记，也或许没有那么复杂，只是出于对个人军旅荣耀的不舍。据负责墓地管理的真田山陆军墓地维持会的介绍，1894年11月9日该墓地第一次接收在大阪陆军临时医院病死的"清国兵捕虏"，如此看来，刘汉中是入葬此地的清军第一人。

再看李金福，虽然只是一名普通的步兵士卒，但其所属的"河盛军"却大有来头，应是李鸿章之淮军中颇有威名的盛军。盛军兴起于清朝平定太平军和捻军之役，以善战著称，甲午战争爆发前曾在天津小站整训并屯垦开河，后奉调入朝作战。"河盛军"的"河"字来历不详，一说因为先被派至山东济南一带修河而后入朝，故有此称。未知是否有根据，姑存其说以备考。

平壤战役时，日军四路围攻，总兵卫汝贵率盛军布防于平壤大同江沿岸，总兵马玉昆率毅军驻守渡江要隘船桥里，两人联手打了场漂亮的反击战，造成日军"将校以下死者约一百四十名、伤者约二百九十名"，连指挥官旅团长大岛义昌也负了伤，被称为"甲午战争的陆战中打得最好的一次战斗"。[①]可惜一次精彩的胜利并不能挽回整体败退的结局。平壤清军的主帅叶志超毫无斗志，尽管日军已弹药告罄，进攻乏力，而平壤城内工事坚固，尚有兵力可守，他却一心

---

① 参见戚其章：《甲午战争史》，上海人民出版社，2014年，第99页。

逃跑。据日方记载,平壤城破之前,清军竖白旗求和,获日军同意,于是抛下众多伤病员,乘夜弃城仓皇而逃,途中又遭日军拦击,死伤无算。经塚崎查证,李金福应是清军溃逃之时被俘,最终死于脚气病。该病实际是B族维生素严重匮乏症,在19世纪末20世纪初的日本军队里也曾造成大量死亡。其他几人的死因也得以查明:刘汉中、杨永宽、西方诊、刘起得四人皆因枪伤恶化而不治,只有吕文凤死因不详。

关于吕文凤,墓碑在此披露了一个重要却鲜为人知的细节:他以清朝电信局巡查的身份入驻朝鲜皇城,即朝鲜首都汉城内的王宫,而后沦为战俘。甲午战争之前的10年,袁世凯代表清廷驻扎朝鲜,前所未有地强化对朝鲜的宗主权以抗衡日本的势力扩张。关于袁氏治朝之得失以及与甲午战争爆发的关系,史学界看法不一,但至少可以指出,当宗主国的电信局可以随意设在藩属国的王宫之内,这种居高临下的傲慢,已足够引起朝鲜政界的反感和离心。吕文凤作为文职人员,原本与战场无缘,然而,覆巢之下,焉有完卵?一旦战火延烧,吞噬一切,没有谁能够幸免于事外。

最后还要说到西方诊和杨永宽。他俩的墓碑与其他四人不同,写的是"故清国"。这是因为两人的墓碑都曾一度毁损,后于大正四年(1915)五月,由大阪在乡军人会予以重立。主持此事者以佛家信仰看待死者,并未因两人是捕房身份而将其墓碑排除在重建名单之外,这一点应予肯定。此时中国已经改朝换代,清朝覆亡,中华民国建立,于是墓碑上不再称"清国"而是"故清国"。其实,我在这里曾存有一个困惑:西方诊,不像真实的中国人姓名,莫非这位亡者为了不连累家人受辱,在被俘的那一刻便决绝地隐去了自己的真实姓名?但后来得知,"西方"也是我国罕见的复姓,这也许就是他的真实姓

上等兵下町的墓碑

名。无论怎样我想对长眠于此的清国军人说,甲午之败,国家其责!国运不昌,人民涂炭。你们以血肉之躯,为国出征,为国流血,为国受辱,为国死难,纵然魂断海外,亦我中华英灵,值得国人尊敬和长久纪念!

离开A区返回主路时,从埋葬日军普通士兵的B区穿过。不经意地扫了一眼那些冰冷无语的墓碑,想不到有了意外的新发现——碑文里隐藏着惊心动魄的抗日故事。

一个姓下町的上等兵死于1932年9月宽甸太平哨之战。其墓碑写道:"昭和七年九月十一日正午零时三十分,于'满洲国'宽甸县太平省(哨)转战'讨伐匪贼'激战中战死,享年二十二岁"。旁边一个姓松田的上等兵的墓碑内容也完全相同。

宽甸今属辽宁省丹东市，为满族自治县。当年，这里是抗日自卫义勇军的重要战场。太平哨之役中，抗日首领张宗周带领义勇军连日攻打日军据点，取得重要胜利。下町的墓碑虽然将义勇军污为"匪贼"，却不得不用"转战讨伐""激战"来形容对方攻势之猛烈。当时的《大阪朝日新闻》更是使用了"大匪贼团"来形容义勇军规模之壮大。尽管其报道用"壮烈""勇士"来美化日军，却掩饰不住内心受到的惊吓：刚刚在东北炮制了"伪满洲国"，一次接战日军就"阵亡八人"（其中3人来自大阪），东北人民的顽强抵抗远远超出了侵略者的想象！旅日作家萨苏曾借助《满洲事变写真全辑》来还原这场战斗的经过，而下町等人的墓碑及《大阪朝日新闻》1932年9月13日的报道则进一步补充了萨苏叙述的不足。比如，萨苏认为第二阶段战斗于9月10日打响，次日（11日）当日军援兵赶到，义勇军已经撤离。① 而事实是，11日晨6时，战斗仍激烈进行，有约千人抵抗力量来攻，持续激战两个小时，一旦中断后再攻，又持续一个半小时。下町和松田都死于正午零时三十分，正是义勇军于短暂中断后再度攻打的激战时刻。

受此启发，我收住脚步，继续在B区逗留观察，于是更多墓碑的内容映入眼中。某兵"昭和六年十一月二十四于满洲新民屯腰高台子'讨伐匪贼'"，激战中胸部中弹而死，二十二岁；某兵"昭和七年五月一日于奉天刘家围子与热河保安队激战"，右眼中枪后战死，二十三岁；某兵"昭和十年十一月十五日于满洲国滨江省乌吉密河'讨伐匪

---

① 参见萨苏《最漫长的抵抗：从日方史料解读东北抗战十四年》第33章，西苑出版社，2013年。

贼'"战死，二十二岁；某兵"昭和十一年八月十日于满洲国滨江省东宁县作战"，头部遭枪弹贯通而死，二十二岁……太多，举不胜举。这些年轻人，被日本军国主义推上战场，充当炮灰，与家人从此阴阳相隔，变成冰冷的骨灰盒回到这个墓地，从这个意义上说，他们无辜，是牺牲品。但是，一旦走上战场，端起枪炮，他们就变身为军国主义的杀人利器，是侵略者，嗜血！罪恶！难以饶恕。如此悖论，是那个时代所造成的，是日本国民的悲剧，更是曾经遭受屠戮的中国人民的悲剧。这时我又一次意识到，让更多的日本人懂得这个悲剧，从此远离战争罪恶，正是横山先生等人努力维护这个墓地的初衷。

希望他们的初衷不被辜负，有更多的日本年轻一代走进墓园，学习历史，守护和平。

伊万里遐思

2022年初秋一日，我来到九州北部的小城伊万里。

照例先在车站前的观光案内所（旅游服务中心）拿了免费发放的市内地图，然后按图指引前进。伊万里的中心市区不大，几条主要街道纵横相交，街面齐整。从JR车站沿主街向北走上几百米远，就来到水面开阔的伊万里河。它自东向西从市内穿流而过，注入伊万里湾，也因此给这座城市带来连接南北两岸的大小桥梁：相生桥、延命桥、幸桥……走在街头，最引人瞩目的是在路口、桥头随处可见的大型瓷器作品：身穿和服的日本美人，金碧耀眼的将军罐、生动俏皮的鹦鹉、搞笑的马戏团小丑……它们有一个共同的称谓：伊万里瓷器，与这座城市同名，也彰显着城市的特色。是的，伊万里是日本最著名的瓷都之一，我来这里是想探访瓷都的历史。

多年前第一次听到"伊万里"的名字时，对它尚无了解。但不知为什么，就觉得这个名字有些特别。说不出太多理由，只觉得这三个字，不论汉字或者日语发音——IMARI，都不太像日本的传统地名，倒是更像来自西洋的外来语，透着引人遐想的异国气息。

仅凭字面揣测难免犯武断的错误。很快我便知道，伊万里是地道的日本地名，它位于北九州的西端，是连通日本海的古老港口。7世纪时日本效仿大唐实行律令制度，那一带是西海道肥国的属地。肥国后来一分为二：肥前国和肥后国，伊万里成为肥前国的一部分，江户时代属于佐贺藩。近代日本废藩置县后一度设立过伊万里县，后改为佐贺县，下辖伊万里町。现在的行政建置是佐贺县西松浦郡伊万里市，人口约6万，除了中心市区，还包括了其他12个相邻的町（村）。

不过，直觉里有一点是对的，历史上的伊万里的确与西洋关系密切！在17世纪上半叶到18世纪中的约百年间，正值日本江户时代前中期，"伊万里（IMARI）"这个名字曾经响亮地传遍欧洲，风靡了欧洲的上流社会。就像元明以来景德镇是中国瓷器的耀眼名片，伊万里成为那个时期走出日本国门远销欧洲的日本瓷器的代名词。成就伊万里之名声的，是它的地利条件——拥有伊万里港。烧瓷的窑口在南边十多公里处的有田町的山中，但那里烧成的瓷器不能直接出海，须集中到此地后装船外运，于是，产自有田等地的瓷器因港而名，以"伊万里"之称行走天下，享誉海外。在今天的日本，这些江户时代的外销瓷器被统称为"古伊万里"或"古伊万里烧"，一个"古"字，凸显了这些瓷器的历史感。

长期以来，海上丝绸之路也被称为海上陶瓷之路。说到陶瓷之路，人们的脑海里便会浮现出历朝历代满载瓷器的船队从中国大陆出发，扬帆远渡的壮阔图景。但是在17世纪，这个局面被打破了，"伊万里"的异军突起，带来了近世东亚中日两国的瓷器在欧洲竞妍的新气象。和中国悠久的制瓷历史相比，日本瓷器起步很晚，至今不过四百来年。这样一个后来者，如何做到突飞猛进，杀进"china"即中国瓷器的一统天下，夺得属于自己的席位，甚至改写了后来的瓷器传播历史？我不由得好奇，于是找书来读，也萌生了去实地走走的想法。

2021年5月，大阪的一家旅行社推出了周游九州陶瓷六乡的三日行计划，行程包括伊万里和它周边的有田町等地区，日程紧凑而充实,正中我下怀,当即报了名。谁知就在即将出发的前几天,大阪地区的新冠疫情忽然吃紧,府厅宣布进入疫情紧急状态,停止跨境出行,旅行社只能遵命,这个周游计划也彻底泡了汤。之后近一年,每见疫情放缓,我便打电话去询问该旅行社是否还会再次组织类似活动,都被告知暂无计划。失望之余,决定不再坐等,自己行动。

从大阪到伊万里单程近800公里,无法直达,需组合换乘几种交通工具。很多人可能想象不到,日本的交通条件在大城市圈和稍偏远的地方上以及东、西部要相差几个数量级,西部的日本海沿岸交通相对落后。如果跟随专题游的团队出行,较省心且效率高,可惜指望不上。行前我仔细做了功课,查找各种资讯,明确要访问的重点,又精心计算了新干线(类似我国高铁)加本地线(普通列车)加长途巴士等各段行程的衔接方式,还预约了当地观光协会的导游服务。一切努力皆有回报,途中顺利,一如预期。

行前,我读到坂井隆(Sakai Takashi)的《"伊万里"からアジアが見える——海の陶磁路と日本》(《从"伊万里"看见亚洲——海上陶瓷之路与日本》)一书。作者指出,外销瓷器"伊万里"诞生在17世纪上半叶并非偶然,是日本国内外的时势使然。发展瓷器生产不可或缺的三大条件——技术人才、原料供应、市场销路,恰好都在这一时期得到满足。[1]

首先在人才上,丰臣秀吉(Toyotomi Hideyoshi)通过16世纪末的两次侵朝战争,从半岛掳回许多熟悉烧制青瓷和白瓷工艺的朝鲜陶

---

[1] 参见坂井隆《"伊万里"からアジアが見える——海の陶磁路と日本》,讲谈社,1998年,第94—103页。

路口、桥头随处可见伊万里瓷器的当代作品

伊万里遐思

工。一般认为9世纪中国的制瓷技术传入朝鲜,到11—12世纪已臻于成熟,尤以高丽青瓷和白瓷见长,14世纪出现李朝青花,至15世纪,朝鲜陶瓷的工艺更加高超,在整体上凸显朴素清雅的情趣特色。被掳工匠的到来为日本提供了紧缺的烧瓷人才,因此也有人把丰臣秀吉发动的侵朝战争称作"陶瓷战争"。其次,朝鲜陶工不仅带来烧瓷技术,17世纪初(通常认为是1616年)还在有田的泉山找到了制作上乘瓷器必需的白瓷土。这一发现的意义堪比景德镇发现高岭土,日本烧制青花和五彩瓷器的历史由此揭幕。发现人朝鲜陶工李参平(日本名金之江三兵卫)也因此被尊为"陶祖",日本人在泉山矿场为他竖立了纪念碑。如果说前两个条件的出现与日本国内有关,第三个条件则来自同一时期的中国大陆。剧烈动荡的明清更替之际,为防范力图反清复明的郑成功,清朝厉行海禁,这一禁,就是几十年。景德镇等地因战乱而萧条,加之禁海政策,瓷器无法外运。以荷兰东印度公司为代表的欧洲商家断了货源,心急如焚,不得不另寻对策,于是将目光投向日本,问世不久的日本瓷器就此获得了进入欧洲市场的大好机会。可以说,"伊万里"打了一个漂亮的"时间差"。常言道"时势造英雄",这句话,于人、于事、于物,都是同理。

站在相生桥上向西眺望,远处的铁桥是当代伊万里津大桥,再向远方,极目之处水天相连,那里就是伊万里湾的出海口了。相生桥边有一道石阶路,顺着下去可以走到水边,这里是当年装运瓷器的船只停靠处。据说早年间河面布满船只,两岸全是经营陶瓷的商家,放眼望去,白壁土藏的店铺(将白石灰涂在土墙上,可以防火)连薨接栋,望不到头。成书于日本天保年间(19世纪前期)的《伊万里风土记》形容这一带是"千轩在所",可想气象之盛。虽然岁月流逝,旧日面貌不复存在，但当地的瓷艺家们将其再现于沿河的栏杆上。漫步河边，瓷板画上一幅幅带有不同店铺名号的白壁土藏建筑跳入眼中，唤起我们对昔日盛景的许多想象，也让我感叹：以瓷板画来展现瓷都历史，用心多么巧妙，一个瓷字贯穿其间，这真是伊万里的风格。

市内商家老宅中保存状态最佳的是"旧犬塚家住宅"。犬塚家曾是伊万里屈指可数的陶瓷豪商，创业于1764年（日本明和元年，清乾隆二十九年），现在的这栋老宅建于1825年，经过修复，作为伊万里市陶器商家资料馆对外开放。整栋建筑的内部结构古色古香，很好地保留了江户时代陶瓷商家的风貌。一层是展室，陈列柜里摆放着许多带有"古伊万里"标签的青花盘和青花杯。青花，日语称"染付"，不仅器形、图案与明清青花相仿，我还在几件瓷器的底部看到了"大明成化年制""大清乾隆乙未年制"的款识。好奇怪，难道……"这些染付是原物吗？是在有田烧成后运到这里的吗？"我向担任资料馆义务讲解员的老先生求证。"当然了！就是这样啊！"老先生毫不犹疑地回答，甚至有些诧异我的提问，而我却恍然有所悟。这些款识透露了一个重要信息，或者说揭示了一个奥秘：作为外销瓷器走向世界的"伊万里"，最初是从"高仿"景德镇起家的。想想看也合情理，为了扮演好中国瓷器的"替身"，伊万里瓷器需要迎合欧洲客户的喜好，尽可能做到"足以乱真"，所以不仅模仿中国青花的器形和图案，还模仿了款识。我还猜想，这很可能是在他们的大主顾荷兰东印度公司的授意或者至少默认之下进行的。因为据说荷兰东印度公司在下单时专门拿了景德镇的青花图样给日本方面参照。

第二天，我前往有田町的佐贺县立九州陶瓷文化馆参观。有田

旧犬塚家住宅外景，现为伊万里市陶器商家资料馆

旧犬塚家住宅内部，起吊货物时用的滑轮吊钩　　旧犬塚家住宅二层接待客商的和室

用稻草捆包瓷器，方法巧妙实用

在资料馆担任义务讲解的老先生

资料馆里的"古伊万里"青花瓷及其款识——"大明成化年制"

"古伊万里"青花瓷，底部有"大清乾隆乙未年制"款识，是江户时代的"高仿"

瓷板画上再现"千轩在所"盛景

伊万里河岸栏杆的瓷板画

是伊万里瓷器的故乡，窑口在山里，不容易去，但陶瓷文化馆不能错过。有田车站到九州陶瓷文化馆的直线距离并不远，可是馆址在半山上，要么叫出租车，要么徒步爬山前往。一个公共文化设施，交通如此不便民，实在令人匪夷所思。好在馆藏丰富，不虚此行。

受前一天见闻的启发，我特别留意了器物款识。不出意料，这里的伊万里展品更丰富，款识也更多样。如明朝年号，除了成化，还可见嘉靖、宣德等，都出自日本民间窑工之手。很显然他们对汉字款识并不熟练，不但字迹显得笨拙，有时还画虎类猫，想写"成化年制"却漏掉了"成"，只剩下"化年制"，还有的简单到只有"大明"，甚至一个"明"字，颇让人忍俊不禁。细看说明的年代，带有这类款识的青花瓷主要烧制于1640—1680年，也就是外销"伊万里"逐渐走向大发展的阶段。抛开款识不论，工艺、品相都与真正的景德镇日益接近。

当然，"伊万里"并没有止步于"高仿"。如九州陶瓷文化馆的陈列所示，随着制瓷技艺臻于纯熟，日本工匠开始将自己的特色注入作品，走上创新之路，时间大约在1670—1690年。其间诞生的瓷器，一种叫"柿右卫门"样式，以独特的工艺配方烧出乳白色瓷胎（日语称"浊手"，意思是具有类似米汤般浊质感的白色，而非通透的纯白色），上施彩绘，以和式画风的花鸟、动物、山水为题材，形成清丽秀雅、别具一格的彩瓷，让看惯了景德镇瓷器的欧洲贵族眼前一新。还有一种叫"金襕手"样式，器形以大尺寸的盘和将军罐为主，大面积使用青花和矾红铺地，以金银彩勾勒图案，浓墨重彩，繁复细致，把富丽华美的表现手法用到了极致，恰好迎合了当时欧洲流行的洛可可艺术审美，立刻受到遥远西洋的热烈追捧。就这样，"柿右

从山上眺望有田町街市,道路尽头是车站,窑口在远处山中

高踞山上的九州陶瓷文化馆,365—367页图均为该馆藏品

底款"大明"

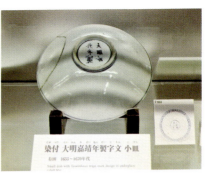

底款"大明成化年製",内铭"大明嘉靖年製"

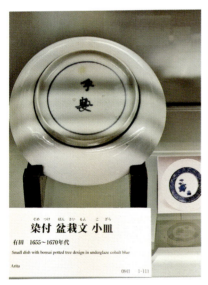

底款"年製"

底款"化年製"

伊万里遐思

色绘花鸟六角罐,1670—1690年作品,被认为是典型的柿右卫门风格

金襕手风格的色绘牡丹菊文将军罐
(17世纪90年代至18世纪20年代)

金襕手风格的八角盘

豪华绚丽的金襕手成为欧洲新宠,上图众多将军罐和下图两只色绘大盘同为蒲原权捐赠的藏品,系在欧洲收集后运回,赠予该馆

色绘伞美人文大盘

色绘花篮文大盘

伊万里遐思

卫门"样式加"金襕手"样式，成为走出高仿阶段的"古伊万里"瓷器的代表。

一个问题来了。当外销"伊万里"进入黄金时期，日本已经实行"锁国"，海外的日本人不准归国，国内的船只也不准到海外，在伊万里河上装船的瓷器如何运出国门呢？原来，伊万里河边的商家们只负责将瓷器运至长崎，接下来的事情就交给出入长崎港的荷兰船和中国船了。这里，九州陶瓷文化馆编制的年表值得仔细一读：

1647年，中国商人将日本粗瓷器174俵从长崎运往柬埔寨（俵指用稻草捆成的瓷器包，里面包含多件瓷器）。

1650—1651年，荷兰东印度公司先后将日本粗瓷器145件和176件从长崎运至越南东京（今日河内），同期，中国商人也运了大量日本粗瓷器到此地。

1659年，荷兰东印度公司的商船共计运出33910件日本瓷器，这也是将"伊万里"运往欧洲的第一份正式记录。

1671年，荷兰东印度公司将85493件日本瓷器运至马六甲、孟加拉、锡兰、巴达维亚（今日雅加达）等地，中国商船将108400件日本瓷器运至巴达维亚。

真是数字会说话！年表告诉我们，中国商船不仅参与了伊万里瓷的外运，而且是其中的主力！有记录可查的运输始于1647年中国船，比较1671年两国船只的贩运量，也是中国船远超了荷兰船。从坂井的书里还找到更多的数据：1650—1682年的30多年间，伊万里瓷外销总量在400万件以上，其中198万件是荷兰船只运送的，而中国船运到巴达维亚的有203万件,还未计入运至东南亚其他地点的。①也许你会奇怪,这时期中国大陆处在禁海令之下,何来中国船呢?其实这些"中国船"是踞守台湾和福建沿海的郑氏集团所派。郑成功家族在海上经营多年,在东南亚拥有广泛的贸易网络。郑成功之父、大名鼎鼎的郑芝龙曾兼有海商和海盗的双重身份。郑氏商船活跃于伊万里瓷的外销活动中,正是延续和发扬了自身的海上贸易实力,而积极参与伊万里瓷外销,获得稳定的商业回报,也符合正在进行反清复明的郑氏集团筹措军资的实际需要。不过郑氏商船的势力范围也有最远界限,不到巴达维亚以远,再远就转手他人了。

有人说清初的兵荒马乱中,一些景德镇工匠跑到了长崎,之后为有田的瓷窑所用。并非不存在这样的可能,也有一些迹象可循,但没有确切的证据。倒是另一个事实饶有兴味,它同样证明日本伊万里瓷成功问世,不仅是依靠了朝鲜陶工之力,也离不开中国商人的帮助,这帮助就是提供烧制青花和五彩不可或缺的釉料。长崎奉行将贸易账册按年上报江户幕府,有关中国船的账册叫"唐船货物改帐",里面留下了海量的"陶器用绘具"的输入记录。据永积洋子(Nagazumi Yoko)的整理和统计,输入"陶器用绘具"的最早年份为1650年,当年即达16400余斤!单船载运量从3000余斤至2000余斤不等。此后直到1682年,虽不再出现单船上千斤的记录,但保持每年数百斤至逾千斤的釉料进港。贩运釉料的商船以安海(今属泉州晋江)船最多,其次有福州船、漳州船、沙埕(今属福建宁德)船、泉州船、广南船、舟山船等,均为郑氏旗下的船只,有的记录上还明确冠以"国

---

① 参见坂井隆著《"伊万里"からアジアが见える——海の陶磁路と日本》,第88页。

姓爷船"字样。①1650—1682年这个时间段，恰与日本伊万里瓷的黄金期相重合，郑氏海商一手供釉料，一手搞外运，在伊万里瓷的兴起与发展上可谓功不可没。

17世纪末18世纪初，海上陶瓷之路的格局又一次发生转折，日本伊万里瓷在欧洲遭遇强劲冲击，昔日风光不再。对手不是别人，正是卷土重来的中国瓷器，转折的契机是1684年清朝因平定台湾而解除海禁。以景德镇为代表的中国瓷器立刻重出江湖，凭借技术上的传统优势和价格上的竞争力，夺回欧洲主要市场，再次走强。

不过成败也是相对而言。中国瓷器复出的前50年，日本瓷器以其顽韧及独具的特色守住了欧洲市场的一角。不仅如此，由于伊万里瓷已经赢得欧洲上流社会的喜爱，甚至成为新生欧洲瓷窑——德国梅森（Meissen）、法国的赛弗尔（Sevres）等的模仿对象，景德镇的窑工们也不得不与时俱进，为了打败"伊万里"而学习"伊万里"。于是景象倒转，百年前的学生成了老师，轮到"瓷器祖师"来当学生了。景德镇工匠的手里，出现了红彩描金带有"和"韵的作品，也有了一个新名字——"中国伊万里（Chinese Imari）"。随着价廉质优的"中国伊万里"不断涌入欧洲市场，日本的"伊万里"终于无力对抗，1757年荷兰东印度公司的最后一张订单成为它的绝响。直到明治维新时期，日本瓷器才重新进军欧洲。

我在九州陶瓷文化馆没能看到"中国伊万里"的实物展出，却在网上获知了一则消息：2020年6月30日—10月11日，成都博物馆联

---

① 参见永积洋子编《唐船输出入品数量一览 1637—1833年》，创文社，1987年，第44—100页。

合东莞展览馆共同举办"竞妍——清代中日伊万里瓷器特展",共展出东莞展览馆所藏的168件/组中日伊万里瓷器。很可惜,这么好的机会我也错过了。不过,我读到了主办者的致辞(结语),它引起我久久的共鸣:

> 从景德镇到有田,从中国技术到日本风格,从朝鲜陶工到荷兰商人,在伊万里瓷的故事里,来自世界各地的物质、经济、人文元素交织融汇,让我们清晰地看到商品贸易如何促进了经济的繁荣,对先进技术的吸收如何助推了瓷器的发展,而文化的交流与融合又如何创造出崭新的艺术风格。虽然中日伊万里的竞妍争芳已成过往,但这个关于融合与超越的故事仍能为今天的我们带来新的启迪。

人类的文化是一片海洋,海纳百川,有容乃大。碰撞也是交流,

清康熙青花矾红彩描金徽章纹盘

清康熙青花矾红彩描金花卉纹扇形盘
(两图均引自https://www.sohu.com/a/416495006_100012543)

伊万里遐思

交流才有融合与超越。中日两国的"伊万里"曾是商业上的对手,但更是文化上的同道。围绕这次特展,不少人津津乐道中国瓷器如何从日本瓷器手里扳回一城,中国的"伊万里"如何胜过了日本的"伊万里"。其实,从文化史的角度看,这两者"谁主沉浮"真的不那么重要,重要的是它们在陶瓷的世界里"争芳竞妍",各有千秋,给我们留下了精彩纷呈的文化遗产。"竞妍"二字用得好,抓住了特展的真谛,道出了"伊万里"作为超越国界的瓷器文化的珍贵之处。

追寻"定远"遗踪

福冈太宰府的定远馆

2022年9月28日,中日甲午黄海海战128周年祭又11天,我站在了福冈太宰府的定远馆前。"定远"二字就是当年北洋水师旗舰定远的名号,这栋建筑是用定远舰的部分残骸建盖起来的。

像我这个年龄段的人,都会对电影《甲午风云》记忆深刻。特别是李默然饰演的北洋水师致远舰管带邓世昌,带领全船将士,驾着中弹起火的致远舰,坚毅地撞向日舰吉野的那个画面,永远定格在脑海里。

电影再现的是1894年9月17日中日黄海海战(也叫大东沟海战)里真实存在的惨烈一幕。9月16日,为了增援被困平壤的清军,丁汝昌率北洋舰队护送运兵船到鸭绿江口的大东沟。9月17日返航时,在海上遭遇日本联合舰队。日舰已经蓄意寻战多日,大战无法避免。正午12时50分,双方相距约5000米,我方定远舰首先开炮。敌方依仗自身航速快的特点,避实就虚,攻击我方弱舰。定远、镇远两艘铁甲主力舰全力迎敌,海面炮声震天,硝烟弥漫。定远舰上桅杆和信号塔(也称飞楼或望台)断裂,不能升旗指挥,主帅丁汝昌身负重伤,我方队形陷入混乱。日舰随后围攻定远,定远多次中弹,火光四起。镇远等舰赶来接应,致远更是奋勇驶出阵前,单独阻击来敌。定远乘机扑灭大火,转危为安,而致远已中弹累累,船体倾斜。管带邓世昌下令开足马力撞向吉野,以期同归于尽,却不幸中鱼雷而沉没。

黄海上的鏖战历经5个多小时,日方旗舰松岛重伤无法再战,比叡、赤城、西京丸遭重创,其他各舰也不同程度受损,据陈悦的《中日甲午黄海大决战》,"赤城号"舰长以下官兵约300人殒命,不得不撤离战场。但北洋舰队受创更重。包括致远舰在内共5艘舰船沉没(日方无一舰沉没),旗舰定远与主力舰镇远严重受损,两名管带阵亡,官兵伤亡计千人,元气大伤。从此退守威海卫不出,丧失了黄海的制海权。而日军步步紧逼,第二年2月,威海卫遭日军包围,无路可退。在最后的保卫战中,定远遭日方鱼雷艇偷袭,舰身断裂搁浅,仍坚持作为固定炮台杀伤敌人。最后关头,丁汝昌下令将定远、靖远两舰炸沉以免落入敌手。定远管带刘步蟾和丁汝昌也相继自杀殉国。镇远、济远、平远、广丙等10舰被日方作为"战利品"掳获。至此,北洋水师覆灭。

这段历史如此惨痛,不堪回首。写下上面的文字时,心在颤抖。

两个多甲子过去了。今天的中国海军拥有了世人瞩目的战斗力,

1895年2月4日被日鱼雷舰偷袭遭受重创的定远舰

1895年2月21日沦陷后的威海卫港,日舰队在海面游弋,远方及右端可见正在沉没的靖远舰和威远舰。载于小川一真《日清战争写真帖》(博文堂,1895—1896)

正从浅蓝阔步走向深蓝。在当年的北洋水师基地——威海卫刘公岛上开辟了甲午战争博物馆,复制还原的定远舰停靠岸边供人瞻仰,时刻提醒国人勿忘历史。但是作为历史的一部分,对于北洋水师的身后事,对于被劫掠到敌国的舰船命运的关注,似乎缺位了。几年前有关部门水下打捞定远舰,迄今只发现不多的数块钢板。原因之一是早在甲午之战结束的第二年,即1896年,一个叫小野隆助(Ono Ryusuke)的人就斥重金2万日元(相当于现在的2000万日元)雇人打捞定远舰残骸并运到日本去了。他就是福冈太宰府定远馆的建造者。

小野者,何许人也?为什么要打定远沉船的主意?没有明确的记载。但种种迹象表明,这与他的出身经历和政治倾向有关。

小野隆助,福冈太宰府人,1843年出生于一个具有浓厚尊王思想的家庭,年轻时参加讨伐幕府的战争,因战功成为筑前福冈藩的藩士。他当过太宰府天满宫的神官,也曾任教和从商,还在本地做官,出任福冈县下属几个郡的郡长。政治上,他是著名右翼政治团体玄洋社的成员,该团体鼓吹效忠天皇和对外扩张的大亚细亚主义。他以此政治立场参加竞选,1890年当选众议员,并连任2期,1898年出任香川县知事。研究定远馆由来的作家浦边登(Urabe Noboru)认为,小野想借进献"定远"打捞物来表达自己作为筑前(福冈)出身者对天皇的忠心,表达对日本在甲午战争中取胜的祝贺之情,因为"尽管定远舰已残破,但没有比它更具有象征战胜意义的战利品了"。①浦边登是以称道的口吻来展开他的推测的,这也表明了作者本人的右翼政治立场。

不幸落入敌手,至今流落异国的定远,我应该去福冈看望它!

我在新浪博客上看到萨苏的文章。他是旅日华人作家,写作题材以军事史为主,曾于2008年到访当地。那时的定远馆出租给一对夫妇展览旧玩具和明星招贴画,还在周末开办跳蚤市场。感谢他的线索,但这是十多年前的信息了,现在呢?陆续有消息显示,定远馆由太宰府天满宫管理,现在不对外开放。我查到天满宫的电话,打过去询问,回答果真如此——不开放,不能参观。心凉了一半。但是,不能轻言放弃!我向电话那端的天满宫总机解释,自己并非一般游客,而是基于历史研究的需要,希望予以考虑。对方倒也和气,没有一口回绝,称这种情况需与有关部门去洽商,成与否,由该部门判断。"好的好的",我满口应承。既然门没有封死,就还有希望,要努力到底!总机将电话转给一位女士,答称负责人不在,会替我转达,但最好写一份参观申请书,讲明理由,以便判断。这个要求合理,我立刻动笔,亮明在日本的大学教授身份,说明所事研究为东亚史,曾发表

---

① 参见浦边登《太宰府天満宮の定遠館——遠在の朝廷から日清戦争まで》,弦书房,2009年,第159页。另据作者说,小野的同乡、时在釜山经营渔业社的香椎源太郎也为此赞助了1万日元。见第161页。

与甲午战争相关的论著，等等。先把申请书通过天满宫网页传上，不放心，又另外打印了用信寄去。一周过去了，没有动静，再打电话去问，对方说还没有看到来信，让我再等等。又一周，还说没见到信。总机听出我有些着急，答应等负责人来了电复我，以便直接对话。半天后，对方来电了，称既然信件不知出了什么问题（这种事在日本极少见，真是奇怪），你再用邮箱发我一遍吧。行吧，那就用邮箱。人言好事多磨，一波三折之后，终于从邮箱收到正式回复：同意参观。什么叫锲而不舍，这就是。我成功了！

定远馆与供奉学问之神菅原道真的天满宫毗邻，天满宫总务广报部（即外宣部）的松吉先生如约来迎。寒暄过后，从天满宫鸟居边向南行约百米，来到定远馆的大门前。与不远处的天满宫里人声熙攘、游人如织不同，除了我们，这里无人驻足。院门开着，不需讲解，一看就知道这形状奇特的门扉是定远遗物，是用定远舰的船壳板改造

紧邻太宰府天满宫的定远馆

轻触布满弹孔的门扉

的。铁甲门扉呈红褐色，已经铁锈斑驳，最触目惊心的是上面大小不等的多个炮弹孔，那是战斗中被日舰击穿而留下的，周遭的小圆孔则应是修补时铆钉加固过的痕迹。望见大门的这一瞬，我仿佛闻到了一百多年前海上的硝烟和血腥。

院内已经辟作停车场，停着几辆车。正对院门的建筑就是定远馆，一栋外貌平实的木构平房住宅，正面的山形屋顶和前廊显示它是日式风格。正面的门紧闭，从右侧的旁门可以进出。松吉先生告诉我，这栋建筑由小野家族捐献给天满宫很多年了，几度翻修。前些年一度借给民间使用，后即收回，近年又重修过，用以临时存放杂物，不再开放。他本人对定远馆的来历所知不多，打开门锁后说："你慢慢参观，我就不奉陪了，走时打个招呼就行。"

好，正合我意。留下我与定远遗物从容相对，任心绪激荡。

历时一百多年，定远馆早已不是初建时的模样。每次翻修都会替换掉一些原来的物件，定远正在远去、消逝。但是用心端详，房内房外，到处仍可看到定远的影子。房内的大量建材取自定远舰：梁檩部分用了舰上帆樯的横桁，珍贵的柚木地板被铺在走廊上，走廊尽头是一扇船室的水密隔舱门，里面改造成了卫生间。所有和室门框的横木也是舰上木板，有些地方甚至被炮火烧得漆黑。门框上的多个装饰物，形似飞鸟，据说来自管带刘步蟾的舱内。和室主位壁龛的侧面及旁边橱柜的上方，各有一块沾满藤壶（贝壳）的钢板，应是舰船的水下部分。竟然用它做和室的装饰，真想得出来！这也是战胜者的炫耀吗？愤慨涌上我的心头。

走出房门，正门前放着一张带有海兽雕花扶手的座椅，听人说原来的扶手部分是丁汝昌从德国带回来的，已毁损，这是2014年翻修时仿制的。抬头望向

定远馆内景（2017年再次装修后）

走廊窗框上方可见用舰上横桁改造的房檩

走廊尽头的卫生间使用了水密隔舱门

和室门框的横木和飞鸟状装饰物，均被炮火烧成黑色

用于装潢和室的沾满藤壶（贝壳）的船体钢板

屋檐，两根房梁相交处用了定远舰固定帆索的端头，舰上用于固定救生艇的吊钩，现在是定远馆檐下固定排水管的固定钩。低头望向墙壁下部，高床式廊下的护栏横撑形状特异，原来是用一根根救生艇的长桨连接起来的。被用作建材的还有：舱内金属通气孔、通风口盖板、中式格窗（应不是舰上之物，而是另外掳掠来的），还有……请恕我

定远馆正门前座椅的雕花扶手

房檐下加固房梁的定远舰横桁端头

廊下护栏的横撑是用救生艇的长桨连接起来的

旁门门框的上方用了通风口（一说排水口）的盖板

不能一一尽数。

  日本《海与空》杂志1961年11—12合刊号有一篇署名秋山红叶的《定远馆由来记》，这是目前可见有关定远馆最早的介绍。文章不长，里面还有些明显的错讹，比如将门扉铁板的宽度"约20毫米"（实际所见为十数毫米）误写成"约20厘米"，差了十倍之多，小野

追寻"定远"遗踪   *381*

名字该是隆助却写成隆介（日语发音相同），还有文中插图被倒置等，但他记述了有关定远馆的"怨灵"传说，倒是意味深长。文中说：

> 虽说是敌人却是以军人的姿态英勇战至最后一刻的定远舰，作为它的"转世"，这栋建筑65年来不断流传各种神秘的话题，以致被称为"怨灵之馆"。比如有人向天满宫的宫司诉说，偶然投宿于此，夜半突然被身穿中国军服的水兵抓住胸襟，惊恐无比；小偷趁月夜入室行窃，猛然听见山东口音的大声喝问——"谁！"（音：税），浑身哆嗦不由自主跑去派出所自首；推销商酒后带着醉意穿过铁门，之后两三天腰腿不听使唤。还有市井老者警告："非但酒后不可，衣冠不整也不能去定远馆，回家后必遭腰腿疼痛的惩罚。"

这传说让我震撼。哪来的怨灵，分明是定远将士不屈的灵魂让他们的敌人心有余悸，不得安宁！是定远舰向企图辱没它的敌人宣示最后的威仪！"士可杀不可辱"，敌人可以摧毁它，拆解它，却不能辱没它的灵魂！

我蹲下身抚摸廊下的长桨，感受它粗犷的纹理，温暖而亲切，仿佛握到了水兵们有力的双手。离开时，再次抚摸布满弹孔的门扉，这些弹孔原本已被修补"结痂"，不该是现在的样子，却在这里被人又一次活生生地扯开。我轻轻地触摸，生怕碰痛了它的伤口。这就是定远啊，当年称雄亚洲的巨舰定远，让日舰望而生畏的定远！如果不是国运不济，你怎会蒙受这样的耻辱？定远，我向你致敬！我知道，你的残躯依然诉说你的不屈，还有你对故国不尽的想念。

128年了，定远，你有回家的那一天吗？

佐世保东山海军墓地的定远炮弹

流落在日本的定远遗物不止定远馆一处。带着怅然和唏嘘与定远馆作别，继续我的寻踪之旅。下一站，长崎县佐世保市的东山海军墓地。

佐世保是军港，因近代日本海军而兴，也成为近代日本对外扩张的重要基地。资料记载：直到明治初期，佐世保一带还是贫穷落后的渔村。明治二十二年（1889），它因港口条件优良被选中作为海军四大镇守府之一的佐世保镇守府，从此快速发展，成为西日本的防御重心和对亚洲大陆的出兵据点。日俄战争时，日本联合舰队从本港出动，击败沙俄波罗的海舰队。太平洋战争高峰期间，在佐世保的造船厂及周边相关设施内的从业人员达6万人。日本战败投降后，美海军陆战队进驻佐世保港。今天的佐世保仍是仅次于横须贺的第二大军港，有日本海上自卫队和美国海军基地在此。

去海军墓地要走一段盘山公路。虽然距离佐世保车站不算太远，也有公交巴士经过，可是人生地不熟，还是出租车最可靠，不消10分钟就到了墓地门口。墓地依天神山而建，位于东山町地区内，面积28000多平方米，可以望见山下的佐世保港。墓园中央是一大片草坪，一条直道通往拜殿，墓地主要分布在西半边的山坡上，由个人墓和合葬墓组成。从设置镇守府起到太平洋战争结束的约60年间，籍贯为九州、四国、冲绳等地的海军阵亡人员计17万余人埋葬或合祀于此。这个数字也显示了战争对生命的无情吞噬。墓地早期由海军管理，战后的1959年起改交地方，由佐世保市管理。所以入口处挂着两块牌子，左边一块"东公园"，右边一块"佐世保海军墓地"。但是把公园与战死者的墓地并列,未免违和。公园是和平生活的一部分,牵扯上充满杀伐之气的墓地,难道不是一种亵渎?大概因为我来自战争受害之国,所以这种感受更加强烈。

我来此是要寻找墓园里的定远炮弹。起初担心墓地这么大,哪里去找,看到入口处的园区分布图,担心顿时冰消。图上清晰地标着"定远炮弹"四个字,离大门不远,位于通往下士官个人墓的路口处(见园区分布图之①)。看来这是很多来访者的关注对象,否则不会特意标出,但出于何种心理而关注,恐怕因立场而异。

两颗较大的炮弹竖立在与主路丁字相交叉的路口,另有体形较小的两颗在前面不远的主路边。来前在网上查到消息,这4颗炮弹都来自定远舰。不过个头小的实心弹上看不到任何标识,所以还不能最后断定是否为定远之物。路口处较大的两颗则是定远舰305毫米主炮使用的榴弹,高约1米,下面的底座形似水雷,是后来配的。弹身历经百余年风雨,有些剥蚀,表面有字,多数可以认读,但有几字模糊。经辨认,确定自右向左竖读为"为慰灵魂 清国军舰定远三 十珊米半

墓地入口处

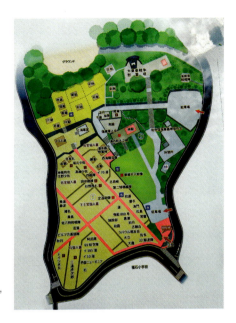

园区分布图（①定远炮弹，②台湾大炮）

之弹丸 海军中将伊东祐亨"。读了铭文就一目了然，这果然是定远舰主炮的榴弹。"珊米"是日语对厘米的写法（纪录片《甲午遗证》第十集作"拇米"，意与"珊米"同，但我实际所见更像"珊"字），旧作"糎"（cm），30厘米半即305毫米，俗称开花弹，当年舰上共配备了4门这样的主炮。实心弹又叫穿甲弹，不填装火药，凭借冲击力击穿敌舰装甲，开花弹则装填火药，命中即爆炸，具有更大的杀伤力，令敌人胆寒。伊东祐亨（Itō Sukeyuki）是甲午战争时日本联合舰队的司令，把定远炮弹作为战利品放在墓区，说什么"为慰灵魂"，显然有种战胜归来向亡灵献祭的味道。

这当然是一种炫耀，但似乎又不全是。除了"慰灵"，恐怕还有"镇魂"的用意。为什么选中定远炮弹？因为定远是北洋水师的旗舰、

水雷形基座上是定远舰305毫米主炮炮弹

路两侧的定远舰实心弹

清国海军的象征,还因为定远曾被誉为"当今遍地球第一等铁甲船"。此语出自徐建寅,我国近代科学家,曾任清朝驻德国二等参赞。定远和它的姊妹舰镇远都由德国伏尔铿船厂建造,标准排水量7220吨,舰长94.5米,宽18米,吃水6米,定远的功率6200匹马力,航速14.5

节，镇远7200匹马力，航速15.4节，均是名副其实的巨舰。这两艘铁甲舰的出现，震慑了野心勃勃的日本，也刺激日本加速扩张军备。1891—1894年相继竣工的松岛、严岛、桥立三艘巡洋舰，就是为了对抗定远、镇远二舰而建造的，具有航速快、炮速快的特点。后来的战况证明，日舰用快制慢，以小打大，是战术上获胜的重要原因。

甲午战争爆发时，定远舰已下水服役10年，不再处于世界先进水平。由于海军经费困难，缺少设备更新，弹药也不足，但它仍让日军忌惮。黄海海战中，定远中弹150余发，燃起熊熊大火，仍继续战斗，以致日军流传"定远不沉"的恐慌。有个著名的段子：日旗舰松岛上一个叫三浦虎次郎的三等水兵，被我镇远舰的炮火击伤，奄奄一息时，他心有不甘地哀叹：定远怎么还不沉啊？身旁的人安慰他：定远虽然没沉，但已无力再作战了。听罢这话，三浦终于闭眼断气。这件事和"勇敢"原本扯不上关系，但是为了鼓舞军中士气，有人将它放大为"美谈"，还写成军歌《勇敢的水兵》，不仅在军中，还在中小学校传唱。其中一句歌词是："定远，还不沉吗？"说到底，是为了消除对定远舰的恐惧心理。

故事中的三浦虎次郎也葬在这个墓园的士兵墓区里。按规制等级他只能得到一块小小的墓地，与他人不同的是，墓前多了一些祭品，旁边多了关于"勇敢的水兵"的说明。有人把他塑造成军国主义下的"英雄"，但墓碑上的卒年告诉我们，这个年轻人只活了18年零10个月就成了战争的牺牲品。将官区也有一座墓与甲午黄海海战有关，墓主为"赤城号"舰长坂元八郎太。赤城吨位小，航速低，属于弱舰，被我舰包围后，飞桥中弹，站在上面的坂元脑血喷溅，当场毙命，是此战日军殒命者中职务最高的。

三浦虎次郎墓

离开西边山坡后我来到墓园中央草坪附近。在拜殿前的路边,意外地看到了两根清军大炮的炮管(见园区分布图之②)。一根表面严重锈蚀,另一根则保存相当完好,上有铸字:"光绪二年 奉宪铸造台协三营 大炮重一千五百斤 匠首林茂升 副匠首林国琉"。光绪二年是1876年,台协三营是台湾水师的编制番号,防地应在台南安平,奉宪之"宪"则是当时正在台湾督办海防的沈葆桢。

沈葆桢,福建侯官(今福州)人,晚清名臣、政治家、军事家,也是林则徐的外甥兼女婿。他奉命赴台的背景是日本觊觎台湾。1874年,日军强行登台,与高山族人民发生激战,史称"牡丹社事件"。清廷急派沈葆桢作为钦差大臣赴台加强海防,并与日本交涉撤兵事宜。沈葆桢一到台湾便积极备战,分批次从大陆增兵,调拨洋炮,构筑炮台，改变了岛上清日双方力量对比，迫使日军退兵。至今雄踞台南的"亿载金城"炮台就是在他主持下修建的，城门上的题字也是他的手笔。此后沈葆桢对台湾开展了一系列近代化建设：增设府县，开山抚番，又开路、开矿，促成台湾政治经济中心北迁，为1885年的台湾建省奠定了基础。这"奉宪铸造"的"重一千五百斤大炮"，正是他强化台湾防务的一部分。

说到沈葆桢，不能不提到他的铁甲舰情怀，因为他是推动清军铁甲舰建设的第一人！沈葆桢是清朝首任总理船政大臣。1874年目睹日本的侵略野心，提出"铁甲舰不容不购"。从台湾回京后，他升任两江总督兼南洋通商大臣，开办船政学堂，使其成为我国近代海军的摇篮。北洋水师的许多优秀人才，如在甲午海战中壮烈殉国的各舰管带邓世昌、林泰曾、刘步蟾、林永升等，都出自这里。沈葆桢和李鸿章是道光朝同榜进士，关系不错。为了尽早购置铁甲舰，他多次与担任北洋通商大臣的李鸿章商议，敦促其加快行动，甚至主动将朝廷拨给南洋的每年200万两经费让给李鸿章的北洋优先使用。1879年年末，病重的沈葆桢辞世，享年60岁。临终之际他口授遗疏，仍念念不忘铁甲舰，称："臣所每饭不忘者，在购办铁甲船一事，至今无及矣。而恳恳之愚，总以为铁甲船不可不办，倭人万不可轻视……伏望皇太后圣断施行，早日定计，事机呼吸，迟则噬脐。"[①]

沈葆桢死后一年，逡巡不前的李鸿章终于与德国伏尔铿造船厂签下7000吨级铁甲舰的建造合同，这就是后来的定远舰。5年后，以定

---

① 参见沈瑜庆《涛园集》（近代中国史料丛刊第六辑），沈云龙主编，文海出版社，1966年，第173—174页。

墓园中路,正面为拜殿

台协三营大炮(炮管),刻有"光绪二年奉宪铸造"及匠首姓名

远为旗舰的北洋舰队成军,近代中国终于迈入铁甲舰时代。又过10年,中日甲午开战,以北洋水师的覆灭而告终。甲午战后,中日签订《马关条约》,台湾及澎湖列岛被日本割占。这一切,沈葆桢都没有看到。

清光绪二年的大炮炮管应是日本占领台湾后移来的。站在它前面,人会忍不住浮想:如果甲午之年沈葆桢仍在,局面会否不同?以他的果决、刚毅和担当,某些局部的进程也许会有所不同。但决定命运走向的,是朝政大局,是一个国家对世界形势的清晰认知和应对。当大清王朝丧失了这些能力,它的风雨飘摇、大厦将倾,已无可避免,单凭几个能臣良将,又如何能够回天呢。

甲午之败、北洋之败,或许是宿命的结果。可叹"不沉的定远",抗住了159发炮弹,没有在海战中沉没,却因龟缩在威海卫港,被偷袭的鱼雷重创,为了不落入敌手,由自己人炸毁,最终沉没,诚可谓千古之恨也哉!

长崎哥拉巴园的定远舵轮

哥拉巴园是长崎最知名的观光胜地之一,位于长崎市区南山手町(日语山手即山麓之意),由建在山上的别墅建筑群和花园组成,充满欧洲情调,常年游人不断。哥拉巴是旧日这个园子的主人,全名托马斯·布雷克·哥拉巴(Tomas Blake Glover,1838—1911),苏格兰出身的英国商人。

哥拉巴园的入口在山下,浓密的绿荫夹着一道拱门,顺着台阶上去,就看到长长的自动扶梯,一直通向山顶。扶梯的尽头是收费处,由此买票入园。哥拉巴园的地理位置绝佳,占据着长崎的制高点,依山傍海，视野极为开阔。向山一侧可远眺长崎市区，向海一侧可将长崎港尽收眼底。园内共有9栋历史建筑，沿山坡错落分布，其中3栋木构西洋式宅邸被列为日本国家重要文化财（即国家级重要文物），分别是旧哥拉巴住宅、旧林格住宅、旧奥尔特住宅，建于1863—1867年，距今已有160年。建筑物四周草坪如毯，鲜花绽放，鱼池、喷水池点缀其间，不论在园内漫步，或坐下来小憩，眺望蓝天白云或者港湾景致，都令人享受。

如此浪漫典雅的居所，怎么会收藏与定远有关的遗物？听起来有些不可思议，这，要从哥拉巴父子的从商经历说起。

江户时代的日本实行锁国政策，长崎港只允许中国和荷兰两国商船出入，商人和水手登岸后不能自由行动，必须入住指定场所——出岛（荷兰）和唐人屋敷（中国）。这种情况直到1859年（安政六年），才随着日本在西方压力下与欧美缔结《安政五国条约》，宣布"开国"而改变。

哥拉巴就是最先来长崎"试水"的欧洲商人之一。他先到上海，进入怡和洋行，长崎开港后前往这里，作为怡和洋行的代理商，成立哥拉巴洋行，从此定居下来。哥拉巴最初只做常规的丝绸和茶叶生意，但善于投机的他发现日本政局混乱，地方各藩都急需军火，于是转而买卖武器弹药，逐渐扩大影响。九州是维新势力的大本营，他积极帮助号称"长州五杰"的伊藤博文、井上馨等人秘密赴英考察，与后来的明治政府建立起亲密关系（伊藤和井上先后担任了日本内阁总理大臣）。明治维新后，他经营煤矿和造船业，为造币局进口设备，还推动了著名品牌"麒麟啤酒"问世，被誉为"对明治日本的产业革命做出贡献"的重要人物。一种说法认为，哥拉巴因其军火生意以及

长崎港尽在眼底

细瀑轻溅带来几许夏日凉意

追寻"定远"遗踪

旧哥拉巴住宅,日本最早的木构西洋建筑

旧三菱第二船员宿舍

与政界的关系得到日本军界认可,故而甲午战后,日本联合舰队司令伊东祐亨特意将定远舰的舵轮作为纪念品送给了哥拉巴。听起来不无道理,但不知所据。此说亦见于探求定远馆历史的浦边登书(见前文)中,同样没有说明出处。

我从佐世保来到长崎,这也是此次寻踪之旅的最后一站。因为哥拉巴园里有定远舵轮的消息相当确切,而该园作为旅游点对公众开

哥拉巴园门票，中央头像是哥拉巴　　　　　　　　哥拉巴之子仓场富三郎

园区示意图

追寻"定远"遗踪

放,看到实物当无问题,所以很放心地前往。谁知这个"当无问题"的想当然就出了问题。

入园后顺路前行,先到最高处的旧三菱第二船员宿舍。我推测舵轮应在距山下较近的旧哥拉巴住宅里,但园内建筑这么多,万一不在那里,来回寻找,岂不麻烦,就先向这里的工作人员打听。工作人员是位女士,立刻帮我打电话询问旧哥拉巴住宅,却被告知该处没有,也没有线索。又问了其他几处,也都是同样的回答。莫非白来了不成?正在沮丧,那位女士忽然说,对,应该去问公园管理处!说着帮我拨通了电话。根据和天满宫交涉的经验,这次我先自报家门,说明是大学教授,从事历史研究,得知舵轮的信息,特来考察。对方答:舵轮吗?我知道,已经从园区撤下很久了,在库房里,不太方便……听着答话,我的心先喜后忧,喜的是有了线索,忧的是恐被拒绝。不能给对方说出拒绝的机会!我赶快解释:原以为入园就可以看到,所以买了票进来,此行从大阪专程来,往返1600公里,疫情期间实在不易……拿出可以想到的所有理由,一通恳请,对方似乎被我打动了:那你到出口处来吧,我们见面再说。

不容耽搁,我满头大汗,急步下山。来人是管理处年轻的学芸员(美术馆、博物馆的专业研究人员)松田女士,手里拎着一串钥匙。我心中大喜,锲而不舍带来继定远馆之后的又一次成功,这是要带我去库房了。

库房紧靠堤岸,来到库房里间的一个角落,松田揭开罩在上面的防尘布,巨大的定远舵轮赫然出现在眼前。舵轮的直径(含舵柄)约2米,被平放在一个独柱四脚的支撑架上,可以想象它当年竖立在舰上时一人多高的庞大身躯。舵轮朝上的一面有透明略带弧形的玻璃

蒙着盖布的定远舵轮，墙角可见另外两个舵轮

定远舵轮全貌（平放）

舵轴周边的铭文，款识的皋水二字清晰可见

追寻"定远"遗踪

板，下有木板，从舵轴呈放射状排列的12根舵柄，系用优质柚木制成。除了一支舵柄把手松动脱落，舵框边缘有个别残损，几乎完好地保持了100多年前的样貌。根据北洋海军史研究者陈悦的解说，此种舵轮在定远舰上共有3个，当时被串联放在甲板后部，称"人力舵轮"或"备用舵轮"，正常情况下不会用到。因为定远舰是排水量7000吨级的巨轮，依靠水压机来操作舵轮，人力舵轮仅在前者被毁时紧急启用，需6个水手齐心协力手工操作。定远舰的3个人力舵轮已有2个被毁于战火，此为仅存的1个。此刻，我有幸与它相见。舵轮两面的玻璃板和木板，并非原来所有，而是进入哥拉巴宅邸后被改造为咖啡桌的结果。

自从几年前电视台播出《甲午遗证》系列纪录片，关于流落日本的甲午遗物的报道多起来了，引起国人的殷殷关切。但是，网上的一些消息有失准确，有关这个舵轮也是如此。在舵轮的舵轴部分，我看到了铭文，大字为"鹏程万里由之安"，小字为"昭和甲戌秋题 长崎仓场氏所有故清国军舰定远号舵机"，后又落款"皋水"，以及两方印章"斋藤实印"和"皋水"。这些题字及款识才是舵轮来历最确凿和可信的说明。所有者仓场氏，全名仓场富三郎（Tomisaburo Awajiya Glover），是哥拉巴与日本妻子阿鹤的儿子，哥拉巴死后家业由他继承。仓场是他特意为自己取的日本姓氏，因为仓场（kuraba）与"哥拉巴"谐音。题字者斋藤实（Saitō Makoto）是海军将领出身的日本第30代内阁总理大臣（萨苏误为伊东祐亨所题），"皋水"是其号，昭和甲戌即1934年。由此来看，定远舵轮可能在这一年落到仓场氏手上。而伊东祐亨在甲午战后将舵轮赠给其父哥拉巴之说，并无确证。至于仓场是购买还是获赠，目前尚无从判断。

如何理解"鹏程万里由之安"的含意？毫无疑问，大海航行靠舵手，舵轮是海上航行安全之本，这是字面的直解。但也有日本学者认为，舵轮可能唤起了斋藤实对那个"不沉的定远"的记忆，所以"鹏程"也许还暗指定远。不论怎样，有一点可以肯定，仓场对于舵轮有浓厚兴趣，这与他正在长崎经营拖网捕鱼的轮船公司有关。库房里除了定远舵轮，靠墙还放着两个较小的舵轮，反映他有此类收藏爱好。仓场继承了其父的商人才干，兴办实业，还是有造诣的鱼类学者，同时也保持了与日本政界的密切关系，时任内阁总理大臣的斋藤实亲自为舵轮题字，就是一个佐证。有人说仓场喜欢宴客，出入他家的多是各国海员，家里俨如海员俱乐部。那些人未必知道定远，但航海之人对舵轮有本能的亲近和依赖心，这也许是仓场将定远舵轮改造为咖啡桌的理由？这个改造够别出心裁，但带弧度的玻璃桌面上，咖啡杯能放牢稳吗？倚着舵轮品茗，会有好心情吗？我不得而知。

第二次世界大战中，随着日本对英美开战，仓场因其英日混血的身份蒙受间谍嫌疑，被赶出哥拉巴邸。而他为了洗刷"原罪"，更加积极地参与日本军国主义的战争行径。1945年8月26日，日本败战后第11天，仓场在家中上吊身死。有人认为他是担心被当作战犯受审而畏罪自尽。

战后，定远舵轮改造的咖啡桌随着哥拉巴邸被长崎市接收，哥拉巴园辟为公园向公众开放后，一度陈列于住宅内，再后来，就进了库房。松田女士告诉我，舵轮从哥拉巴园撤下已经快20年了。管理处只有她一个研究人员，今天恰好在班上，又对舵轮有所了解，若是换了他人，恐怕三言两语就回绝了。我真庆幸！问到撤下舵轮的原因，她沉吟了一下说，是为了不伤害中国游客的感情，毕竟是从中国掳掠的战利品,是战争之物。长崎深受战争之害,民众都有和平情结。她说话时轻声细语,却深深打动了我。这是长崎民众的良知,是对邻邦的友善。纪录片《甲午遗证》的片头语说得好:"今天我们反思甲午,并不是简单地反思战争胜败,而是为了超越历史,超越战争,是为了中国人、日本人乃至相邻国家的相处与未来。"我想,定远舵轮带给我们的,也是这种反思的一部分。

东南亚篇

Southeast Asia

清迈偶遇

1998年10月,大阪商业大学比较地域研究所的几位教授要考察东南亚条约组织成员国的经济和社会状况。我受聘兼任该研究所的客座研究员,平时会参加他们的一些学术活动,这次承蒙所长泷泽秀树教授的盛情,邀我一同前往,遂有了我的第一次泰国之行。我的专业并非当代经济,但东南亚史是亚洲史的重要组成部分,其历史与中国历代王朝都有相当密切的关联,这种联系又构成了今天东南亚社会的深层基础,我素有兴趣。所以此次出行对我来说是机会难得。

近十多年,走出国门看世界,成了中国民众的一种生活方式。不但可以跟着旅游团游遍天下,自由行也蔚然成风。我国周边的国家,特别是新马泰三国游,几乎成了所有旅行社的传统保留节目:行程适中,价格合理,任何人都能做到想走就走。但是,如果时光倒退至20世纪90年代,情况就大不相同。看似近便的东南亚之行,如果不是受到会议方邀请而是自行前往,哪怕是从日本出发且出于学术考察的理由,若持中国护照,为了取得对方的签证,也要提前不少时间来计划和准备才能顺利成行。持日本护照的同伴倒是没有这方面的困扰。

泰国之行共两站,第一站,泰北的古都清迈;第二站,泰南的首都曼谷。这里重点讲讲在清迈的见闻。

清迈是泰国第二大城市,第一大城市为首都曼谷,但这两个城市的规模完全是天壤之差。以访问之年(1998)的数字论,曼谷及其周边集中了当时泰国人口的大约六分之一,即一千数百万人,单是首都曼谷的人口就超过了八百万;而整个清迈地区的人口只有一百六十万左右,清迈市内仅区区二十几万人。这里很少有摩天高楼,也没有一般大城市的喧嚣,到处是绿树鲜花、田园景象,极富自然之美。

泰国北部多山地,向南则平野绵延。湄公河(上游为我国澜沧江)支流之一的湄平河(也叫宾河)从清迈境内穿过,南下汇入泰国的第一大河湄南河(也作昭披耶河,Chao Phraya River)。清迈环山带水,中间是一块块的平原。但如果仅仅是富于绿色,它的风光就不会如此旖旎动人,其美还在于花的点缀。当时季节刚刚入秋,清迈的道边、山间、庭院四周,一丛丛一簇簇,到处都是色彩绚烂、开满枝头的鲜花,颜色极其丰富,玫瑰红、金黄、乳白、浅蓝、深紫……还有许多找不到恰当词汇来形容的美丽山花,给绿色原野增添了色彩,充满了欢快跃动的韵律。

兰花是泰国人最喜爱的花之一,虽然不是国花,却有着类似国花的地位。清迈有许多兰花栽培园,培育的花既用来装点建筑物和庭院,也用于鲜花出口,深受欧洲各国用户的好评。你若去兰花园内参观,参观证是一枝怒放的兰花,别有情趣。走进下榻宾馆的大堂,桌上、窗前,摆满了用鲜花装缀而成的塔形花钵。如果女客乘坐泰国航空的飞机,在接受空中小姐甜美的问候——满面微笑,双手合十,一句柔柔的"萨瓦迪卡"(泰语:欢迎)——的同时,也能得到一支可以佩在胸前的兰花作为纪念。

清迈是泰北的政治、经济和文化中心,其作为古都的历史有六七百年。13世纪中叶兴起的素可泰王国是泰人最早的国家,至该世纪末,孟莱王(King Mengrai)建立起兰那泰王国。随着佛教文化传入,清迈逐渐成为佛教圣地,佛寺林立,也迎来兰那泰王朝的黄金时代。然而,遭受强邻觊觎的清迈难得长久的安宁。16世纪中叶,清迈一度被缅甸的唐古朝控制,18世纪,吞武里国王郑信从缅甸人手里夺回清迈。19世纪后半叶,在泰南兴起的却克里王朝的拉玛五世撤销藩王制度,在清迈地区置府,将其正式归入中央政府的管辖之下。所以有人说,清迈被称为泰国第二大城市,不单纯是基于其在当代行政区划中的地位,很大程度是出于对其作为古都之悠久历史的尊重。

王室南移后,清迈失去了往日的政治中心地位。但这里有许多历史悠久的古寺吸引着游人。另外这里有很多养象的地方,村民们不仅训练大象载人载货,还教大象登场表演。不过这里说的是1998年时的事情。近年随着动物保护意识的增强,在有关团体的大力呼吁下,泰国已经逐渐减少驯象和骑乘,改为鼓励人与象在自然环境中彼此相亲了。

我们观看了一处表演,最有趣的是大象在驯象人的指挥下,先助跑,再抬起一条前腿把足球猛地踢向半空,球飞出很远,博得满场喝彩。当然它用的球要比一般人类的大好几号。我还在当天下午体验了骑象。准确地说不是骑,是坐在象背的椅座上,两人一组。大象每迈出一步,肩胛骨上下摇动,我们的座椅也随着晃来晃去,加上象的身高,坐在上面不免惴惴。而驯象人什么也不备,就悠然自得地坐在大象头顶上,随意用棍子敲打它,指挥进退。走了一段路,驯象人见我一直好奇地向他张望,便回头示意可以过来和他一样骑在象头上。我稍有犹豫,但抵不住冒险的诱惑,便欣然接受邀请,小心翼翼地从椅座里爬出来,"坐"在驯象人身后。本以为拿出自己当年下乡在牧区骑光背马的本领,只要用力夹住象的脖颈,就能保持平衡,结果不是

我也得到了一支怒放的兰花别在胸前　　有生以来第一次骑象，驯象人跳下去为我留了影

那么回事。大象的脖颈很粗，肩胛骨又不停地晃动，很难稳住，不得不用一只手拉着驯象人。还有一点始料不及，看似光滑的象身上有很硬的毛，如一根根刺，让我"如芒在臀"。不管怎样，这是有生以来的初次尝试，我坚持到了最后，还有一点小兴奋。

在清迈走访企业（主要是与日资有关的企业），属于考察团的公干，这里略过不提。还是说说公干之外让我个人印象深刻的两件事：一是访问山上的赫蒙人（Hmong）村落；另一是在市中心的入住酒店旁邂逅北方饺子馆的吴老板一家。

泰国的边境山区生活着许多民族各异而人口不多的山地部落，赫蒙人是其中之一。打头的"H"似乎不发音，听起来像"蒙"，国内多写成"赫蒙"族，属于苗族的分支，也看到"苗族蒙人"的叫法。

清迈偶遇

赫蒙人是他们的自称,有"自由之人"的意思。导游说,他们是七十多年前从中国云南地区迁来的移民,尚未正式加入泰国国籍。近一个世纪以来一直住在高山之上,用简陋的工具播种稻谷(当地叫山稻,以区别于水稻),靠雨水收获,很少下山,与外界几乎完全隔绝。他们之间使用本部落的语言,不通泰语。近年来泰国政府致力于教化,派人指导他们种菜和种果树,年轻一代开始离开村落到山下的清迈去上学或找工作。七十多年前从云南迁来的说法可能不确,据查阅到的资料,赫蒙人自18世纪初开始南下,从我国云贵高原逐渐进入东南亚各国,广泛分布于越南、老挝、缅甸、泰国的山岳地带。泰国并不与我国云南接界,这里的赫蒙人应该是先进入越南、老挝或缅甸,再从几国的边境地区辗转而来的。赫蒙人早期经常迁移,因为须烧荒开山维持生计,但烧荒会引起环境污染,加上他们种植罂粟,泰国对他们多有责难。1960年以后因泰政府提倡定居,慢慢形成了现在的村落布局。

赫蒙人的住房是用竹子和木板搭成的,房内至简,几乎空无一物。在地面上堆起柴枝,就是火塘,架上铁壶或铁锅,就是锅灶用以炊煮。没有家具,仅贴墙拉根细绳,将不多的衣物搭在上面。不论男女都身着一种黑色镶着绣花花边的服装,酷似云南苗瑶等少数民族的衣着。我见到一位老者,试着和他讲汉语,但他一脸木然。也许用苗语或者至少用云南方言搭腔,说不定会有反应,可惜我不会。近百年可是三四代人以上的岁月,对故国的记忆大概早已磨灭不清。想到他们过去一定经历了无数的风雨艰辛,想到他们曾和我同是一国的同胞,不由得平添了许多关切和感慨之情。

村里的女人们从事纺织和手工艺,她们缝制腰包、头饰、坐垫等

赫蒙人村寨的景象

摆在路边出售。商业化的气息正在进入这个古老的聚落。有几家的院内停放着汽车，想来是近年与外界联系较多、发展较快的家庭。这里的女孩子六七岁起就跟着母亲学习拈针走线，长大后都是好绣娘，不需打底，就能得心应手地将生活场景再现于绣品之上。我看到一个年轻姑娘正在专心致志地刺绣，被她的神情吸引，又喜欢她绣的坐垫图案，就买了一个作为纪念。尺余见方的坐垫，禽畜、稻黍、盛装的劳作之人跃然其上，无不栩栩如生。真心希望这些绣品能更多实现商品转化，增加经济收入，让赫蒙人生活得更好，也希望女孩子们除了刺绣，也能够读书识字，跟上现代化的步伐。

清迈偶遇

与两位村民合影

炊煮用的铁壶就架在地面上

专心刺绣的女孩

我选中的坐垫,图案精美,民族风情浓郁

早听说过泰国华人的势力很大。但那是在曼谷,在清迈会如何?我不得而知。说来也巧,短短的三天时间,竟然有了好几个机会邂逅这里的华人。首先是我们的导游,这位看上去三十多岁的男子告诉我们他有中国人血统,父亲是中国人,但他本人不会讲中文。他学了日文,当导游可以达意,我们用日语交流。其后是第二天晚饭时在一间名叫"谢桐兴"的中餐馆用餐。这家餐馆铺面很大,又值周末,来用餐的食客络绎不绝。看他们的衣着相貌和举止,可猜想大多为本地的华裔。我试图用中文点餐，但很困难，因为服务员小姐都不通汉语，又不擅英文。后来来了一位中年妇人，像是老板娘，能说一些说不上是福建口音还是广东口音的汉语，但我想要的菜和她后来端上来的大相径庭。比如我明明点了麻婆豆腐，上来的却是红烧油豆腐泡，有点哭笑不得。好在每样菜的味道都不错，同行的朋友们也满意，于是将错就错，饱餐一顿而去。

更难忘的邂逅是第三天午饭时，去了一家饺子馆，招牌写"中国北方饺子馆"，就在我们入住的酒店旁边。店不大，只能放下五六张桌子，很像北京街头小饭馆的模样，饭馆卫生也是街头水平，用餐巾纸一擦桌面，就是黑乎乎一层。好在饺子是地地道道的白菜猪肉馅，很香，价钱也很公道，五个人一餐加啤酒，酒足饭饱，只要四百多泰铢（Baht），合人民币八九十块钱。

最后，店主出来寒暄。他操着地道的东北口音，告诉我们，自己是生长在中国长春的日本战争孤儿，由于种种原因，父母返回日本时只带走了比他更小的弟弟，把他留在了东北，被中国的养父母收留，在长春读到高中。中日邦交正常化后，他于1973年回到日本熊本县的老家，然而亲情淡薄，相处不易。由于父亲已亡，弟弟在横滨开店，与他很少联系，自己无处投靠，不得已于几年后离开日本，到海外漂泊谋生。

想不到店主竟有这样的不幸身世，他也是那场不义战争的受害者。1945年日本战败后，数千名与父母离散的日本幼孩被遗弃在中国东北，成为战争孤儿，是善良的中国养父母收留并养育了他们。据日本厚生劳动省公布的数字，从1972年至今，共有大约2800名战争孤儿来日本寻亲后身份得到确认，偕同家人回日本定居。另有4000余名被称作"残留妇人"的日本女性(指1945年时年过13岁流落中国的女性)也获得归国机会。但是回归"母国"的生活并不如他们想象的那般温情。语言从零开始学起,生活习惯和文化观念格格不入,语言障碍带来求职困难,无法获得稳定的生活,被亲戚视为负担,更受到本应是同胞的日本人的歧视,难以融入当地社会。所以,店主回到日本后的遭遇,绝不是个例。孤独感,始终是战争孤儿们回到"母国"后挥之不去的心理阴影。

"离开日本后,我改回了中国养父的姓,还姓吴。我在意识上仍把自己看作中国人,为人处世也是中国人的方式。"店主吴老板说。

吴老板在20世纪80年代到曼谷,在货运船上干了一段,两年前到清迈。这家饺子馆开业不久,为了招徕顾客,主打薄利多销,所以这样便宜。他本人还经营房地产,并不只靠餐馆维持生计。那为什么要开饺子馆呢?因为漂泊在外,始终无法忘怀在长春的岁月,饺子是东北家乡的味道!说到这里,吴老板的眼里泛起晶莹的泪花,在座的几位日本教授也都闻之动容。

正聊着,吴太太也出来见客。她姓濮,是当地华侨,父亲是国民党旧部第九十三师的高级军官。这批昔日的国民党旧部仍然集中居住在位于泰缅交界处的眷属村里,离清迈约两个小时的汽车路程,回去探望也很方便。

莫不是那个位于泰缅老金三角地带的热水塘新村?吴太太连连点头。我曾多次读到有关那里的消息:他们是1949—1954年从云南退至此地的国民党第九十三师残部,人称泰北孤军,主要由滇籍官兵组成,后改编为第三军、第五军。其间曾两度向台湾撤军,但仍有大量人员驻留于此,至今不下七八万人。其中第五军驻扎在清莱的美

清迈市中心街景

谢桐兴餐馆

中国北方饺子馆的门脸

清迈偶遇

吴老板一家

斯乐,第三军驻扎清迈的热水塘新村,起初叫"光武新村",取"光复汉武"之意,后改为今名。当"反攻"迷梦最终破灭,第三军军长李文焕接受泰国政府招安,宣誓效忠泰皇,为官兵换来安身立命的家园。他还兴办中文华校以传承中华文化的薪火,这就是今天有一千七百多名师生的热水塘新村一新中学。吴太太的父母也是未撤台的人员。父母为了给孩子更好的学习条件,将较小的女儿、吴太太的妹妹送去台北读大学,吴太太则是在热水塘新村读完中学,之后到曼谷工作,在那里与吴老板相遇、相恋、成家,有了一对可爱的儿女,最后选择回到家乡清迈来打拼。

小人物的故事也是大历史的一部分。吴老板和吴太太,有传奇身世的两个人,漂泊在各自的故国之外,却以这种方式结合,又来同守一份中华的味道,算得上是有"奇缘"。说到现在的生活,吴老板清癯而沧桑的脸上露出笑意。他们在清迈安居,这里将成为他们和孩子们的新家园。他说希望生意好,生活安定,有机会仍想回东北去走亲访友,那个第二故乡已经是他生命中的家乡,至于日本,他已了无眷恋。

我没有机会去热水塘新村,但看到有人记述那个为泰北孤军谋出路的李军长墓碑背面的一段话,据说是他女儿的献词:"父亲告诉我们,每个人都要有一个家,在这漫长无情的岁月里,父亲为一群被遗忘的人,苦苦寻求一片自力更生的土地,并能在这片温暖的土地上,拥有自由呼吸的空间,建立自己的家园。"

温暖的家园是所有人的共同追求。吴老板和吴太太如是,新村里的人们也如是。"孤军"的一页已成历史,今天的他们,正以泰北华人的身份,为自己建设家园。

胡志明市一瞥

1998年11月4日,从曼谷飞抵胡志明市,这是我的第一次越南之行。2006年又有第二次越南之行,那次是为了参会而访问越南首都河内,因是后话,于此略过。

限于团队的行程,这次访越只在胡志明市停留。在机场通关时,发生了很有趣的一幕:机场官员在我的签证上盖好章,递还我时,用中文说了一句:"你好。"我从他身边走过时,他又用手向里面的行李大厅一指,大声说"在那边"来示意行李转盘的位置。受到如此意外又友善的对待,顿时感到这个初次到访的城市有人情温暖。事后想来,他也许来中国学习过,说不定就在北京,在北大。我少时的家园——北大燕园里,就常能遇到越南留学生,但多来自越南北部。莫非他也是留学生中一员,现在因工作关系来到南部,我让他忆及那段在中国留学的青春时光而情不自禁?同行的大阪商业大学的几位教授把羡慕的眼光投向我,觉得我享受了VIP待遇。

我们在胡志明市共停留三天,团队的工作访问——参观企业、与商界人士座谈等——占去了大部分时间。而我个人最难忘的见闻有二:一为参观抗美战争留下的遗迹古芝地道;二为走访旧日西贡华人聚集的堤岸区。

见证古芝地道的奇迹

胡志明市就是曾经的西贡市。1975年越南人民军攻陷南越政权的首府西贡,将旗帜插上当时的总统府独立宫(现名统一宫),这个国家漫长的内战宣告结束。第二年西贡更名为胡志明市,以示对革命之父的纪念。不但西贡更名,西贡的主要街道后来也相继更名,用这个国家历史上的大小名人重新命名。如果不熟悉越南历史,要记住街名,恐怕有困难。不过西贡的称谓也没有完全退出历史舞台。从机场出来,行经铁路枢纽西贡火车站,巨大的看板仍是写着"Ga Sai Gon"。越语是倒装的,GA谓站,后面是西贡的读音。遇到年纪稍长的当地朋友,他们仍偏爱西贡这个旧名。"西贡"二字,凝结着厚重的历史底蕴,能让你感觉到这座城市的沧桑和丰富的人文韵味。

历史上,越南南部曾长期处于柬埔寨高棉人的控制范围。元人周达观出使柬埔寨(时为真腊王国),写下《真腊风土记》,提到该国属地有一地名叫"雉棍",其音与越南人口中的"柴棍"(西贡的前身)相近,有学者因而认为此处"雉棍"可能就是后来的西贡。17世纪初顺化—广南的阮氏兴起后,借着柬埔寨内乱乘机坐大,经略被水真腊称为东浦也即后来的嘉定,设府筑城,进而将势力扩展到整个越南南部。与此同时,中国由于明清鼎革,政局动荡,有见地的阮氏政权又吸纳了因不愿降清而逃亡海外的南明遗民集团,使之成为一支大规模、有组织的建设越南南部的生力军。有华人大量聚集的区域"堤岸"(Cho Lon)与嘉定、西贡鼎足而立,日益繁荣。19世纪50年代,法国殖民者武力入侵越南,后逼迫阮氏政权两次签订不平等的《西贡条约》,将西贡作为其在中南半岛的殖民统治中心。此时的法属西贡,已是包括了堤岸和嘉定在内的大西贡地区。1932年,堤岸—西贡联区正式合并,组建为西贡市。为了打造这个统治中心,殖民当局也下了一些力气,让20世纪前期的西贡成为东南亚最大的工商业城市,有"小巴黎"之誉。现在市中心的林荫大道和大大小小的红顶洋楼群,仍能让我们看到这座城市当年的法国风情。

"二战"后,东南亚国家掀起推翻殖民统治、争取民族独立的热潮。1954年的奠边府大捷将法国殖民者彻底逐出越南,却因外部势力的干涉而不得不南北分治,导致"前门驱狼,后门进虎"。1961年,美国为了扶持南越的吴庭艳反共政权,发动了由美军顾问指挥南越军队作战、美特种部队及支援部队直接参战的特种战争,之后进一步升级为"南打北炸"的局部战争。但是,不可一世的美国人做梦也没想到,这场本以为可以速决的战争遭到了空前顽强的抵抗,迁延十数年,让其如陷泥沼,几遭没顶之灾。为了反击侵略者,北方的越南人民军与南方的民族解放阵线(简称解放阵线)并肩战斗,让60余万参战美军付出死亡5万余人、受伤30余万、失踪数千人的沉重代

统一宫(前独立宫、总统府)

陈兴道雕像,他是越南陈朝将领,曾抗击蒙古军队入侵,被尊为民族英雄

1998年的街景之一。人们多骑自行车出行,摩托车不多,汽车更少

胡志明市一瞥

1998年的街景之二。到处可见头戴斗笠、挑担卖货的西贡妇女

价(连同南越伪军,总计伤亡230万—240万人)。1973年,美国不得不在承认越南的独立和主权、完全撤出越南的停战协议上签字。又过了两年,西贡的傀儡政权彻底垮台。而越南人民也为这次胜利付出了200多万人伤亡的巨大牺牲。

　　像我这个年龄的人都记得上面的那场战争。风靡20世纪60年代的一本名叫《南方来信》的小书,拉近了我们这些懵懂少年和遥远北纬17度线以南战场的距离。书中人物身处南方,以给北方亲人写信的口吻控诉战争的残酷,也表达抗敌的勇气和对亲人的思念,那些故事连同书的装帧——白色封面上墨笔勾勒出像椰树的线条,底部点缀少许浅淡绿色,看不到硝烟炮火,透露出柔韧的刚强——都留在了我的记忆里。严酷的战争中,抗美前线的南方人民创造出各种游击战法,成功地以少胜多、以弱制强,地道战是最杰出的代表之一。胡志明市西北郊的古芝(Cu Chi)地道保留了当年的景观,不可不看。到达的第三天,在完成了一系列工作性访问日程后,我终于有时间前往古芝地道参观。

这是一片茂密的热带丛林,不远处就是波涛起伏的西贡河。如果不是林中的旷地上停放着残破锈蚀的坦克、炮体等已经废弃的兵器,看到凹陷的弹坑,你不会把这里的满目绿色与惨烈的战场联系起来,更不会想到曾让美军闻风丧胆的古芝地道正在自己的脚下。越战期间古芝地区是解放阵线的重要根据地,被称为"Vietcong(越共)"的"铁三角"地带,美军多次动用大兵力围剿。这条地道始修于越南抗法战争期间,法国人走了但美国人来了,为了在敌人的眼皮底下战斗,最大程度保存自己,解放阵线继续完善"地下长城",把地道体系修成了上下三层、四通八达的立体构造,总长达到200公里,最远处已经挖到西贡城边,足以保障西贡与胡志明小道之间的交通往来。战争后期的20世纪70年代,地道甚至挖到了美军机场和基地附近。古芝根据地16个村庄的上万军民,凭借地道战与敌人周旋,令美军束手无措。

导游把我们带到地道的参观入口。地面上到处可见逼真的树桩、蚁巢、坟堆,其实都是经过伪装的通风口。一堆枯叶突然被人顶开,一个全身穿军绿的小伙从下面探出身来,原来这也是地道的一个坑口,仅容一人上下,他正向游客演示。为了方便游客进入,主要入口已被扩宽,但稍向里去,就真实地感受到地道的狭窄和憋闷。最多可供弯腰半蹲通过,很多时候要匍匐而行,在有电灯照明有人引导的情况下,能在里面走(爬)上一百来米已属不易,而当年的游击战士常年就在这种恶劣条件下坚持战斗,并战而胜之,怎不令人由衷钦佩!导游介绍,地道的土质为红胶泥土,坚硬、不易坍塌且有防水性,最深处距地面8—10米,浅处也在3米以上,敌人的炸弹落在地面也不会对地道造成重大破坏,这是古芝地道能够成功的重要原因。多数巷道高不足1米，宽仅60—70厘米，只适合身材瘦小、熟知内情的越南人，大块头的美国兵无法容身，来者就是自投罗网。地道层层叠叠，弯弯曲曲，结构复杂莫测，设有会议室、宿舍、医院、储备粮食弹药的仓库、兵工厂，还设计了完备的防水防毒系统。

古芝地道留下了很多近乎神奇的故事。其一是破解美军的水攻。美军曾尝试用大型水泵将西贡河的河水泵入地道，还设法挖渠引水灌入地道，却都无济于事。巧妙的排水设计化解了美军的水攻，河水从这边流进，那边流出，又都回到了西贡河里。其二为应对美军而设计的陷阱机关，装有竹签、钉板、诡雷、翻板……最令被派下来探察地道情形的美国工兵胆寒。这些小个子工兵属于美军王牌的"大红一师"（美军第一机械化步兵师的绰号），却对着地道畏葸不前，自嘲是"地道老鼠"（或译为"隧道鼠"），要么有去无回，要么伤残而归。有些人身体完好，却从此精神失常——弗·福赛斯（Frederick Forsyth）的小说《间谍先生·复仇者》将古芝地道的神奇和这些"地道老鼠"在执行任务时的恐惧心理描写得淋漓尽致。

"地道战，嘿，地道战！埋伏下神兵千百万。千里大平原，展开了游击战，村与村，户与户，地道连成片。侵略者他敢来，打得他人仰马也翻"……这是中国老电影《地道战》里脍炙人口的插曲，唱的是我国冀中平原的地道战，在抗日战争中大显神威。而今，抗美战争中的越南地道战以其创造性的发挥，又一次将美国侵略者打得魂飞魄散。

1968年1月，解放阵线与越南人民军联手发动新春攻势。南方主力部队在西贡周围集结，以古芝地道为出发阵地，与西贡城内的游击队配合，发动奇袭。特工队冲入美国大使馆，爆破伪总统府，还攻击

古芝地道构造示意（网图）

地道内的指挥部会议室

与游击队女战士群像合影

胡志明市一瞥

古芝归途，路见田野里劳作的村民（左）和水边悠然吃草的水牛（右），让我思绪万千
（421—422页图均摄于1998年11月）

了美军机场等多处设施。5月又发动第二次攻势。西贡巷战异常惨烈，造成大量伤亡。从死伤人数看，深入敌人心脏，面对十倍百倍于自己的强敌，解放阵线的牺牲必然远多于美伪军，美军因此宣布取得"胜利"。而在战略上，新春攻势成为越战的转折点。喋血的战况，象征美军统治的美国大使馆被一时占领，扭转了美国民众对这场战争的想象，令国内的反战情绪进一步高涨，美国高层内部也因此战而军心动摇。同年3月，时任美国总统的约翰逊宣布美军将逐步撤出越南战场，并放弃竞选连任。5月，美国和北越在巴黎开始了漫长的和平谈判。

为了剿灭古芝地道的游击队，美军曾使出最狠辣的手段，在地面扫荡，铲平村庄，甚至喷洒橙剂等化学毒品，致使古芝一带丛林被毁，草木不生，大量民众中毒。今天古芝的绿色，是战争结束后经过治理重新生长起来的。热带植物的旺盛生命力使得丛林重又茂盛，但是深受橙剂之害的越南民众，却永远无法回到原来。他们或丧失生命，或严重残疾，连无辜的第二代都因此受害，或是畸形，或是胎死腹中。如此罪行令人发指，无法宽恕！在返回胡志明市的路上，车窗外闪过大片青葱的原野，农田里人们埋头劳作，水牛在池塘边悠然吃草……眼前的景象越是一派安宁，与刚才古芝地道带来的感受的反差就越强烈，心头越不平静。今天的一切都是无数人用鲜血和生命换来的，脑海里千头万绪，凝成一句：反对战争，珍爱和平！

走访堤岸

来到胡志明市，还有一处让我记挂，那就是越南规模最大的华人聚居区——堤岸。

堤岸地跨今日胡志明市区西部的第5郡、6郡和11郡，因地处西贡河西岸而得名。不过这个称呼只通行于当地华人之间，越语则称此地为"Cho Lon"，cho——市场，lon——大，合即"大市场"或"大街市"。若说堤岸二字表明地理特点，则Cho Lon显示了这里华商汇聚、店铺密布的人文特色。

前已提及，17世纪末18世纪初，不甘降清的南明兵民流入广南。他们不是散兵游勇，而是有组织的军事集团。其中出身广东的总兵陈上川、陈彦迪各率其部下，被分别安置在边和、美荻（地在今胡志明市东北方）辟地开荒，构建市肆，没几年就取得开发成效。另一支雷州人莫玖率领的人马进入河仙。18世纪后期，西山起义军与广南阮氏作战，陈上川支持广南一方，为其效力，遭到西山军的报复。为了另寻栖身之地，广南阮主同意他们南迁到西贡河西岸定居，由此开启了华人聚居堤岸的历史。在此之后，陆续有海外华人流入，人口日增。据资料记载，1940年底，全越南有华人60余万，1952年达百万，半数以上在西贡地区及其周边。①研究东南亚华侨史的日本学者山下清海（Yamashita Kiyomi）说，1975年越战结束前，西贡370万人口中三分之一是华人，居住在堤岸区的就有70万。②如此庞大的华人聚居地，在东南亚乃至世界，都是首屈一指。有报道将堤岸称作"越南最大的唐人街"，"越南最大"不假，但"唐人街"三字却不尽恰当，因为相对于其规模，唐人街这个概念太小了，这里是华人在异国打造的一方天地。

从胡志明市中心沿陈兴道大街向西南行，先来到位于第5郡、第6郡交界处的平西市场（Cho Binh Tay），它也是堤岸区最重要的地标。这座方形的宏大建筑结合了中法两种风格，上下两层，四边开门，黄色墙体，正门带有钟楼和中式雕刻，建筑中心部留有露天的中庭花园。介绍说：市场总面积25000平方米，可容纳2000家以上店铺。商家以批发为主，亦兼零售，所营商品从农果产品、日杂百货到五金家具，无所不包，是当之无愧的"大市场"。我站在入口张望，顿时被里面的喧嚣热闹征服。再看市场门前以及周围，密密匝匝也都是摊铺，人来人往，车水马龙，充满商业的活力。

如果只是一名普通的海外游客，来到平西市场，最多是以新奇的眼光打量这个市场的"地大物丰"，琳琅满目。但若知道它的来历，又怀着寻访华人历史的心情，就有另一番感受，不能不由衷赞叹老一辈华人实业家的见识与魄力！

平西市场问世于1928年，它的诞生离不开一个人，堤岸的华人

---

① 参见古小松等《越汉关系研究》，社会科学文献出版社，2015年，第50页。
② 载《读卖新闻》1992年9月8—9日夕刊"文化"专栏。

叫他"荡爷"。

荡爷大名郭琰(Quan Dam，1863—1927)，潮州人，乳名阿荡，荡爷是人们对他的尊称。他生性豪爽仗义，具有不同凡响的商业才干，虽自幼落下腿疾，行走不便，却能纵横商海，屡战屡胜。由于父母早亡，郭琰14岁随老乡渡海到堤岸。起初靠卖苦力、收卖破烂度日，又当小贩。如此十年，白手起家，渐有积累，遂创办通合公司，经营工贸实业。通合者，取"通商山海，合贯乾坤"的开头二字，用其美好寓意。年过40后，郭琰一跃成为越南工商界最有影响的华商之一。越南盛产大米，他把大米生意做得热火朝天，所属4家碾米厂加工的大米数量占到越南出口总量的一半。他还收购柬埔寨所产棉花创办棉花公司，又经营制糖、酿酒、纺织等业，都卓有成效。20世纪初开办轮船公司时他还做了一件让人瞩目的事情：在汕头注册的元利号轮船，成为首家挂中国旗进出越南堤岸港的船只！一些船只还远航欧洲进行贸易。

郭琰在积累了巨大财富后没有忘记同乡情谊，多有善举，最了不起的功绩就是建立这座平西市场。平西市场又称堤岸新街市，既谓"新"，顾名思义，这里曾建有旧街市，但被火烧毁。1925年，郭琰看到堤岸商户日增，场地太狭，主动向法国殖民当局提议建设新街市，买下一处旧造船厂捐出作为市场用地，出资58000法郎作为建设费用，还聘请了法国人设计师。1926年，工程启动，两年后竣工。但郭琰本人未能等到新街市竣工，在1927年5月便溘然长逝，享年65岁，由儿子完成了他的心愿。他用心血打造的新街市，至今造福华人，兴盛不衰。为了表彰他的贡献，西贡政府打造了一尊郭氏全身铜像，竖立在平西市场的中庭里。然而越战之后的1975年，铜像被拆除（听说铜像先进了政府管理的某间仓库，2003年移入胡志明市美术馆后院），我来时已无缘瞻仰。关于铜像，有这样的介绍：郭琰的铜像站立在市场中央的菱形石碑上，一袭长衫，胸前挂满勋章，左手拿着的卷轴代表他献地建市场及在堤岸地区其他各项捐款的相关文书，右手拿着的卷轴张开，一面的法文是"Ville de Cho Lon"（堤岸市），另一面的法文则是"Écoles, Marchés, Ceuvres, Assistance"（学校、市场、工作、援助），标示着他所从事的慈善事业。[①]铜像脚下的石碑铭文尚在，兹录正面之文于此以志纪念：

> 郭琰先生，粤之潮安龙坑人也。少来越，以米业起家成巨富。性慷慨，乐善好施。会堤岸拟建新市，先生极力相助，俾底于成，政府嘉焉。因立铜像，示不忘也。

大凡海外华人聚居地，都有按照乡贯建立会馆的传统，既让移民时刻牢记自身的家乡渊源，又有维系乡谊、相互扶助的功能。像堤岸这样庞大的华人区，自然更是如此。堤岸华人以粤系为主，八成左右来自广府和潮州，余则来自客家或闽南，因而粤语是这里的第一通用语。远者不论，保存至今的仍有穗城会馆、义安会馆、温陵会馆、二府会馆等多座。离开平西市场后，我去了这一带颇有名气、位于第五郡阮廌（zhì）街上的穗城会馆。穗城乃广州别名，见名即知是广东

[①] 参见范玉红《胡志明市碑刻中的华人及其生平事迹的介绍与探讨》，载《越南汉学与华人文化专辑》2017年7月号，第36—39页；以及陆礼强《越南知多少（60）》（2023年10月17日），载鸣远－耀汉校友会网站：https://luc612.wordpress.com/about/。

现保存于胡志明市美术馆的郭琰像

平西市场（居图中央）鸟瞰，年代不详，市场整体格局一目了然。引自陆礼强《越南知多少（60）》

会馆。进入大门后有前殿，其后为一长方形天井，中立大型香炉，两侧回廊连通，正殿是高悬"天后圣母"匾额的天后宫。会馆与供奉神祇的寺庙并处，是堤岸各会馆的共有特点，故穗城会馆又称堤岸天后

平西市场门前

宫,主神供奉海神妈祖,因当地人对妈祖昵称阿婆,又俗称婆庙。其余诸神名目杂多,有"龙神娘娘""惠福夫人""福德正神"……不一而足。侧殿里还见到了关帝、财帛星君。有一些女客在进香,应是本地华人,她们神情虔诚,殿内香烟袅袅,增加了庄重敬畏的气氛。最让我惊叹的是整座会馆建筑的屋脊廊檐,布满了精美的灰塑。灰塑是流行于广东的传统雕塑艺术,也被堤岸华人运用于会馆的建造。每组雕塑都取材中国经典,文学传说类如《西游记》《八仙过海》《天官赐福》《钟馗嫁妹》,著名典故如二十四孝,还有各种历史人物,无不栩栩如生,精彩纷呈,堪称文化瑰宝。只可惜那时拿的不是现在的高精度相机或手机,拍摄技术也差,待胶片洗出,才发现照片不尽如人意,却后悔晚矣。

有旅游指南说,这座天后宫始建于清乾隆二十五年(1760)。但我并未在馆内看到明确记载此年号的碑铭或题记,其说未必可信。倒有一块清嘉庆五年(1800)的"含宏光大"匾,挂在前殿。有些资

从胡志明市内眺望蜿蜒的西贡河（摄于1998年11月）

料称穗城会馆于19世纪初竣工，或是以此匾为依据的，应该比较稳妥。还可以确知的是，会馆自创建到清光绪三十四年（1908），先后经历5次重修，但是仍保持着原来的建筑风貌。从现存匾额楹联等物看，光绪元年（1875）以来的文物最多。我去参观时，从1995年开始的又一次维修正在分期进行当中，堤岸的华人乡亲们也大力出资赞助。图片中的天后宫刚刚经过翻修。与我合影的几位，身穿青色T恤衫的是天后宫工作人员，着深蓝色上衣者是会馆干事。听说我从日本来（那时还看不到多少国内游客），都非常亲切地为我答疑解惑。只是我不懂粤语，他们要勉为其难，把话说得更易懂些（笑），有时还加上笔谈。他们告诉我，自己都是定居堤岸三代以上原籍广东的华人，对于维系精神信仰和乡梓之情的天后宫情有独钟，全心爱护。干事还提到，会馆内目前

与天后宫工作人员及会馆干事合影

穗城会馆屋脊廊檐上的灰塑生动精美

存有两块《重修穗城会馆碑记》方碑,分别立于清道光十年(1830)、咸丰九年(1859)。我虽然没有机会亲见,但相信在天后宫的历史沿革尚不清晰的情况下,这两块方碑对于进一步追根溯源,有着极其宝贵的价值,值得妥善珍藏。

有人说,一部西贡建设史,离了华人,离了堤岸,就无从谈起。这话道出了最重要的基本事实。华人是这片土地的功臣,堤岸是他们的家园。然而越战结束后的1976—1986年,这里的华人经历了空前艰难的10年。由于统一后的政府实行激进的国有化政策和强制同化政策，加之中越关系全面恶化，越南国内大规模排华，大量华人忍痛出走他国避难，成为轰动当时国际的重大新闻。那些年里，堤岸华人数量从70万锐减至10余万人，街市萧条，百业凋零。直到1986年，越南宣布革新开放，调整对华人的政策，肯定华人的贡献，承认华人的合法权益，情况才逐步好转。这以后，华人也更多地走向本土化，脱离侨民身份，成为越南华族。有统计称，1999年华族86万人，占越南总人口的1.1%，是第八大民族。我来访时，堤岸已经"回暖"，出走的华人回归，街市重现活力，一度消失的汉字招牌和广告也重现街头。随着中越关系改善，大陆及港台地区投资不断进入，在胡志明市内甚至出现了学习中文的热潮，堤岸区还开办了华语普及中心。我在机场受到的友善对待，应该与这种氛围分不开。还有好消息，听说堤岸的华人数量已经回升到四五十万人之数。1995年起分期进行的穗城会馆天后宫的大规模维修，正是这一变化的体现，反映出堤岸华人重拾信心建设家园以及对未来的憧憬。参观时，没有机会也不方便向天后宫里的几位华人工作人员询及他们苦难的十年。一位老人淡淡的一句"辛苦啊，不过现在好了"，包含了万语千言。我默默回味他的话，只觉得五味杂陈，心绪难平……

走进马六甲

2000年2月,利用大学放春假,我和大阪商业大学比较地域研究所的教授们继续之前的东南亚考察。这次的主要访问地是马来西亚的吉隆坡,而我内心最期待的却是行程后半段的马六甲。起初安排计划时,由于一些原因,对于能否列入马六甲,曾有些不确定。我是受邀的"客卿",不便多言,但心里汲汲渴盼。还好,经过调整,马六甲如愿列入了行程。马来西亚旅游局的官方宣传有一句口号非常打动人心,叫作:Visit historic Melaka means visit Malaysia(访问历史悠久的马六甲就是访问马来西亚),说得精辟!对于这座浓缩了马来西亚历史与文化的名城、古城,怎能过其门而不入呢?

马六甲一直是个遥远又熟悉的名字。儿时的地理课本让我记住了闻名遐迩的马六甲海峡,这个沟通太平洋与印度洋的海路咽喉,一夫当关万夫莫开,我国古来的海上交通,必须由那里通行,再无他路。稍长,得知马六甲是东南亚极重要的港口,伟大的三保太监郑和率明朝船队下西洋,5次在那里靠港,补充给养,还替明永乐皇帝办理外交,早期的华人移民也始于此时。再后来,多读了一些书,对马六甲的发展脉络了解更多,知道它的历史如此跌宕,几乎每百余年就遭遇一场风云涤荡,周折起伏却也因此而造就了厚重的文化积淀和多元色彩。

要而述之:1396年(一说1402年),从苏门答腊岛来此避乱的王子拜里米苏拉(Parameswara)创建了马六甲王国(即满剌加王国)。此后的百余年间,马六甲王国不断壮大兴盛,宗教上皈依伊斯

作者身后是马六甲海峡
（2000年2月摄）

兰教，其版图一度包括了苏门答腊北部和大半个马来半岛。但是，扼守海路，东西贸易繁盛的马六甲也因此成为列强垂涎的目标。"大航海"的另一张面孔便是殖民者东来。1511年，葡萄牙人出兵攻占了马六甲，马六甲王国灭亡。130年后的1641年，荷兰人用武力取代了葡萄牙人。18世纪末，后来居上的英国殖民者也盯上了马六甲。自认不敌的荷兰人被迫妥协，步步退让。1824年的《英荷条约》确立了英国对马来亚的霸权，荷兰撤出马六甲并放弃所有在马来亚的利益，两年后英属海峡殖民地成立（由槟城、马六甲、新加坡联合组成）。又是百余年，太平洋战争爆发，1941年日军南侵，占领马来亚至1945年战败投降。"二战"结束后英国重新统治马来亚，但殖民者风光不再，民族独立才是人心所向。1957年马来亚宣布独立，继而成立马来西亚联邦。1965年，新加坡脱离马来西亚联邦，今日马来西亚的国家格局由此定型。

从吉隆坡到马六甲不算远，高速公路上驱车2个小时左右即到。静谧的马六甲河穿城而过，注入马六甲海峡。距入海口不远处，老城区沿河而建。现今左岸（东岸）的荷兰广场周边集中了殖民时代的历史遗存，右岸（西岸）是中国城。经典的观光路线都以荷兰广场为起点，我们也遵循了这一惯例。

荷兰广场名不虚传，这里的建筑群清一色是醒目的"荷兰红"（以独特的红色砖墙修成）。最大者为荷兰总督曾经使用的市政厅——Stadthuys，中文多称"荷兰红屋"，建于1650年，移交给英人后改为学校，现在辟为马六甲历史博物馆。紧邻Stadthuys的是一座教堂——Christ Church Melaka，中文称马六甲基督教堂，1741年为纪念荷兰占领马六甲100周年而兴建，从动工到落成用了12年，建成已是1753年。逐走葡萄牙人，将马六甲据为己有，荷兰殖民者的那份踌躇自得，于这座教堂的建设上也体现得淋漓尽致。却没想到只过了几十年，就不得不屈服于强敌英国，拱手让出马六甲这块宝地，彼时其之心有不甘，亦不难想见。广场中央的钟楼也是通体红色，与周围景色十分融洽，但此建筑却不是荷兰时代之物，而是1886年马六甲华商陈明水为纪念其父陈金声而建。当时一般家庭罕有时钟，当地又无打更制度，周围的百姓从此就靠这大钟报时。时钟原系英国制造，运转近百年后表盘更换成了日本精工（Seiko）牌。时至今日，大钟依然"现役"运行。在马六甲，这样的华人故事俯拾皆是，于此暂且带过，待到后面详细叙说。

东南侧山下的圣地亚哥古城堡和丘顶的圣保罗教堂两处遗址比荷兰广场周边建筑的历史更早，属于葡萄牙殖民者的遗物。城堡建于1511年，当地人呼为"A'Famosa"，当时葡萄牙人为了防备马六甲王国反攻，拿出在欧洲的看家本事修了这座石头城。城墙上筑有城楼，架设炮台，并以壕沟环绕，号称全东南亚最大，坚不可摧。荷兰人占领马六甲后保留了城墙和防御设施，继续使用。然而到了英国人手里，

荷兰红屋前
（2000年2月摄）

荷兰红屋与钟楼

马六甲基督教堂（明信片，2000年2月购于当地）

仅存四壁的圣保罗堂

圣保罗堂前的圣方济各沙勿略像

仅存城门的圣地亚哥要塞，当地称"A'Famosa"（Thomas 供图）

却将其炸毁,如今只剩下这一处没有城墙的城门。山丘上的圣保罗堂建于1521年,前竖著名传教士圣方济各沙勿略(St. Francis of Xavier)像。说到沙勿略,可谓大名鼎鼎,他是最早来东方传教的耶稣会士,被天主教会誉为历史上最伟大的传教士。虽然在日本的布教获得成功,但沙勿略真正的梦想是前往中国,却因明朝政府禁令森严而无法如愿。执着的他千辛万苦抵达上川岛(今属广东江门台山市)后感染疟疾,不治身亡,遗体被运到马六甲,安放在圣保罗堂,后又转到印度果阿下葬。历经500年风雨,无人修缮,教堂早已朽坏,屋顶坍塌不存,空留黝黑斑驳的墙体栉风沐雨,诉说苍凉。教堂深处有一座覆盖了铁网的墓穴,当年曾安放沙勿略的遗体,故保存下来供后人凭吊。

大概因教堂得名,这座山丘现在叫圣保罗山,据说也叫升旗山。居高望远,可以看到波光闪烁的马六甲海峡。其实早先的海岸线没有那么远,就在此山脚下,这也解释了固若金汤的圣地亚哥城堡何以会位于此处。如今延伸到海岸的土地都是后来人工填海造出来的。俯瞰山下城内方向,能看到绿树掩映中的红屋、教堂、只剩下城门的古堡,以及围绕着它们的游人、市民,还有蜿蜒的马六甲河。当年列强纷至沓来,一幕又一幕上演"城头变幻大王旗"的戏码。而当海面的硝烟散尽,殖民者一去不返,那些遗存作为多元文化的符号保留下来,让历经磨难的马六甲更加多彩而富有魅力。殖民者退出历史舞台,谁与这片土地共生?只有它的主人,马六甲的人民——马来人、华人和其他族群。

从荷兰广场向西,跨过河桥就踏入中国城。早几年作家邓友梅曾来此访问,惊呼"比中国还中国!"[①]我读了他的随笔,如今自己

---

① 参见邓友梅《南洋归来话南洋》,载《境外漫游录》,春风文艺出版社,1997年,第239页。

身临其境，与他同此感受。再强调一句，这指的是传统文化里的中国。眼前这条在地图上被写作 Jalan Hang Jebat 的主街，华人呼为"鸡场街"，听说是福建话"街场街"的讹音，英文则称 Jonker Street。不宽的道路两边，带前廊（骑楼）的中式建筑齐齐整整一字排开，宛如走进了闽粤一带某条老街，全无生疏之感。虽然市容已显破旧，但家家户户门口有楹联，隔不远就看到某某会馆、某某宗祠字样，街道上高悬一排排的大红灯笼，目光所至，都是浓郁的中国气息。我们到时正值农历初八，为庆贺千禧龙年新春搭建的牌楼矗立在街口，高十数米，气势宏大。布景正中，一条立体的金龙活灵活现，正欲腾空，周边绘满蓝天祥云，下有鲤鱼跃起，海水翻波。对联为：祥龙贺岁喜迎春，万象更新在千禧。的确是下了功夫制作的。今年的主办者为赖氏宗祠，而协办的有福建会馆、潮州会馆、雷州会馆、海南会馆、林氏宗祠、应和会馆等。

大概最热闹的庆典活动已过，眼下街里挺安静，看不见多少行人。来前已听说马六甲的华人力量雄厚，宗亲组织和乡团组织都很发达，现在眼见为实。马六甲的华人历史肇始于明朝郑和下西洋，但大规模移居则在1840年鸦片战争之后，主要来自广东、福建、海南、客家，出身闽南者最多。根据2000年马来西亚的人口普查数字，马六甲州60万余人，华人超过17万，占约28%，保持1970年以来的水平且有所增长。[①] 活跃于当地社会的宗祠、会馆组织，大多有百年以上历史。如潮州会馆，可上溯至1822年，西河堂林氏宗祠创始于1875年，永春会馆的初建年代已经失传，可确知重修于1875年。

---

① 参见 https://zh.wikipedia.org/zh-hans/2000年马来西亚人口普查。

有华人的地方就有华人寺庙。在这条街的另一端，我看到了观音堂、崇德堂、广福宫、天德宫，而最具规模的寺庙，是隔着两条街的青云亭。寺内释道儒并祀，正神为观音，侧祀关帝、妈祖、土地神、三保公（郑和）、孔子，屋脊廊檐雕梁画栋，遍施彩塑，其精美程度让人想起胡志明市堤岸的天后宫。据说青云亭建于1673年，建筑材料都是华人越洋运来，也有人坚持说年代早至明末。这些为华人口口相传，未必都准确，但建寺为马六甲最早甚至全马来西亚最早则无疑。青云亭在马六甲的地位极高，不但是华人精神信仰之所在，也是华社的核心所在，数百年来华人甲必丹（首领）驻此议事办公。英国人废除了甲必丹制度后，青云亭设立亭主，以亭主制度继续行使管理职责。作为亭主对马六甲做出重大贡献的人之一，就是前面提到的陈金声。他祖籍福建永春，出生在马六甲，是青云亭第三任亭主，上任后广行慈善，修桥铺路，连接荷兰广场与中国城的河桥就是他捐资所修，桥从木桥改为坚固的石桥，人称"金声桥"。他在新加坡也留下了赫赫业绩，可以找到同名的金声桥、金声路，还有他开办的华文义塾"萃英书院"。

与鸡场街相邻的敦陈祯禄街上，还住着很独特的华人群体，叫作"土生华人"，又叫峇峇娘惹（baba nyonya），是明代和清早期来此落户的华人的后裔。与此相对，19世纪以后大规模到来的华人移民则被称作"新客"。有些土生华人的祖上甚至可能就是随着三保太监来此而未归的。这些早年单身下南洋的华人男性，娶当地马来女子为妻，结成"跨国婚姻"（当时没有那么多宗教障碍），他们的混血子女，男孩子叫峇峇，女孩子叫娘惹。最难得是这种华马联姻的家庭，彼此包容：生活上多跟随母系，吃马来口味的饭，说混合了闽粤方言

马六甲河上的金声桥

过河即中国城,正面为主街鸡场街,左侧道路通往敦陈祯禄街,皆摄于2000年。2008年申遗成功后经过一系列修复和提升,街市景象与此时已判然不同

鸡场街景,骑楼建筑一字排开,皆为门面窄而进深长

庆贺龙年新春的牌坊高大气派,由赖氏宗祠主办

鸡场街,挂着余府灯笼的华人住宅　　华人寺庙与穆斯林墓地毗邻

走进马六甲

明信片里的青云亭和它所在的庙堂街（Temple Street）一角（2000年2月购于马六甲）

的峇峇马来话，服饰也融入较多马来元素；但在最核心的文化传统和宗教信仰上，一如既往地继承和保持父系的中华基因，敬祖重孝，尊老爱幼，重视婚丧和祭祀礼仪。

马六甲的土生华人里名人辈出，不乏实业家、富商，也不乏奋起反抗外来侵略的斗士、政治家。这条街原称荷兰街（Heeren Street），现在的街名 Jalan Tun Tan Cheng Lock（敦陈祯禄街），乃为纪念华人领袖陈祯禄而命名，前冠"敦"（Tun）字是马来西亚最受尊敬、最荣耀的头衔。陈祯禄出身峇峇世家，故居在本街111号。他先经商后从政，组织华人政党马华公会，和马来西亚国父东姑阿都拉曼（Tunku Abdul Rahman）一起向英国争取国家独立，被誉为"建国英雄"之一。他也积极维护马来亚华人的权益，最突出的贡献是说服英当局接受超过百万的华人移民成为马来亚公民，从而奠定了后日马来西亚华人社会的基础。

本街的曾府也是峇峇人家，府邸由3间排屋组成，外观典雅。曾家自1861年起拥有此栋住宅，4代人在此生活，现在传到第5代孙辈手里。为了传播峇峇娘惹文化，前些年主人同意将老屋开放为峇峇娘惹祖屋博物馆，但是导游并未带我们前往，事实上我们在街上也没发现哪里正开放参观。在观光热潮尚未兴起，海外游客不多的当时，不知道是不是因为正值年节而闭馆休息了。多年后，我看到了该博物馆的网页，又通过新加坡传媒公司拍摄的电视剧《小娘惹》（2008年出品）见识了这座中西合璧建筑的内部，因为该剧的取景地就在这里。

电视剧以倒叙的方式，由主人公小娘惹月娘的孙女将我们带入曾氏祖屋现场，一步步铺陈故事。移步换景中，祖屋的豪华瑰美一一展现，令人叹为观止。巴洛克式的窗框与栏板，家具中的欧洲舶来品，均显示主人的西式生活意趣，马来民族服装与用品的陈设，则显示主人的多元族群背景。但贯穿整座建筑的基调，是传统中国文化。满堂家具古色古香、举头可见的联额、巧夺天工的木雕贝雕和描金绘饰，还有遍布各屋的中国字画、明清瓷器、各种工艺品，都带你穿越时空，回到消逝在岁月里的昔日中国。混血而不忘祖脉，去国而未忘渊源，从祖屋看到了峇峇华人心中的文化之根。建立博物馆是个好主意，令峇峇娘惹文化广为传播，如今这里是马六甲最知名的文化名片之一。没能在2000年参观祖屋固然遗憾，但只要保护得好，一定有机会再来访问，我相信！2020年，国内也翻拍了电视剧《小娘惹》，但比较两者，我以为还是2008年原创版更着意历史，更能体现峇峇娘惹文化的内在意蕴。2020年版丰富了故事的情节，但也因此多了刻意的戏剧性。演员选择和角色塑造或许各有千秋，但我还是愿意把票投给原创版。

至于两版电视剧中都给予了浓墨重彩的娘惹料理，访问马六甲时旅行社倒是也为我们安排了一餐。餐馆不在鸡场街里，而在圣保罗

峇峇娘惹博物馆
（Thomas供图）

曾府内景，均来自峇峇
娘惹博物馆网页

山下离海不远的地方，叫"Ole Sayang"，门口匾额书"亲切"二字，据说就是店名的含意了。没想起来拍照片，报不上菜谱，不过手边留下了店家的这份说明，可以参考。我最大的印象是娘惹菜香辛料味足，酸辣甜并存。记得导游是这样介绍的：娘惹菜既不属于中餐，也不是马来餐，它介乎两者之间，取用中华食材，按马来方式烹饪。除了常规食材，也搭配南洋喜爱的叁峇、露兜、姜黄、柠檬草和椰奶，加马来人喜欢的各式香料，因为不是穆斯林，没有清真的禁忌，鱼肉、猪肉都可用。这番话也告诉我们，"包容"始终是峇峇娘惹文化的要义，这体现在方方面面，包括饮食文化。有包容才有融合，有共生。

补记：

2000年初到访马六甲，我在鸡场街感受到华人之乡的温润，也看到它的沧桑与迟暮。坦率说，内心对其未来不无忧虑。没有想到的是，这个千禧龙年竟也是马六甲中国城的转折之年，再出发之年！回到日本不久，听说了马六甲州政府在华人议员颜文龙的呼吁和推动下，决定拨款修复日益破败的鸡场街，打造"鸡场街文化坊"的好消息。2008年，马六甲和槟城联合申遗成功，鸡场街文化坊进而跻身马六甲世界遗产的核心组成部分，名声越发响亮。现在去马六甲旅游的国内客人，走在人头攒动的鸡场街上，都会被它的文化魅力吸引，更不会错过流光溢彩、美食荟萃的鸡场街夜市。但是很少人会去想象，为了完成从老旧破败（我曾亲见那时景象）到活力四射的华丽变身，当地华人付出了何等的不懈努力。年轻的华人四代、五代在其中发挥着重要作用，这是比听到鸡场街吸引了多少万游客打卡更让人高兴的事情！现在领军的华人"拿督威拉"（仅次于"敦"和"拿督斯里"的荣誉称号）颜天禄，是开创鸡场街文化坊的颜文龙之子，如今他继承了父亲的事业。年轻一代立足家乡，给老城注入新生命，马六甲才有持久活力，海外的中华文化也才能传之久远，期待他们有更好的发展。

吴哥印象三题

向往已久,一朝成行。2019年年底的最后几天,去柬埔寨的暹粒圆了多年的吴哥梦。来去五天,扣除往返,实打实三整天。事后真为自己庆幸,时机抓得太巧了!否则,转过年新冠疫情来袭,世界停摆,这一耽搁就不是一年半载了。

吴哥古迹享誉世界,是人类文明宝库中的瑰宝之瑰宝。整个遗址群分布在400平方公里的范围内,由大大小小的寺庙、都城、宫殿、陵寝、塔群、雕塑等建筑物组成,现在可以到访的仍有几十处。三天的行程实在太短,无论如何争分夺秒,也只能选择重点中的重点:吴哥寺、吴哥城、巴戎寺、塔布隆寺、崩密列、女王宫……每一处都精彩纷呈,让人流连忘返。吴哥遗址群的文化内涵如此丰富,不同的角度有不同的感受——历史的、宗教的、建筑的、美术的、文学的、艺术的……我相信,一万个到访者会有一万种属于他(她)自己的观感,却同样都会因吴哥文化而引起长久不衰的心灵震撼。那种震撼和兴奋于我是前所未有,久久地萦绕心间不散,实在无法用一支拙笔来充分表达,这里只撷取几个见闻片段,以纪此行。

吴哥寺的宇宙空间

9世纪到15世纪的吴哥王朝时期,是柬埔寨历史中最重要的一部分。从802年建国开始,600余年间有明确记载的国王至少26位,不乏有作为者，而功业最显赫的，要数苏利耶跋摩二世（SuryavarmanⅡ，1112—1150年在位）和阇耶跋摩七世（JayavarmanⅦ，1181—1219年在位）。苏利耶跋摩二世作为一代英主，开疆拓土，豪气万丈，创造了吴哥王朝的第一个辉煌时期。看看地图就一目了然，在他治下，国家疆域西至今泰国中部，西南达马来半岛，东南抵今越南南部，也就是说，如今看起来弱小而后进的柬埔寨，当年是称雄中南半岛的绝对强国和大国！

吴哥寺即吴哥窟，柬语作"Angkor Wat"，Angkor——都城，Wat——寺，合则"都城之寺"，是苏利耶跋摩二世的寺城，这位伟大国王的遗骨就葬在这里。在吴哥众多的寺庙建筑里，只有吴哥寺是坐东朝西的。据说因为它是作为苏利耶跋摩二世的陵寝而建，东方象征新生，而西方象征死后的世界，所以朝向西方；也有人说是因为东面地方窄仄，缺少足够的拓展空间而选择了西面。无论怎样，朝向决定了每天的旭日必然从它身后升起。苏利耶跋摩二世又被称为太阳王，因此在吴哥寺观日出有了一种特别的含义。

到达暹粒的次日清晨，导游来接我们去吴哥寺看日出。车子开到附近的停车场，四周还是黑暗一片，依稀可辨出道路外侧是宽阔的水面。我知道吴哥寺四周环绕着巨大的护城河（环濠），但没想到水面竟如此宽阔，足有190米，完全是湖的感觉。感谢早先来过的朋友的忠告，我自备了手电筒，用它照亮脚下的路、台阶、浮桥，高一脚低一脚地走入寺内，吴哥寺的标志性建筑——高耸的5座宝塔映入眼帘。

暹粒的气候是一年两季，半年雨季，半年干季。自11月下旬起转入干季，此时正是利于观光的好季节，池水虽然稍减，仍可以倒映

吴哥寺观日出，天边渐现红曦

沐浴晨光的西塔门（吴哥寺正门）

出宝塔群的身影,不同角度能看到的塔数从3个到5个不等。太阳初升的位置因季节而移动。一年中只有春分和秋分,太阳会从寺的正后方升起,雨季时在靠左侧的位置,现在的干季则移到了右侧。

天空渐渐放亮,宝塔群的轮廓越发清晰。所有人,不分肤色容貌,只有一个姿势——面向东方,高举起手机或相机,恨不能高一点,再高一点。此刻也许有数百甚至近千人在等候,但没有喧哗,大家都静静的,因为等候也是一种享受,用身心来体验吴哥寺黎明前的静谧与神秘。6点许,红曦更加浓重,或许是云量的关系,朝阳的颜色不是火红,反而偏黄,也没有如我期待般一跃而出,显得朦胧晕染。晨光照射在周边许多建筑上,把它们染成金黄,站在藏经阁上的我们也沐浴在金色的晨光里。

下午2点多,我们再次来到吴哥寺。安排下午正式参观吴哥寺是有道理的。由于它坐东朝西,下午的吴哥寺迎着西来的阳光,通体明亮,最适合观瞻。上午就会成为逆光状态,很大一部分会遮蔽在阴影里。因为正对寺院正门(即西塔门)的参道在修复,仍然只能从临时架设的浮桥走过去。吴哥寺是吴哥遗址群的重中之重,也是柬埔寨的国家象征,它的身姿被印在国旗上,走到哪里都见它迎风高高飘扬。我查了一下,居然从法国殖民时代起,历代的柬埔寨国旗都无一例外地印着吴哥寺,包括波尔布特红色高棉的旗帜,只有第二次世界大战中被日军占领的4年除外。

兴建于1113年,历时30余年落成的吴哥寺气势宏大,建筑精美。更重要的是,它体现了信仰毗湿奴神的苏利耶跋摩二世的宇宙观,他认为自己是毗湿奴的人格化身。一座吴哥寺,从护城河到寺院入口,再到主体建筑群的回廊和高耸的普朗塔式样的宝塔群,构成了完整的印度教宇宙空间。

在印度教的信仰里，须弥山（Meru，汉字也写作妙高山或妙光山）作为宇宙的中心坐落在大海之中（这一观念与佛教相通），寺院中央的高塔是须弥山的象征。三重回廊代表须弥山周围的巍峨群山（又称特指喜马拉雅山脉的连绵群峰），而东西长1500米、南北长1300米、幅宽190米的巨大护城河环绕吴哥寺，代表着须弥山外围的茫茫大海。走过护城河所象征的"大海"，由人间的此岸走入神界的彼岸，一步步接近作为"须弥圣地"的吴哥寺中心，这是一条信仰之路。

西塔门是吴哥寺的正门，因顶部有塔而得名，据说当年只有国王可以通行，大臣以下要走两侧的"象门"。塔门不单是一道门，进深相当宽，两侧连接带有柱窗的走廊。炽热的阳光射进柱窗，变得半幽半明，在走廊里投下一道道斜长的带曲线的影子。这种"葫芦棂窗"也是吴哥建筑的创造。后来返程时再到暹粒机场，就留意到机场也用了这样的葫芦棂窗做装饰，凸显出民族特色。

吴哥寺的三重回廊中，第一回廊的浮雕最吸睛，代表吴哥雕刻艺术的最高水平。尤其是西、南、东三面，各有主题。西面：印度著名的两大史诗《罗摩衍那》（*Ramayana*，北侧）和《摩诃婆罗多》（*Mahabharata*，南侧）；南面：苏利耶跋摩行军图（西侧）和天国地狱图（东侧）；东面南侧：著名创世神话故事"乳海搅拌"。至于剩下的东面北侧和北面的浮雕，内容较杂，游客通常不去，导游也没有带我们去看。据认为那是后期的作品，艺术价值也比不上前者。

第二回廊中心的十字回廊将内部分割成四个方形，恰如田字。这一层没有大面积的浮雕，凹进去的四个方池据说是沐浴池，至于是国王带着妃嫔们洗浴，还是僧侣沐浴净身之处，说法不同。是不是前者更加浪漫，更使今人艳羡呢？一个柱子上还留下了江户早期的平户藩士森本一房（Morimoto Kazufusa，也作森本右近太夫一房）的涂鸦。森本为了给亡故的父母祈福，于宽永九年（1632）正月，搭乘来东南亚贸易的日本商船（即朱印船）到此，回去不久日本就实行锁国政策，不再允许国人出海。因为字迹遭墨涂抹（据说是红色高棉干的），现在已经无法辨认，而据日本的记载，全文共有12行，称千里渡海，特来为亡亲祈福并供奉4尊佛像，云云。如此说来，他是在吴哥窟被遗弃两百多年后为数不多的到过这里的外来者，远早于19世纪60年代"重新发现"它的法国人。从年代上说，这涂鸦也是历史文物了。至于柱子上可以辨认的"日本帝国"等字，导游说是当代人乱写的，和森本全无关系。我不由想到，都说1861年法国人亨利·穆奥（Henri Mouhot）是追随蝴蝶走入密林，才得以有惊天的意外发现，那，比他早了两百多年的森本是如何得到消息并来到吴哥寺的呢？从森本的留言可知那时的吴哥寺已改为佛寺，想必寺内驻有僧人，所以他才会来这里超度亡灵并留下墨迹。且现已得知，17世纪上半叶到过此地的日本人不止森本一人，经调查共发现了14处日本人的墨迹（含森本的两处）。[①]今人但知法国人穆奥，多以为吴哥自1431年毁于暹罗人之手便成了废墟一片，现在看来并不完全如此，这段历史还有详究的必要。

从第二回廊外围可以望见最高处的宝塔群，距离吴哥寺宇宙空间的核心"须弥圣地"近在咫尺了。然而登顶的台阶极陡峻，坡度达

[①] 参见中尾芳治《アンコールワットに墨書を残した森本右近太夫一房の父森本儀太夫の墓をめぐって》，载《京都府埋蔵文化財論集》第6集，2010年，397—400页。

吴哥寺的护城河，因正面的西引道在修，旁边临时架设浮桥通行

从西塔门到主殿的引道，长300多米

第一回廊的大型浮雕

森本一房留下的墨迹(第二回廊)

象征须弥圣地的中央宝塔(第三回廊)

夕阳里的5座宝塔

吴哥印象三题

"爱情阶梯"和正在攀爬的游客　　　　　　从第三回廊俯瞰大地

60—70度，因为曾有人在攀登过程中跌落、受伤甚至死亡，近年专门修了阶梯。这阶梯又叫"爱情阶梯"，听说是一位法国游客因其妻在此失足跌落身亡而捐资修建的。攀登阶梯有严格的管理，工作人员会数人头，量"下"为"上"，避免顶层人数拥挤造成意外，又规定下午5点停止入内。在阶梯上攀爬时我手脚并用，小心翼翼，心无旁骛，偶尔直起腰，也只能仰头向上望，同时大口喘气，心脏狂跳。导游说，这也是建造者的用意之一。要攀登者恭敬虔诚，一心向神。又说，历经第一回廊的洗礼、第二回廊的重生，再经过爬向第三回廊的磨炼，便抵达印度教的宇宙中心，天堂之所在。

终于，我站在了第三回廊。这里的空间也被回廊切分成四等份，凹进去的四个方池据说也是用来沐浴的。莫非当年是攀爬阶梯运水上来净身的么？难以想象，但也可以想象，因为这里诸神毕集，天人相接，需要奉献最高的虔诚。五座宝塔排列如五点梅花，分立四隅和中央，由回廊连接，象征须弥山的中央宝塔最为巍峨庄严，高达65米（从地面起算），直冲蓝天。有人在回廊里走来走去，但我更愿意静静地坐在回廊一角，仰望高塔，不特意做什么，只随着自己的内心来体验这个空间的神圣和神秘。回身俯瞰第二回廊，显得很远，人那么小。极目回廊外的远方，是密密层层的热带雨林。当年的苏利耶跋摩二世从这里俯瞰、环视过他治理下的伟大国度吗？我不知道，好像没来得及。但如果他曾站在这里，一定是非同一般的踌躇满志，傲视天下。

金灿灿的光再次笼罩了5座高塔，塔身上层层叠叠的精美雕刻美轮美奂，充满立体感。这次是夕阳，随着日落护城河，宇宙将逐渐归于静谧。

吴哥城与巴戎寺

吴哥城，柬埔寨语作"Angkor Thom"，Thom意思是大，合起来是"大城"或"大王城"。它位于吴哥寺的北偏西方，是一座3公里见方的城池，城墙高达8米，是吴哥时代最为完备和坚固的王城。为了通俗好懂，旅游指南都将吴哥城称作大吴哥，将吴哥寺称为小吴哥,其实两者的性质特点大不相同。也有将大吴哥称作"通王城"的,通是Thom的对音,但是容易让人摸不着头脑。

吴哥城是中兴之主阇耶跋摩七世于12世纪末期所建,比吴哥寺要晚半个世纪。苏利耶跋摩死后,国势不张,屡遭东邻占城国(Champa,位于今越南的南部)入侵,首都吴哥也陷落。这时力挽狂澜救国家于危亡的,正是阇耶跋摩七世。1177年他率军在洞里萨湖与占城军展开决战,取得大胜,3年后正式即位,着手重建吴哥城,又大兴土木,修建庙宇、医院、水利工程等一系列设施,不仅带领国家走出危机,更让国家走向又一个全盛的巅峰,名副其实地实现了中兴。从这个意义上来想,吴哥城作为一代盛世的象征,其意义不同一般。

吴哥城的建筑格局颇值得品味。大乘佛教寺院巴戎寺位于整个吴哥城的中心,伟大的阇耶跋摩七世的王宫则让后一步,偏在寺的斜后方。王宫已尽毁,无法参观,仅存原王宫东侧的部分设施如象台、癞王台等,但从平面图上能清楚地看到整座王城的布局。这种布局源自古代印度的都城理念,而与我们熟悉的中国历代皇城的格局大相径庭。我国古代强调"天圆地方"理念,代表上天的天子居所是国都的中心,并采用"前朝后市,左祖右社"的配置。与此相对,古印度的都城论主张神殿居中,王宫偏后,再以同心环的方式配置官衙、市场等,神权至上是其特征。不妨读一读孔雀王朝开国皇帝旃陀罗笈多的顾问、政治家考底利耶(Kautilya)所著的《实利论》,书中专门阐述了都城建设的原则,涉及选址、城市形态、环濠、城墙、街道、王宫、各种设施与居住地的配置、神殿位置等各个方面。[1]458页的两

---

[1] 参见应地利明《都城の系譜》,京都大学学術出版会,2011年,第44—45页。

张图（来源网络），一为参考《实利论》复原的古印度都城布局示意图；一为吴哥城平面图。不难看出两者的相似之处：第一图中心的红色区域为神殿，右后的绿色为王宫；第二图中心的深蓝色方形为巴戎寺，其右后的长方形区域为阇耶跋摩七世的宫殿遗址。再联想印度的种姓制度，神职人员婆罗门位居四种姓之首，王与贵族组成的刹帝利要退居其次，也是同一道理。东南亚受印度宗教、文化影响之深，由此即见其一斑。

这种被历史学界称为"东南亚之印度化"的现象在5世纪前后兴起，之后绵延不断。我们常常以为当地受中国文化影响至深，其实只看到了事情的一面，印度化的影响深深植根于东南亚各国的宗教、文化、思想、民俗之中，其渊源与影响都不容低估。还要说到的是，阇耶跋摩七世固然将国家的宗教信仰从印度教改为大乘佛教，并建立了巴戎寺，但未绝对排斥印度教元素，况且他去世以后，后任国王重新推崇印度教，再后来的国王又从印

吴哥城南大门外

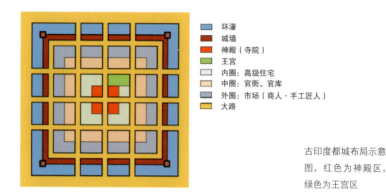

古印度都城布局示意图，红色为神殿区，绿色为王宫区

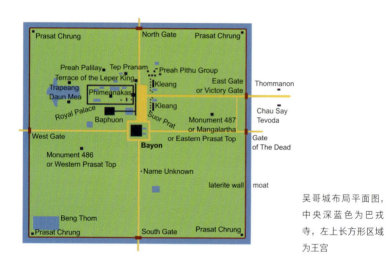

吴哥城布局平面图，中央深蓝色为巴戎寺，左上长方形区域为王宫

度教改为上座部佛教（俗称小乘佛教），所以今天看到的巴戎寺也是佛教与印度教元素混合存在的。

元人周达观在其《真腊风土记》里留下了对吴哥城及巴戎寺的观察："州城周围可二十里，有五门，门各两重。惟东向开二门，余向皆一门。城之外巨濠，濠之外皆通衢大桥。……当国之中，有金塔一

巴戎寺远景（东侧）

座。傍有石塔二十余座；石屋百余间；东向金桥一所；金狮子二枚，列于桥之左右；金佛八身，列于石屋之下。……国宫及官舍府第皆面东，国宫在金塔、金桥之北，近门，周围可五六里"。

周达观奉元成宗之命于1296年到访吴哥，停留一年。他到来时，阇耶跋摩七世已经去世多年，吴哥国内外动荡加剧，昔日鼎盛时期的繁华不再。尽管如此，他的见闻仍是迄今有关这一时期吴哥最珍贵的文字资料，他所描写的王城格局，包括巴戎寺与王宫的位置关系，都与现实中的情况相吻合，他文中多处提到金塔、金佛、金桥，仍引发我们对当年吴哥城内金碧辉煌之景的想象。

进入巴戎寺，先来到第一、第二回廊的大型浮雕前，这里是该寺的一大看点所在。虽然廊顶坍塌，断柱残垣，但浮雕保存情况尚好，由上中下三排组成，气势宏大，雕刻细腻，各种人、兽、物的形象都栩栩如生。更重要的是，其内容与取材于印度史诗和创世神话的吴哥寺浮雕不同,这里的题材是如此写实,宛如一幅再现当时战争场景和庶民生活的巨大画卷。有人因此将其比喻为吴哥版"清明上河图",虽未尽恰当,但话中之意也有几分道理。对于缺少文字记载的高棉历史来说,这些图像是最珍贵也最真实的历史记录。以第一回廊为例,既描绘吴哥军队如何行军出征、战斗部队之后紧随运送给养的部队,妇孺老弱则跟随队伍转移;又再现阇耶跋摩七世如何率军在洞里萨湖与占城军殊死决战,用弓箭与长矛英勇杀敌,使敌军纷纷落水,被湖里的鳄鱼吞噬;还有胜利归来欢宴庆功的场面。此外,浮雕也着力刻画和平回归后老百姓的日常生活:外出渔猎、宰牲烹煮、斗鸡娱乐、行商卖货、饮酒谈笑,甚至还有孕妇临盆产子,艺人街头杂耍……林林总总的民情风俗,都跃然于浮雕之上,让你看到千年之前的吴哥社会。

有一个重要而有趣的细节,在行军队列里出现了据说是宋朝军队的形象!领头的将军骑马,兵士紧随其后。与将军乘象、士兵短发、大耳、赤裸上身的吴哥军队不同,这支军队俨然中国装束,一个个身着铠甲,束发戴冠留须,兵士手持盾牌,肩扛类似长戟的武器。有日本学者称吴哥王向南宋求援确有其事,分别发生在1177年和1190年,但我尚未查到确切记载。不过《宋会要·诸蕃志》记载真腊使节多次来朝,还明确提到"淳熙四年五月望日占城主以舟师袭其国都",表明宋朝对于吴哥方面的动向相当了解。至于阇耶跋摩七世是向宋廷借师,还是流寓此地的中国人随吴哥军队出战(周达观的书中多次提到当地有大量"唐人"即中国人居住于此),则不得而知。但是依照常理来想,吴哥工匠不太可能仅凭自己的想象来完成雕刻的创作,应当基于某种事实。何况历史上中柬之间往来密切,

宋朝军队行进图

庶民生活场景之一：烹煮

中国人参战的可能性并非不存在。

　　大乘佛教的巴戎寺也以须弥山为宇宙中心。从第二回廊向上，林立的宝塔拔地而起，如雄峰兀立，四周的48座高低错落，众星拱月般簇拥着最中心的宝塔，构成须弥山的所在。每座塔的上部，东南西北均雕刻巨大的佛面，共顶一朵莲花，脸上浮现浅浅的笑意，人称"四面佛"。5座城门加49座塔，各以4面计，共有216个佛面，虽然一部分被毁损，但至今仍存170—180面以上。细看每个佛面，神态

吴哥印象三题

四面八方都是头顶莲花的四面佛

各有差异,却都具有高棉人共同的相貌特征:鼻梁低而鼻翼厚,颧骨稍鼓,线条圆柔,特别是都有厚厚的性感嘴唇。只见佛的眼睑下垂,面容祥和,像是在俯瞰众生,又像是在冥思修行,嘴角微微上翘,露出淡泊安谧的笑容,这就是举世闻名的"高棉的微笑"!

登上第三层后,穿行在塔群间,左右高低,四面八方,都是微笑的佛面。不可思议的是,无论看向那个角度,或正或侧,仿佛都被佛的目光所注视。哪怕站在某个塔下的门内，向外一望，也必有一张带笑的佛面正与你相对。这是一种穿越千年而来的目光和微笑，微笑中又包含了悲悯。此时此刻，纵然是没有信仰的人，也会由衷感觉佛无处不在。按一般的解释，四面佛是佛陀的形象，不过日本学者特别强调，阇耶跋摩七世所皈依的是大乘佛教中的观世音菩萨信仰，四面佛乃观世音菩萨，高棉人创造了具有自身特征的四面菩萨像。当然，还有说法认为，阇耶跋摩七世将自身神格化，故四面佛的模特就是国王本人。他在长年的征战中看到太多的杀戮和死亡，皈依大乘佛教后，幡然悔悟，一心向善，把心思都用在关怀民生、教化百姓上。后来我在吴哥国家博物馆里看到阇耶跋摩七世的头像，果然是极其相似的表情，放下屠刀立地成佛之后的国王，眉宇间全没了杀气，只有满脸的慈悲与仁爱。

不管四面佛的造型是否与阇耶跋摩七世有关，它都是高棉人的创造，是代表高棉人的佛像，这一点最为重要，也最有意义。在仰视四面佛的微笑时，我感到了一种可以让心静下来的沉稳、宁静和愉悦，或许这就是佛要向人间传达的东西吧。感谢高棉的先人，让我们得以享受独特的吴哥之美，也得以被"高棉的微笑"度化，洁净心灵。

阿帕萨拉之美

走在吴哥遗址群，除了庄严的宝塔、壮阔的浮雕、微笑的四面佛，还有一种美丽精灵，美到极致，充满生命的律动，不论走到哪里，都有她们曼妙的身影，让人无法忘怀，她们就是仙女阿帕萨拉（Apsara）。

仙女阿帕萨拉诞生于印度的创世神话"乳海搅拌"。在吴哥寺第一回廊东面南侧的墙壁上可以看到同名的巨型浮雕。乳海，英文译作Milky Sea，不是通常意义的海，而是能够哺育生命的乳汁之海。神话大意是：众天神与阿修罗（恶魔）都想得到不老不死的灵药，双方争斗不休，疲惫困顿，于是向毗湿奴求援。毗湿奴命令二者："立即停止争斗，合力搅拌大海，这样就能拿到灵药。"听闻此言，众天神与阿修罗合作，以耸立天空的曼陀罗山为轴心，用龟王撑起曼陀罗山，将大蛇那伽（Naga）缠绕在曼陀罗山上，众神持蛇尾，阿修罗们持蛇头，像拔河一样前后拉拽不止。于是，烈焰腾起，黑烟滚滚，雷鸣闪电，大雨滂沱。拉拽激烈时，蛇口吐出有毒的黑烟，把阿修罗们熏个半死，但灵药还没出现。众神与阿修罗继续奋力用大蛇搅拌，大海变成了乳汁之海，海中出现了神酒、太阳、月亮、宝石、家畜、白马……腾空飞溅的浪花里出现了无数仙女阿帕莎拉，在天空载歌载舞……终于，灵药现身了。阿修罗抢先一步拿到，但毗湿奴巧施计策，赶走阿修罗，灵药归于众神。

在创世神话里，阿帕萨拉是水的精灵，由毗湿奴幻化海水气泡而成，浪花赋予她们生命。在印度教和佛教的教义里，阿帕萨拉是专司歌舞的女神，与主司音乐的干达婆配合，向神、佛献上歌舞。印度教里的阿帕萨拉多与干达婆结为夫妻，我国敦煌壁画的飞天，其英文译名也是阿帕萨拉。随着宗教的传播，能歌善舞、美貌妖艳的阿帕萨拉从印度走向许多国家，又在不同国家的文化土壤里生根、发展、进化。吴哥遗址群的阿帕萨拉，就是具有典型高棉民族特色、明艳动人的一朵奇葩。

在吴哥每次与阿帕萨拉相遇，总有一种意外之喜，因为她（们）

会随时随地，在不经意间出现在你的面前。不分寺庙，塔身、壁雕、门楣、墙边、柱脚、廊下……这种"相见"是不期的，又无处不在。吴哥寺是阿帕萨拉云集的地方，有不下两千尊。巨幅的"乳海搅拌"里，无数的阿帕萨拉在空中起舞，宛如高棉版"飞天"图。创作者只用粗线条加以勾勒，并未刻画她们的容貌，但翩然的舞姿已将仙女们获得生命的喜悦之情表达得淋漓尽致。西塔门和各重回廊内，隔几步就能在廊柱和门框上看到美丽的阿帕萨拉头戴花冠，胸佩璎珞，腰裹薄纱裙，踏着浪花或在菩提树下起舞。她们丰乳细腰，笑意盈盈，手和脚弯成夸张而优美的曲线，充满鲜活之感。在巴戎寺里，我看到阿帕萨拉两人一对、三人一组，在盛开的莲花上舞蹈，你应我和，韵律十足。饱经沧桑的吴哥遗址群因为有了阿帕萨拉，多了一道灵动亮丽的风景线。

阿帕萨拉一词似乎有广义与狭义的区别，广义是女神，狭义则专指起舞的女神，而那些身姿绰约、端庄伫立的仙女，又被称女神德瓦妲（Devata）。[①]读日本学者有关吴哥的书，可以明确感到他们在用法上的这种区分，可能是采用了欧洲学者的观点。

德瓦妲的最高杰作，应是班迭斯雷寺（俗称女王宫）里那尊被誉为"东方蒙娜丽莎"的女神像。丰腴的身形，高耸的双乳，明媚的笑靥，手持莲花花苞娇羞可人的仪态，把女性之美展现无余。虽然袒胸露乳，却有别于印度女神那种一意刺激人类官能的丰乳肥臀，性感而不肉欲，美而不妖。这尊"蒙娜丽莎"曾险些蒙难。一个在戴高乐手下当什么文化部长的法国年轻作家来此"考察"，看到后欲罢不能，

[①] 参见维基资料，网址：https://en.wikipedia.org/wiki/Apsara_Dance。

西塔门廊柱的阿帕萨拉

巴戎寺三人起舞的阿帕萨拉

吴哥寺"乳海搅拌"浮雕里的阿帕萨拉（上部）

竟然下手偷盗，将塔庙四角的女神，包括"蒙娜丽莎"，统统凿下来装箱，幸亏在离开柬埔寨之前被截获，否则今天我们在这里就看不到了。还有两处的女神德瓦妲让我印象深刻，一处是吴哥寺最高处的中央主塔上，夕阳让女神们身披金光，熠熠生辉。听说该塔原是金塔，女神们想必也都贴了金箔,而风雨岁月之后,都已荡然无存,此刻,余晖又为她们再次镀上炫目的金色。

另一处在崩密列。崩密列遗址距暹粒市区数十公里,是3天来路程最远的一处。它与吴哥寺同时期建造,规模也相仿佛,但至今没有修复。茂密的热带雨林遮蔽了残缺倒塌的建筑,乱石遍地,满目疮痍,保留着吴哥遗址沦为废墟后的原始景象。柬埔寨内战时期这里被"红色高棉"布下地雷,至今危险未除,来访者必须严格遵循路线指引,不得逾"雷池"一步,否则性命难保。就在一片破败孤寂之中,我蓦然看到女神德瓦妲的优美身姿,那情那景,就此定格。哪怕遭逢乱世,身旁是断壁残垣,草暗苔深,女神们依旧雍容典雅,仪态万方,仿佛宣告:精灵之美,与天地共长!

仙女阿帕萨拉不止属于天界,也属于人间,属于现实里的高棉古典艺术。相传早在阇耶跋摩七世时期,就组建了6000人的宫廷舞蹈团,在宗教祭祀时为神明献舞。这些舞者,多是十五六岁的妙龄少女,她们穿行于宫中时,手钏和脚环发出悦耳的声响,微风传来清甜的笑声,起舞时,薄纱衣裙伴着婀娜的身姿飘然扬起,有血有肉的她们是吴哥雕刻工匠的创作灵感之源。舞者和仙女,人与神,就这样彼此相通,那些曼妙卓绝的舞姿,原本是这些少女创造出来的。今天,阿帕萨拉之舞——仙女舞(Apsara Dance),已作为高棉宫廷舞蹈艺术的典范,于2003年列入世界非物质文化遗产,成为柬埔寨王国的重要文化名片。

从吴哥寺回来的当晚,我们观看了暹粒民间仙女舞蹈团的演出。青春娇媚的翩翩舞者,宛如走下神龛的阿帕萨拉,鲜活地来到我们面前。15世纪以后的五百多年间,柬埔寨国运多舛,仙女舞也濒临失传,

班迭斯雷寺的"蒙娜丽莎" 　　吴哥寺中央主塔的女神像熠熠生辉

崩密列废墟中的女神德瓦妲

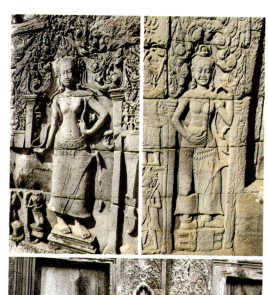

千姿百态、无处不在的仙女像

几乎被人遗忘。而现在，随着和平时代最终到来，仙女舞不仅复活而且走向普及，焕发新的生命光彩。这些当代的"阿帕萨拉"，不仅让仙女舞灿然绽放于今天的舞台，还将传之久远，绽放于更远的未来。

"阿帕萨拉"还成为吴哥及暹粒地区文物保护管理机构的昵称。这个柬埔寨国家级的重要组织，有长长的正式英文名称，但人们都亲切地将其唤作 Apsara 局（阿帕萨拉局）。

由于自然和战乱的双重破坏，1992 年吴哥古迹在跻身世界遗产的

当代舞者演绎仙女舞

同时,也被列入濒危遗产名录。而吴哥的全面重生也由此而始。从那时至今,有几个年份值得特别一书:1993年,柬埔寨与世界多国及国际组织共同签署《东京宣言》,重申保护吴哥古迹的强烈意愿,从此法、日、德、中、意、印、匈等十多个国家的专家和工程队伍进驻吴哥,长年从事古迹的修复保护,并培训当地人才;2003年的《巴黎宣言》,肯定吴哥保护的重大进展和Apsara局的遗产管理卓有成效,第二年好消息传来,吴哥获准从世界濒危遗产名录中移除;再10年,2013年的《吴哥宣言》,明确吴哥今后将朝着"活态遗产"的方向可持续地发展,进一步强化国际协作和Apsara局在其中的作用。了解了这段历史,我对于吴哥的感动又多了一层,不仅感动于高棉先人的不朽创造,还感动于世界各国同心协力对吴哥的拯救,这是跳脱国度桎梏来保护人类自身文明的宝贵范例,为我们展现了少有的"天下大同"的境界。而这,原是人类世界应有的状态。

后记

我从1997年起陆续有机会在中国周边的一些国家行走，这些行走多半与学术性的考察活动有关。按照学史养成的习惯，每逢出行，我会随时随处写下旅行手记，也留意收集与所到之地有关的各种资料，二十多年下来有了不少积累。旅行结束之后，也写过一些行纪文字作为小结以留住记忆，有时也拿来与朋友们分享，但并未认真想过有一日可以付诸出版（虽然有此心愿）。说到撰写这本小书的契机，首先要感谢多年来亦师亦友的马大正先生的建议与鼓励，以及得到友人潘振平教授和卜键教授对行记特色的肯定，促使我下定决心将积累的见闻整理成可供刊行的文字。更要感谢生活·读书·新知三联书店出版社慨允接纳本书，列入选题，责任编辑林紫秋女士大力协助，以及文化出版分社社长张龙先生给予关心和支持，使得这本并无经费资助的小书能以文图并举的形式呈献到读者面前。这一切，都是我的幸运！令我感铭难忘！

正如本书由远东篇、漠北篇、日本篇、东南亚篇四部分组成，我所行经之地人文多元、历史错杂、语言各异。旅行中最痛感的障碍在语言，尤其是俄文。虽然有导游和同行队友协助做俄日文翻译，仍每每觉得隔阂不便。感谢友人李萌女士、聂金星先生、阿拉腾奥其尔教授伸出援手，为我详细解读俄文资料的细节并提供宝贵的参考资讯，助我在写作时一一跨越障碍。阿拉腾奥其尔教授和乌云毕力格教授还就蒙古国及布里亚特共和国的历史、宗教问题给予了学术上的指点。在整理见闻和撰文过程中，许多学界同仁随时给予帮助，赖惠敏、加藤直人、楠木贤道、成崇德、承志、陈悦等诸位教授都为我答疑解惑，对此，我由衷感谢。书中使用的照片大部分为作者拍摄，少数照片未能自己准备，不得不求助于朋友提供，凡此情况我都在书中加以注明，以表谢忱。这里要特别提到旅澳华人陆礼强先生。我们素昧平生，当我通过邮件联系到他，告知想借用他保存的西贡（今胡志明市）堤岸华人区老照片后，陆先生立刻表示自己的本心是传播越南华人历史，让我放心使用。感谢的话还有很多。我寓居日本大阪，手边资料不足，疫情以来入图书馆查阅颇受限制，只好屡屡烦劳他人，而小友王璐璐帮忙最多；友人罗曙在书稿草成时做了最早的读者，以她的视角品评内容，对我多有启发，在此一并致谢。

收入本书的行走见闻分散在多个年份，跨越二十余年且涉及地域广泛。虽然有旅行留下的笔记等资料，但旅途中之所闻所见，难免匆忙，且多为片段，随着时光流逝，记忆也逐渐淡薄。在写作过程中，我尽量查阅、核对了各种相关信息，并向专家求教以求准确，但限于个人的学识能力，错讹失当之处仍在所难免，还望得到方家指正。

时光流逝也带来另一种情况。为了复盘当年见闻并了解现状，我曾试图在网上搜寻那些没有机会重游的遥远之地，却发现自己曾经亲历亲见的事、物、景象已然物换星移，或样貌大改，或痕迹无存。位于蒙古国乌兰巴托市郊的清代库伦买卖城遗址就是有代表性的一例。这让我想到日本古语里的"一期一会"，这句话出自茶道用语，而后上升到禅宗哲学的高度，其核心就是教人懂得"难得一面，世当珍惜"。于是我想，自己有幸与那些曾经的中华文物相遇，在这本小书里记录下来，留下它们的历史印记，这既是一种珍惜，也是尽了一份责任。

华　立

2023年12月25日于大阪